観光サービス論
―観光を初めて学ぶ人の 14 章―

安田亘宏著

古今書院

はじめに

　あなたは久し振りに休暇が取れることになった。貯めていた旅行資金も余裕があり、家族か友人、恋人と旅行に出かけリフレッシュしようと思っていた。
　テレビを見ていると、旅番組が放送されていた。いつもは、ながら見をしているだけだったが、画面に映し出される青い海と白い砂浜、真っ青な空と木々の緑が目に焼きつき、見入ってしまった。登場する素朴な島の人々がとても新鮮に感じた。それは沖縄を紹介している番組だった。次の休暇には沖縄に行こうと心に決めた。
　まずは、どんなコースがあるのか、いくらぐらいかかるのかが知りたく、インターネットで「沖縄旅行」を検索してみる。そこには数えきれないほどの旅行会社のサイトが並んでいて、それらを開くとまた数限りないツアーが紹介されている。とりあえず、一般的なコースと相場は分かった。
　早速、翌日会社の帰りに、旅行会社に立ち寄り、まずは何冊かのパンフレットを手に取りしばらくは品定めをしてみる。そして、思い切ってカウンターに腰をかけ、制服を着た女性スタッフに相談してみることにする。対応した女性スタッフは爽やかな笑顔でこちらの要望を聞き取り、パンフレットやパソコン画面で実に分かりやすく、お勧めのパッケージツアーを説明してくれる。希望通りのコースとホテルがあり、旅行代金も予算内だったのですぐに予約を依頼した。来月の休暇には「沖縄フリープラン３日間デラックスホテルコース」に行くことが決まった。

　出発日まではまだ十分余裕があった。その間、滞在期間中のプランを練るために、ガイドブックを購入し、手頃な旅行用バックを買い、出発日の１週間前にもう一度旅行会社を訪れ旅行代金の残金を支払い、クーポンなどを受け

取った。その際、女性スタッフに現地情報やホテルの施設などを尋ねると、詳しく丁寧に教えてくれた。いよいよ、出発当日を待つばかりとなった。

　あなたの旅行を安全に、快適に、楽しいものにするために多くの人々が係わっている。その代表例が旅行会社のカウンターで対応してくれるスタッフである。実は、その後ろにはパッケージツアーを造成する人、航空座席やホテルを仕入れる人、パンフレットを作る人など多くの旅行会社のスタッフが係わっている。観光はこのような人の仕事、サービスで成り立っている。また、沖縄の情報を放送していたテレビ番組の制作者も、旅行ガイドブックの情報を収集し編集している人も、旅行バッグなどの旅行用品を製造し販売している人も観光サービスを提供する人々なのである。

　出発当日、空港に向かう。そこにはキャリーバッグをひき、楽しそうな顔をしている人々でいっぱいであった。今はカウンターではなく自動チェックインになっているが、航空会社のスタッフが親切に誘導してくれる。チェックインを済ますと、荷物を預けるカウンターに向かう。航空会社のスタッフが手際よく荷物をベルトコンベアの上に載せタッグを渡してくれる。

　セキュリティーを通り、搭乗口へと向かう。その途中、サンドイッチとペットボトルを買い、搭乗時間を待つ。随分、機械化されたと言っても、搭乗口では航空会社のスタッフが座席カードを渡してくれるし、飛行機に乗り込めばCA（キャビン・アテンダント）が親切に対応してくれる。ここからは2時間半のフライトを楽しむことになる。

　マイカーでの旅行も多いが、旅行には移動のための乗り物に乗ることがほとんどである。航空機を利用しての旅行は特に多くの人が係わっている。接点があるのは、主に空港でのスタッフ、機内のCAであるが、もちろんパイロット、整備士、機内清掃する人など多くの人が係わっている。この人たちも、観光サービスを提供している人々である。空港を運営する人、管制官、セキュリティチェックをする人、ロビーで商品を販売する人たちもその一翼を担っている。鉄道やバス、船を利用しても同様である。

　あなたの搭乗機は予定通り、那覇空港に着陸する。CAの指示で空港ビルに

入り、荷物を受け取り、到着口を出ると、旅行会社のスタッフがコース名の書いたステッカーを持って待機している。全員が揃うのを待ち、バスに誘導する。バスは宿泊するホテルまで直行し、その間滞在中の注意事項などの説明をしてくれる。

　ホテルに到着する。そこはまるで海外の高級ホテルのように大きく立派なリゾートホテルで、バスが到着するとベルボーイが荷物を運びだし、ロビーへと誘導してくれる。チェックインは各自で行うことになっている。カウンターに行くとフロントスタッフが気持ちよく出迎え、ルームキーと朝食券などを渡してくれる。また、ベルボーイが部屋まで案内してくれて、館内施設の説明などをしてくれる。少しの時間、部屋で休憩し、明日の予定などを相談しに、ロビーにあるツアーデスクに行く。その後、あなたはホテル周辺を散策し、お目当てのレストランへタクシーで向かい、第1日目の夕食を楽しむ。

　空港からホテルまでの送迎、そのスタッフや運転手、そして、ホテルのフロント、ベル、ルーム係、ツアーデスクのスタッフ、皆観光サービスに係わる人々である。もちろん、レストランのホールスタッフも調理人も、そこに行くために利用するタクシードライバーも観光サービスを提供している人々である。

　翌日は、観光バスで楽しみにしていた琉球村、美ら海水族館、東南植物楽園などを見学し、途中、昼食レストランと大きなお土産店にも立ち寄り、ホテルへと戻る。2日目の夕食は琉球舞踊を見ながらの琉球料理だ。翌日は、午前中青い海を眺めながらのんびり過ごし、タクシーで世界遺産の首里城に向かい、見学後国際通りで最後のショッピングを楽しむ。数えきれないほどの派手な土産店が並び、観光の旅行者を呼び入れている。十分すぎる土産を購入し、短い沖縄の旅に満足し、ホテルに戻り、那覇空港へ。そして、航空機に乗り込む。観光バスのガイド、ドライバー、各観光施設のスタッフ、レストランや土産店、琉球舞踊を披露する人々も観光サービスに携わっている人々である。

　あなたの旅はこんなに多くの人々のサービスの提供によって、成り立っていることが分かる。観光サービスには大きな特徴がある。ほとんどのサービスが、目に見えない、手に取れない、事前に体験できない、形のないサービスである

ことだ。形のある財は、旅行ガイドブック、旅行用品、土産品ぐらいかもしれない。ここに観光サービスの面白さと難しさがあり、勉強をする意味がある。

　人口減少、少子高齢化、景気低迷が続く日本で、今、交流人口を増やす観光が注目されている。すでに日本は「観光立国」を宣言し、観光ビジネスを国や地域が発展するための必要不可欠な重要な産業と位置付けている。旅行業や交通事業、宿泊業など、多くの人々が直接的に、また間接的に観光というビジネスに携わっている。そして、今まで観光に縁の無かったさまざまな職業の人々も、観光に係わり始めている。そんななかで、観光を学ぶ機会も多くなり、観光の担い手になろうと志す若者も増えてきている。観光という社会現象は、旅行をするという行動だけでなく、それを支えるさまざまなビジネスでの活動も含め確実に拡大している。

　観光ビジネスは旅行業、交通事業、宿泊業、観光施設、飲食業、情報業などサービス業の集合体であり、これらは、観光資源を媒体として旅行者に安全で快適な楽しい旅を体験してもらうさまざまな観光サービスを提供している。このように経済活動としての側面から見ると観光サービスは観光ビジネスの商品ということができる。一方、ゲストである旅行者との交流、触れ合いという視点から見ると観光サービスの提供は観光に係わる人々のホスピタリティの実践活動であるともいえる。

　本書は、このような観光諸現象や観光ビジネスに興味を持つ、大学生・専門学校生・高校生、地域で観光に携わり始めた行政・NPO・農業・漁業・商業・工業や一般の市民の方々など初めて観光を学ぶ人を対象として、観光のこれだけは知っておいてほしいという観光学の基礎と観光ビジネスの基本知識を観光サービスの視点から分かりやすく解説した入門テキストである。「観光サービスは面白い」と思っていただけたら幸いである。

　　　　2015年2月

　　　　　　　　　　　　　　　　　　　　　　　　　　安田　亘宏

目 次

はじめに *i*

第1章　観光と観光サービス　*1*
　1. 観光と観光サービス　*1*
　2. 観光の効果　*7*
　3. 観光市場の分類　*13*

第2章　観光の歴史　*18*
　1. 日本の旅の歴史　*18*
　2. 中世以前の旅　*19*
　3. 江戸時代の旅　*20*
　4. 明治から昭和戦前の旅　*23*
　5. 戦後から現在の旅　*25*
　6. 外国の観光の歴史　*30*

第3章　国内旅行　*35*
　1. 旅行市場規模　*35*
　2. 国内旅行市場　*35*
　3. 国内旅行のデスティネーション　*44*

第4章　海外旅行　*52*
　1. 海外旅行準備　*52*
　2. 海外旅行市場　*56*
　3. 海外旅行のデスティネーション　*62*
　4. 海外旅行の旅行形態　*70*

第5章　訪日外国人旅行　　　　　　　　　　73
1. 訪日外国人旅行者数　　　　　　　　73
2. 訪日外国人旅行市場　　　　　　　　78
3. 訪日外国人旅行のデスティネーション　86
4. 訪日外国人旅行の課題　　　　　　　90

第6章　観光行政　　　　　　　　　　　　95
1. 国の観光行政　　　　　　　　　　　95
2. 国の観光行政機関　　　　　　　　　99
3. 観光に係わる法律　　　　　　　　　102
4. 観光に係わる国家資格　　　　　　　106
5. 地域の観光行政　　　　　　　　　　108

第7章　観光ビジネス　　　　　　　　　　113
1. 観光ビジネスの定義と役割　　　　　113
2. 観光ビジネスの種類　　　　　　　　115
3. 観光ビジネスの特徴　　　　　　　　120
4. 観光ビジネスの商品の特徴　　　　　124
5. 観光ビジネスの需要変動対策　　　　125
6. 観光ビジネスと地域　　　　　　　　128

第8章　旅行業ビジネス　　　　　　　　　130
1. 旅行会社　　　　　　　　　　　　　130
2. 旅行会社の必要性　　　　　　　　　133
3. 旅行会社の種類　　　　　　　　　　136
4. 旅行会社の旅行商品　　　　　　　　139
5. パッケージツアー　　　　　　　　　142
6. ツアーコンダクター　　　　　　　　146

第9章　宿泊業ビジネス　148
1. 宿泊業ビジネス　148
2. 宿泊業ビジネスの特徴　152
3. 旅館　153
4. ホテル　156
5. その他宿泊業ビジネス　162

第10章　観光交通ビジネス　165
1. 観光交通ビジネス　165
2. 鉄道交通ビジネス　170
3. 道路交通ビジネス　175
4. 航空交通ビジネス　177
5. 海上交通ビジネス　180
6. 観光交通の課題　183

第11章　観光施設ビジネス　185
1. 観光施設ビジネス　185
2. テーマパーク　186
3. 動物園・水族館　187
4. 博物館・美術館　190
5. タワー　192
6. スキー場　193
7. 農業公園・観光農園・観光牧場　196
8. アウトレットモール　198
9. 道の駅　200

第12章　観光まちづくり　202
1. 観光まちづくり　202
2. 観光まちづくりと観光資源　207
3. 観光まちづくりと着地型旅行　210

    4. 観光まちづくりとマーケティング *213*

第13章 ニューツーリズム *218*
  1. ニューツーリズムの概要 *218*
  2. さまざまなニューツーリズム *220*

第14章 観光サービスとホスピタリティ *236*
  1. ホスピタリティとサービス *236*
  2. 観光ビジネスとホスピタリティ *238*
  3. 観光ビジネスの中のホスピタリティ *240*
  4. 観光ビジネスの経営理念に見るホスピタリティ *246*

参考・引用文献 *253*
おわりに *257*
索引 *260-266*

第1章　観光と観光サービス

1. 観光と観光サービス

　観光とは何か、観光サービスとは何か、観光を学ぶ上で、また観光の全体像を把握する上で基本となるワードについて、まず理解することが重要である。

(1) 観光の定義

　「観光」とは、観光旅行のことであり、もっとも簡潔な定義は「楽しみを目的とした旅行」である。つまり、誰かに強制されるのでなく、自ら好んでする旅行のことである。

　国が示した観光の定義として「余暇時間の中で、日常生活圏を離れて行うさまざまな活動であって、触れ合い、学び、遊ぶということを目的とするもの」（政府の観光政策審議会答申1995年）が、よく知られている。「時間」「空間」「目的」の3つの面から規定したもので、①「時間」としては「余暇時間の中」、つまり仕事や学業などの社会生活時間ではない自由となる時間に、②「空間」としては「日常生活圏を離れて」、つまり通勤や通学、買い物などの生活圏でない場所へ、③「目的」としては「触れ合い、学び、遊ぶ」を自らの自発的な行動として旅行に行くこととしている。

　観光の一般的な解釈は、上記のようにとらえてよいが、この定義では、ビジネスのための業務旅行や教育旅行、帰省旅行などは除外されてしまう。一般的な「楽しみ」とは違う、仕事や学業、家事などを目的とする旅行であっても、「楽しみ」も兼ねる場合もよくある。例えば、札幌に業務出張し、仕事以外の時間で市内観光やカニ料理、札幌ラーメンを楽しむことは一般的な行動である。

　日常生活圏とは、居住地を中心とした日々の生活の中、すなわち通勤・通学

や買い物、居住地周辺でのレジャーなどを行う範囲と考えられ、その圏外に行くことが観光となる。目的については、「触れ合い、学び、遊ぶということ」されていて、広範な活動がイメージされている。しかし、例えば何も目的を持たない旅行もあり、ただ休む、くつろぎに行く旅行もある。観光の目的は多様化、個性化していることも留意しなくてはならないだろう。

　国際的には、「観光」は「ツーリズム（tourism）」と呼ばれている。もともと、「観光」という用語は、大正年間に「tourism」の訳語として用いられるようになったものである。世界観光機関（UNWTO）によれば、「ツーリズム」とは「レジャー、ビジネス、その他の目的で、連続して1年を超えない期間、通常の生活環境から離れた場所を旅行したり、そこで滞在したりする人の活動」（UNWTO「観光統計に関する勧告」1993）とされている。業務旅行なども含まれているが、訪問国内で報酬を得るための活動をするものは除外されている。

　近年、「観光」という用語に物見遊山的な、また商業的なニュアンスを感じることがあるということから、「ツーリズム」という用語を使用する機会が増えてきている。本書においては、「ツーリズム」は「観光」とほぼ同義語と捉えて解説していくことにする。「観光」の定義や解釈は多様にあるが、本書では「何かの目的をもって、自由になる時間で、自らの意思により、日常生活圏から離れて楽しむ旅行」と定義する。

（2）観光とレジャー

　観光によく似た言葉に「レジャー」があり、観光同様に日常会話で多用している。レジャーとは「余暇」のことで、1日の生活時間から最低限の生命の維持に必要な食事・睡眠などの時間と、仕事や学業、家事などの時間を差し引いて「自由になる時間」のことである。この自由になる時間を使っての活動、すなわち余暇活動がレジャーである。レジャーにおける活動は、自宅内、日常生活圏内も含まれる。観光はレジャーの一部であり、日常生活圏外で行われる活動である。

　日本人の余暇活動の中での観光の位置付けは極めて大きなものである。表1-1は、『レジャー白書』による余暇活動の参加率、参加希望率、潜在需要の上位を示したものである。参加率では、「国内観光旅行」が群を抜いて1位に

表 1-1　余暇活動の参加率・参加希望率・潜在需要（2019）

	余暇活動参加率		余暇活動参加希望率		余暇活動の潜在需要	
順位	余暇活動種目	参加率	余暇活動種目	希望率	余暇活動種目	潜在需要
1	国内観光旅行	54.3%	国内観光旅行	72.8%	海外旅行	24.3%
2	外食（日常的なものを除く）	43.7%	読書（仕事、勉強を除く娯楽としての）	43.4%	国内観光旅行	18.5%
3	読書（仕事、勉強を除く娯楽としてのもの）	41.3%	動物園・植物園・水族館・博物館	42.4%	クルージング（客船による）	15.3%
4	ドライブ	39.8%	温浴施設（健康ランド・クアハウス等）	42.2%	温浴施設（健康ランド・クアハウス等）	12.7%
5	映画（テレビは除く）	37.6%	ドライブ	40.7%	バーベキュー	11.5%
6	複合ショッピングセンター・アウトレット	36.7%	外食（日常的なものを除く）	40.4%	ピクニック・ハイキング・野外散歩	11.2%
7	音楽鑑賞（配信・CD・レコード・FM等）	35.6%	映画（テレビは除く）	36.5%	催し物・博覧会	10.2%
8	動画鑑賞（レンタル、配信含む）	35.3%	ウォーキング	35.9%	オートキャンプ	8.9%
9	動物園・植物園・水族館・博物館	33.5%	海外旅行	35.8%	動物園・植物園・水族館・博物館	8.9%
10	ウォーキング	32.4%	複合ショッピングセンター・アウトレット	35.7%	観劇（テレビは除く）	8.6%

※余暇活動の潜在需要：参加希望率―参加率
出典：『レジャー白書 2020』日本生産性本部（2020）
調査対象：全国 15 ～ 79 歳、サンプル数：3,539、調査方法：インターネット、調査時期 2020 年 1 月～ 2 月

　なっており、半数以上の人が参加している。4 位の「ドライブ」も観光要素の高い活動である。余暇活動の参加希望率を見てみると、やはり、1 位は「国内観光旅行」が群を抜き、5 位「ドライブ」、9 位に「海外旅行」が入っている。ちなみに、参加希望率には「すでに現在その活動を行っていて今後も続けたい」という人と、「現在やっていないが将来やってみたい」という人の両方が含まれている。「国内観光旅行」はすでに半数以上の人が経験しており、その人たちも含め今後も強い意向が存在していることが分かる。また、「ドライブ」「海外旅行」への参加希望も上位にあることが注目される。

　余暇稼働の潜在需要とは、将来の「参加希望率」と現在の「参加率」の差であり、希望はあるがまだ実現していない需要の大きさを示したものである。すなわち、これからの伸びが期待される余暇活動と捉えることができる。1 位は「海外旅行」、2 位は「国内観光旅行」、3 位が「クルージング（客船による）」と、

観光が独占している。レジャーの中での観光の重要性が分かる。これらが、顕在化している、また将来顕在化していく観光の需要である。この需要に応える観光の受け皿、すなわち、観光サービスの提供者である観光ビジネスの一層の充実をはかることが必要であろう。

(3) 観光の目的と行動

観光の主体は旅行者である。旅行者はさまざまな動機に基づいて、何かの目的を持って、その目的が達成できる地域、すなわち観光地に訪れ、そこで目的としていた活動を行う、それが観光行動である。

その観光目的、観光行動を分類すると、①見学、②体験、③休養の3つに分けることができる。

①見学

「見る」「学ぶ」行動で、多くの人が観光と認識している、もっとも歴史のある観光の目的、行動である。その対象は、美しい山や高原、湿原、湖沼、河川、海岸、島などの景観や野生の動植物などの自然と史跡や神社仏閣、城郭、庭園などの歴史的遺産、動物園、植物園、博物館、美術館、水族館、タワーなど近代的施設など人間が作り上げたものがある。また、祭りや郷土芸能、イベント、スポーツ競技、コンサートなどの無形のものもその対象となる。

②体験

「する」「遊ぶ」行動で、スキーやゴルフ、ダイビングなどのスポーツ、祭りやイベントへの参加、遊園地やテーマパークでの遊び、農業や漁業、酪農などの体験などである。また、「泊まる」「飲食する」「買う」「乗る」など、観光をするための派生的な「体験」も、今日では観光の大きな目的、行動となっている。歴史ある旅館や高級リゾートホテルに宿泊する、伝統ある会席料理や郷土料理、B級グルメを食べる、名産品や新鮮な海産物を購入する、豪華寝台列車やトロッコ列車、川下り船に乗る、などである。

③休養

「休む」「くつろぐ」行動で、温泉旅館やリゾートホテルでのんびりと過ごすことである。夏季に涼を求め高原などの避暑地に行ったり、冬季に暖を求め南の島で過ごしたりすることである。今日では花粉症の流行する時期に花粉症の

写真　のんびり過ごす旅（バリ島）　筆者撮影

ない地域や海外に行くなども休養であり、ストレスの高い都市生活から逃れ特別な目的を持たずに田舎暮らしを楽しみに行くことも休養であろう。

　同じ対象であっても、旅行者によりその目的、行動は異なってくる。例えば、山はその景観を楽しむ人もいれば、景観を楽しみながら周辺を散策、ハイキングする人、さらに頂上を目指し登山する人がいる。海も、その海岸美を楽しむだけでなく、海岸でくつろぐ人、海水浴をする人、マリンスポーツや釣りを楽しむ人もいる。また、それらを同時に楽しむことも多い。観光の目的や行動は、多様化、個性化、高度化している。今日では、こんな目的や行動もあるのだろうか、という新しい観光スタイルが生まれている。

(4) 観光サービス

　観光の主体は旅行者である。その旅行者が、安全に、容易に、便利に、快適に旅行を楽しめ、満足感を得ることができるように、さまざまな個人や企業・組織がそれをサポートしている。その活動が観光サービスである。観光サービスとは、旅行者がさまざまな観光行動の過程において、その欲求に対応した財やサービスを提供する活動のことである。財すなわち形のある「モノ」を提供することより、サービスなどの形の無い「コト」を提供する場面が多い活動で

ある。

　観光サービスの提供により、経済的な利益を得ることを目的としたものが、観光ビジネスである。いわゆるビジネスではない観光サービスの提供もある。国や地方自治体、その関連組織などによる無償の観光サービスや個人が自らの意思で行うボランティアなどである。観光サービスは、経済的側面が注目されるが、文化的側面、社会的側面など多面的にとらえる必要がある。観光サービスとは、旅行者のさまざまな観光行動に対応した財やサービスを提供する活動であると同時に、観光の意義や観光の効果を高め、観光を盛んにするとともに地域や外国との交流、相互理解を促進する諸活動であるということができる。

　観光サービスは旅行開始前から旅行者に提供されることが多い。旅行の情報の提供や予約、手配をしてくれる旅行会社、事前情報を提供する旅行図書やテレビ番組、旅行情報サイト、スーツケースやバッグなどの旅行用品、旅行保険、クレジットカードなどの観光サービスを提供する企業である。これらは旅行者が居住する市場、旅行の「発地」にある。

　目的地までは交通機関を利用していく場合が多い。鉄道や航空、バス、フェリー、クルーズ船などである。マイカーを利用する場合も、高速道路事業者、ガソリンスタンドなどのサービスを受けることになる。

　目的地、旅行の「着地」には、多くの観光ビジネスや観光サービスを提供する個人が存在する。旅館、ホテルなどの宿泊施設、神社仏閣、城郭、庭園、動物園、植物園、博物館、美術館、水族館、ゴルフ場、スキー場、海水浴場、テーマパーク、遊園地、観光農園、酒蔵、ワイナリー、アウトレットなどの観光施設、さらに、レストランや食事処、土産店、観光市場、産地直売所などがある。また、現地発着の旅行を企画販売する旅行会社がある。観光地内や観光地間で交通サービスを提供する交通運輸業もある。定期観光バス、タクシー、レンタカー、登山鉄道、ロープウェイ、スキーリフト、遊覧船、川下り船などである。

　さらに、観光スポットを案内してくれるガイド、通訳、案内人、体験活動におけるインストラクター、指導者、宴会を盛り上げる芸者、コンパニオン、エンターテイナーなども観光サービスの提供者である。地域行政が運営する観光案内所や観光地図、案内掲示なども観光サービスといえる。

　観光サービスは、旅行者の居住する発地、旅行の目的地である観光行動の現

場である着地、その発地と着地を結ぶシーンに存在し、旅行者の観光行動をサポートしている。観光ビジネスは、旅行者と旅行者の目的である観光対象とを結びつける役割を果たしており、旅行者は旅行中これらすべての観光サービスを受けるとは限らないが、気付かぬうちに多くの観光サービスを受けることにより、観光の満足感を高めていると言える。観光サービスが観光全体を作り上げ、支えていることを理解する必要がある。

2. 観光の効果

　観光は人々や企業・組織、地域、国、さらに国際社会にもさまざまな効果をもたらしている。それは観光の役割と言い換えてもいいかもしれない。観光の効果は、経済的効果だけではなく文化的効果、社会的効果がある。この効果の受益者は以下の通りであるが、それぞれに、逆効果、負の効果もあることに留意しなくてはならない。

(1) 旅行者にもたらす効果

　観光旅行は現代人の生活において必要不可欠なものとなっている。経済的に豊かになり、余暇時間も手に入れることができた日本人は、余暇を自分の意思で楽しむことを求めている。

　観光は日常生活から離れたところで、自らの意思で行う活動である。日常生活とは、一般的に生活を支えるためや自己実現を図るために日々繰り返し行われている仕事や学業であり、義務感を伴う活動である。そこでは個人差はあるもののストレスが発生し、その解消が必要となる。現代人の多くが、観光旅行にそのストレスからの精神的解放感、肉体的解放感さらにそれらの回復感を得る効果を期待している。今日、「癒し」を求める声が多いのはこれらのプロセスを表現したものである。

　温泉にのんびり浸かって、地元の美味しい料理を堪能すれば、日ごろのストレスは解消し、心身の健康を回復、増進するであろう。美しい自然景観を目の前にすれば、思わず息をのむほど感動し、自然の偉大さに心打たれることであろう。感動は自然だけではなく、人間が作り上げた神社仏閣や城郭などの歴史

的建造物に触れたときも同様にその美しさや歴史的な重みに感動する。また、その歴史的な由来や蘊蓄を知ることにより知的好奇心が刺激され、知識欲が満たされることもある。

　冬の寒い中でのスキー、真夏の海岸でのマリンスポーツ、眺望を楽しみながらのトレッキングなども、爽快感や達成感を得、心身のリフレッシュになる。高原のリゾートで爽やかな風を感じながら寝ころび読書にふける、海岸で波の音を聞きながら昼寝を楽しむ、安らぎと開放感を得るはずである。その地域の郷土食を食べる、獲れたての旬の魚をあてに地酒を味わうなど、旅先での食は空腹を満たすだけでなく心も豊かにする。海外旅行においては異文化に接することで感動と驚きの連続となる。

　行き先々で出会う、地元の人や旅人との出会い、そこで生まれる温かなコミュニケーションも日常生活では得ることのできない体験である。夫婦旅行、家族旅行、友人たちとの旅行も、日ごろできないおしゃべりが楽しい、その絆を深めることができる。

　このように観光旅行は、旅行者にさまざまな効果を与える。その効果は、一人ひとりそれぞれ異なり、癒し、精神的・肉体的開放感、休養、リフレッシュ、ストレス解消、健康回復・増進、自然・歴史・文化への感動、知的好奇心の充足、知識・教養の吸収、心の満足感、同行者との絆、出会いの喜び、人との交流・触れ合いなどなど、まさに十人十色であり、同じ旅行者であっても、旅行目的、旅行先、旅行時期、同行者などによって得られる効果は変わってくる。それらは、すべて生きる喜びであり、生きるための元気のもととなる。それゆえに、人々にとって貴重な余暇時間、自由時間を使って、決して安くはない旅行費用をかけても観光旅行を求めているのである。

　しかし、観光旅行は期待された効果が必ずしも得られるものではない、ということも留意しておく必要がある。天候により期待していた自然景観が見られなかった、お目当ての観光施設が休館日だった、宿泊ホテルの施設が悪くサービスも酷かった、帰りの飛行機が欠航となり予定日に帰れなかった、現地の食でおなかを壊してしまった、財布をなくしてしまった、同行者と喧嘩になってしまったなど、かえってマイナスの効果を得てしまうということもある。

（2）企業・組織にもたらす効果

　観光旅行は個人だけでなく、法人、すなわち企業や組織、団体にとっても大きな効果をもたらす。旅行するのは個人の旅行者であっても、その効果が法人にもたらされる場合は、それに必要な時間や費用は企業や組織、団体などの法人が負担することになる。取引や商談、会議、視察、研修などの業務旅行は、そこに観光要素が含まれていても、その旅行者に期待される効果は直接的なビジネスの成果であり、当然必要な企業活動となる。

　このような役員、従業員の業務旅行とは別に、法人は団体を構成し観光旅行を実施している。ひとつは、その法人に所属する役員、従業員を対象とした、いわゆる「社員旅行」で、「職場旅行」「慰安旅行」と言われる観光旅行である。1泊か2泊程度の短期間旅行が多いが、中には海外旅行を実施している法人も少なくない。日ごろの頑張りや成果への慰労や親睦が目的であることが多いが、その効果は心身のリフレッシュだけでなく、見聞により視野が広がる、その法人に対するロイヤルティが高まる、社員間同士のコミュニケーションが深まるなど幅広い。戦後、日本経済の飛躍的発展を支えたのは、この「社員旅行」が大きな要素のひとつとしてあったと言われている。国も社員旅行に対して税法上の支援も行ってきた。しかし、近年、個人旅行の志向が強まり、時間外業務を敬遠する傾向もあり、「会社行事」としての社員旅行は減少している。

　もうひとつは、企業などの法人が業績向上を目的として成績優秀な社員や優良な販売店などに対して報償として実施する「インセンティブ旅行」である。「報奨旅行」とも呼ばれる。国内旅行だけでなく海外旅行を団体で実施しているケースが多い。宿泊施設、食事などの内容も豪華で、表彰式などを旅先で催すこともある。期待される効果は、業績向上に対するモチベーションのアップである。

　さらに、企業などの取引先、顧客に対して、日ごろの感謝と益々の親密な取引を期待して、無料で参加してもらう「招待旅行」がある。期待される効果は、参加取引先、参加者の企業に対する好感度の向上と取引増加、売上アップである。内容は豪勢で至れり尽くせりの観光旅行となることが多い。参加者個人は、企業などの思惑とは別に旅行者としての観光の効果を享受することになる。

（3）観光ビジネスにもたらす効果

観光にかかわる企業、すなわち旅行者に観光サービスを提供する観光ビジネスは、それぞれが取り扱う財やサービスを提供・販売し、収入・収益、つまり経済的効果を得る。その経済活動が盛んになればなるほど、企業の収入・収益が拡大していき、従業員を多く雇い入れる。また、新たな企業が参入してくる。企業が増加し雇用が多くなり、企業活動が活発になると、旅行者に対する新たな財やサービスが生み出される。

　観光ビジネスは、前述したように、旅行会社や宿泊施設、観光施設、土産品店、旅行用品販売など旅行者の利用が多い産業だけでなく、鉄道、航空、バス、船などの交通運輸業、食事処、レストラン、ドライブインなどの飲食業、旅行出版や旅行情報サイトなどの情報サービス業、旅行保険、クレジットカードなどの金融業、さらに体験農業・漁業や産地直売所などの農業者や漁業者まで幅広くあり、観光旅行の活発化はそれぞれに収入・収益をもたらし雇用を生んでいる。

　また、観光ビジネスは、経済波及効果の大きい「裾野が広い産業」と言われている。例えば、観光ビジネスの代表格である宿泊施設である旅館・ホテルでは、宿泊に伴う家具、調度品の調達、清掃、クリーニング、飲食に伴う調理器具、食器、食材、加工品、飲料、さらに食品、民芸品などの土産品、それらの生産、輸送など多くの産業が日常的に係わっており、これらの産業にも観光旅行が経済的効果を生み出している。

(4) 地域にもたらす効果

　旅行者がもっとも活発に観光活動をするのは、観光目的地、すなわちデスティネーションとなる地域である。旅行者がその地域に訪れることにより、地域にさまざまな効果をもたらす。その効果を期待し、地域は多くの旅行者を呼ぶ「誘客活動」を行っているのである。

　近年、人口減少、少子高齢化、地場産業の低落などを背景に衰退傾向にある地域においては、地域の自立を目指し地域活性化に取り組む中で、交流人口の拡大による地域外消費の吸収増大、すなわち旅行者の誘致に強い関心が寄せられている。観光が地域に及ぼす経済的効果が注目されているが、観光は経済的効果だけでなく社会的効果も大きい。

経済的効果は、旅行者の地域内での観光活動による観光消費が地域の観光ビジネスにもたらす効果である。直接的には地域の宿泊業、観光施設、飲食業、土産店などの小売業、観光に係わるその他のサービス業などの売上となって現れる。経済的効果は地域内で生産される農産物、水産物、加工品や卸売り、流通、保険など事業者間の取引にも大きな波及効果をあたえる。

これら地域内の産業に収入・収益をもたらし、それらの企業が拡大するとともに、従業員の給与を生み出し、新たな雇用を作り出す。その個人収入が地域内の消費を活性化させ、企業からの税収だけでなく、個人からの税収を増やす。観光は、地域産業を発展させるだけではなく、住民を豊かにし、税収を拡大するという経済的効果を生み出している。

観光は、こうした経済的効果だけでなく社会的効果も生み出している。地域住民と旅行者との交流による相互理解の促進、地域ブランドイメージの形成、地域住民の愛着と誇りの醸成、地域の魅力、観光資源の再評価、地域文化活動の活発化などである。

地域は観光の経済的効果と社会的効果に期待し、地域の自立と地域アイデンティティの確立のために、観光を活用した地域活性化、「観光まちづくり」に取組んでいる。観光まちづくりとは、地域が主体となって魅力ある地域を実現させるための活動であり、交流人口となる旅行者を増やすとともに、住民も暮らしやすくする地域活動のことである。

しかし、観光は地域にとってマイナスの効果を生んできた側面もある。旅行者の増大によるゴミの発生や交通渋滞、生活環境の悪化、地価の高騰、物価の上昇などの負の社会現象を生み出している。また、地域観光の核となる観光資源の損傷、劣化、消耗なども大きな課題となっている。

(5) 国にもたらす効果

多くの人々が国内外問わず旅行をすること、すなわち観光活動を活発化することは、国の経済面から考えると消費が増大し、観光ビジネスが拡大し、その効果は幅広い産業に波及し、国民の所得の増大、雇用の拡大に寄与する。とくに、人口減少、少子高齢化の進む日本において、海外から日本に訪れる旅行者を増やすことは、極めて大きな国家的な課題となっている。

訪日外国人旅行者が日本で使う金額は「国際観光収入」と言われ、輸出と捉えることができる。逆に、日本人旅行者が海外旅行をし、海外で使う金額は「国際観光支出」と言われ、輸入に相当する。このことから、国際観光は「見えざる貿易」と言われている。観光という目に見えないサービスの国際間の経済関係を、目に見える財の貿易にたとえた表現であるが、実際、世界には国際観光収入が輸出商品の上位に入り、主要な外貨収入源となっている国々も少なくない。

　日本においては、輸入に相当する海外旅行をする日本人の方が、輸出に相当する訪日外国人の数より圧倒的に多く、国際観光収支は大幅な赤字になっている。今日、海外旅行を振興するとともに、訪日外国人旅行の大幅な拡大に向けて官民一体となって取り組んでいるのはそのためである。

　また、国にとっては観光による経済的な効果や訪日外国人旅行者の活発な活動による地域活性化などの側面ばかりではなく、観光の効果は地球的規模での人の動きの活発化、多くの分野でのグローバル化への対応という国際的側面も忘れてはならない。国際間の交流の活発化が、国際社会の中での日本のステータスを向上させていく大きな力になっている。これも観光が国にもたらす大きな効果であると考えられる。

(6) 国際社会にもたらす効果

　国際連合は 1967 年を「国際観光年」と定め、「観光は平和へのパスポート(Tourism; Passport to Peace)」というスローガンを世界に向けて発信した。観光を通した人々の国と国との交流が国際的な相互理解を増進し、世界平和に貢献することを世界に強く訴えたものである。観光を通じて国際的な人的交流が促進され、それぞれの国の社会、文化、言語、習慣などに対する理解が深まれば深まるほど、無知や不信感から生まれる無用な誤解が払拭され、紛争や対立の芽を事前に摘み取ることが可能となる。

　観光は国際社会において、経済的な側面だけではなく、世界中の人々が求める世界平和の実現に大きな役割を果たしているといえる。世界中の国境を越えて旅する人々は、民間の「平和外交」の実践者であり、その人々の安全で快適な旅行を企画、演出し、観光サービスを提供する観光ビジネスは世界の平和を

維持、促進する「平和産業」であるといえる。世界の国々には人種も宗教、文化、習慣、教育、言葉、文字、思想などの違う人々が暮らしている。その違いを認め合い、相互理解を深めること必要であり、それを実現するのは生の人間がその地を訪れ交流することである。情報通信やインターネットが普及した今日でも、それを叶えるのは観光しかない。

　また、国際社会における観光の役割、効果として、発展途上国に対する観光を通した支援がある。工業化の立ち遅れた発展途上国に対し、先進国による経済的支援、産業投資、技術援助なども重要な支援となるが、これらは個人レベルでの活動ではない。個人レベルの活動で、その活動が広がることにより、大きな支援となっていくのが観光である。観光は国際社会の課題解決のひとつの役割を担っている。

　しかし、観光は国際社会にとって守っていかなくてはならないそれぞれの国の固有の自然や文化を劣化、破壊する可能性を有している。実際、多数の旅行者が訪れたことにより、破壊された自然、劣化した文化遺産、変質した伝統催事、消滅した暮らしなどがあった。これらは、国際社会にとって取り戻すことのできない損失であった。一方、各地に残されている素晴らしい自然や伝統的な文化、暮らしなどに、旅行者が直接触れ、世界中から再認識、再評価され保全保護され、新しい地域の文化の創造につながることもある。

3. 観光市場の分類

　日本人の旅行、すなわち観光活動、およびその活動を支える観光サービスにより生み出される観光市場、旅行市場は、さまざまな視点により分類することができる。以下の類型を十分に理解し、それぞれ使い分けできることが観光全体、観光サービスの実態を学ぶ上に重要なこととなる。

(1) 国内旅行・海外旅行・訪日外国人旅行（旅行者×旅行目的地）

　誰が旅行するのか、旅行目的地は日本国内か海外か、による分類である。観光市場を概観するときに最も多用する一般的な分類となる。観光の学習、研究だけではなく、観光ビジネス、観光行政においてもこの分類が使われている。

例えば、旅行会社の店頭カウンターでの表示、パンフレットの種別、組織構成などである。

①国内旅行

日本国内に在住している人が日本国内のある場所に旅行することである。

②海外旅行

日本に在住している人が日本以外の国へ旅行することである。島国である日本においては、航空機か船舶を利用し出かける旅行となる。「アウトバウンド（outbound）」と呼ばれることがある。誰でもがパスポート（旅券）の携行が必要となる旅行である。

③訪日外国人旅行

日本以外に居住する外国人が日本を訪れ日本国内を旅行することである。「インバウンド（inbound）」と呼ばれることが多くなっている。

日本人の観光行動を研究・分析したり、日本人を対象に観光ビジネスをする場合は、国内旅行と海外旅行がその対象となる。また、日本国内の観光活動や地域振興を考える上では国内旅行と訪日外国人旅行がその対象となる。

（2）宿泊旅行・日帰り旅行（旅行期間）

旅行期間による分類であり、日常会話で頻繁に使用される一般的な分類であるが、その定義を曖昧のままにして使っているケースが多い。実際、厳密に分類するのは難しい。旅行会社のパンフレットなどでは、「日帰りバスツアー」など使用されることが多い。

①宿泊旅行

宿泊を伴う1泊2日以上の旅行を指す。夜行列車や夜行バスなどの交通機関の中で泊まった場合（車中泊・機中泊・船中泊）も宿泊旅行に含まれる。

②日帰り旅行

宿泊を伴わない日常生活圏とは離れたところに訪れる1日旅行である。観光庁の統計調査においては、目安として片道の移動距離が80km以上または所要時間（移動時間と滞在時間の合計）が8時間以上の場合としている。また、通勤や通学、日常の買い物などは日帰り旅行には含まれない。今日、航空機の高速化、利便性の向上により、近隣アジアの都市への日帰りの海外旅行が可能

になっている。国内日帰り旅行と特定しない場合はこれも日帰り旅行となる。

(3) 観光旅行・帰省旅行・業務旅行・教育旅行（旅行目的）

　旅行というと多くの人は観光旅行を思い浮かべるが、いわゆる余暇を観光地で楽しむ観光目的でない旅行も存在する。観光旅行、帰省旅行、業務旅行、教育旅行と4分類される。

①観光旅行

　余暇を利用し、日常生活から離れたところへ、自らの意思で訪れ、見学、学び、遊び、体験、休養などの活動を通して楽しむ旅行のことである。美しい自然景観を見に行く、史跡や歴史的遺産を見学に行く、温泉を楽しみに行く、祭りやイベントを見に行く、テーマパークに遊びに行く、スキーやゴルフをしに行く、美味しい郷土料理やB級グルメを食べに行く、海辺や高原のリゾートにのんびりしに行く、などの旅行である。一般に、観光旅行に出かける場合は「旅行に行く」「旅に出る」などと表現する。

②帰省旅行

　元来、帰省とは、故郷に帰り父母の安否を問うことをいうが、一般的には余暇を利用して故郷に帰ることを指す。夏休みや年末年始などに故郷の実家に帰る旅行であり、その旅行者数は多く、観光旅行とは一線を画す必要がある。故郷での結婚式、葬式などへの参列、クラス会、同窓会などへの出席、また故郷の友人・知人への訪問、短期間の病人の介護なども、この帰省旅行に含まれる。多くの場合「帰省する」「故郷へ帰る」と表現し、どんなに遠くても「旅行に行く」は言わない。

③業務旅行

　いわゆる仕事のための旅行であり、それに必要な時間や費用は企業や組織、団体などの法人が負担することが多い。商取引や商談、会議、視察、研修などの業務に係わる旅行であり、「ビジネストリップ」と言われることも多い。また、その訪問先が海外の場合は「業務渡航」と言われることがある。但し、それ自体が仕事である航空機、船舶などの乗務や転勤による赴任、1年以上の現地滞在は含まれない。仕事であってもその旅行中の余暇時間に観光をするケースが多く見られる。これは「兼観光」と呼ばれるが、観光旅行との境目は微妙な場

合もある。一般的にこの旅行に出かける場合は「出張に行く」と言う。

④教育旅行

　教育、すなわち学習や学びを目的として行く旅行のことである。日本独特のものであると言われる学校の公式行事として行われる修学旅行や遠足、林間学校、臨海学校、合宿などの校外学習などのことである。また、学校とは別に個人で参加する短期留学、語学研修、ホームステイ、居住地を離れた研修セミナーなども含まれる。近年、中学、高校の修学旅行は海外へ行くようになってきている。この旅行に出かける場合も、やはり「旅行に行く」とは言わず、「修学旅行に行く」「短期留学する」とか、観光旅行とは別のものだと言う表現をすることが多い。

(4) 個人旅行・団体旅行（旅行人数）

　人数構成からの分類である。これも、日常会話の中でよく使われる分類方法である。旅行者の立場でも多用されるが、観光ビジネスに携わる人々にも使われる。それは、さまざまな場面での受入体制や料金設定が大きく異なるからである。

①個人旅行

　個人が自らの意思で行く、少人数の旅行のことをいう。ひとり旅、夫婦旅行、ハネムーン、家族旅行、友人との2、3人旅、さらに友人知人などとの小グループ旅行も含まれる。少人数についての定義はないが、JR各社の団体割引乗車券が8名以上と決められており、8～10名以下を小人数と考えていいだろう。

②団体旅行

　同じ行程を同時に旅行する多人数の旅行者による旅行のことである。企業、学校、各種団体、親睦会、同好会などの組織・団体が企画し、同一目的のために同一行動をとる旅行が多い。多人数の定義はなく、交通機関の団体運賃、宿泊施設や観光施設の団体料金が何名から適用されるかは事業者・施設により定められており幅がある。例えば、JR各社の団体割引乗車券は8人以上、モデル宿泊約款（観光庁）では15人以上を団体としている。また、東京ディズニーリゾートでは25名以上に団体割引料金を設定している。

　団体旅行が旅行会社の企画、手配によるものが多いことから「旅行会社の企

画、手配による大人数の旅行」という意味で使われることが多いが、旅行会社を利用しなくても多人数の旅行は団体旅行である。また、旅行会社の企画によるパッケージツアーは、各種の団体割引料金を利用して造成されたものであり、多人数で同一行動するものもあるが、参加者は個人がベースになっているので、個人旅行と考えられる。

(5) 個人旅行・法人旅行（旅行費用負担）

　旅行の費用は、一般的にはその旅行者となる当事者が家計から支出するが、業務のための出張や企業の招待旅行などは企業が負担している。旅行費用の負担先により次のように分類される。これは旅行会社や観光事業者が旅行セールスする場合に必要な分類法である。規模の大きな旅行会社は、個人を対象としたカウンター営業部門と法人を対象とした法人営業部門を分離しているケースが多い。

①個人旅行

　観光旅行や帰省旅行など個人の家計から支出される旅行のことである。一般的には少人数の旅行が多いが、時には多人数のグループとなることもある。

②法人旅行

　商取引や商談、会議、視察、研修などの業務旅行で、企業などが経費から支出する旅行のことである。また、企業が福利厚生費から支出する職場旅行や成績優秀な社員への報奨を目的とした従業員報奨旅行、優良な販売店などを招待する取引先報奨旅行などもこれに当たる。なお、従業員や取引先の報奨旅行はインセンティブ旅行と呼ばれる。さらに、顧客を招待するような顧客招待旅行、懸賞旅行も法人旅行である。

第 2 章　観光の歴史

1. 日本の旅の歴史

　旅は人類の誕生とともに発生したと考えられる。それはより良い生存環境、つまり食料を求めての狩猟や採集の移動の旅であった。

(1) 旅の始まり
　人類の歴史、約 300 万年のほとんどは「食べるがための旅」であったと言える。農業が定着し人類は定住をはじめ、村ができ国ができると一般庶民は旅に出ることはなくなった。一般庶民が旅するのは、租税を運搬する旅、役務に赴任する旅、参詣や布教のための宗教的な旅、行商や交易の旅などわずかであった。いずれも、今日の観光旅行のような楽しみを目的とした旅ではない。また、その頃の旅は、交通手段や宿泊施設が整っておらず、食事も自給自足になる厳しく、苦難やときには危険の伴うものであった。

(2) 日本の観光の時代区分
　日本の観光の歴史を一般庶民の視点で、観光サービスの側面から時代区分すると、次のようになる。
　　①苦難を伴う旅の時代（中世以前）
　宿泊、食事を自ら確保しながら未整備の道を行く苦難を伴う旅の時代で、観光に伴うサービスの提供がほとんどなかった時代。
　　②旅を楽しみ始める時代（江戸時代）
　街道が整備され、宿屋や食堂・茶屋などができ宿泊・飲食などの観光サービスが提供され始めた時代で、制限はあったものの庶民が楽しみのために旅をす

るようになった時代。

③自由に旅を楽しむ時代（明治～昭和戦前）

　明治期になると、庶民が自由に何処へでも旅行ができるようになる。関所が廃止され、さらに鉄道の開通がその自由度、範囲、快適性を驚異的に拡大した。宿泊施設、飲食施設も充実し、それら観光サービスも拡大した。旅行をより快適にする旅行会社も誕生する。しかし、誰もがレジャーとしての旅を楽しむ時代ではなかった。

④誰もがレジャーとしての旅を楽しむ時代（昭和戦後～現在）

　戦後、苦難の時期があったが、その後日本の観光は、経済発展を背景に飛躍的に発展する。個人所得の増大、余暇の拡大、遊びに対する価値観の変化が大きく影響した。東京オリンピック、大阪万国博覧会などの大型イベントの開催、それに伴う新幹線の開通、高速道路の開業、ホテルの建設など観光インフラが整備される。マイカーの普及、航空網の拡大、観光地の整備、観光施設の開設、さらに旅行を企画手配する旅行会社の増加など観光サービスが充実、多様化し誰でもが安心して、快適な旅ができるようになり、旅が生活の一部となっていった。多くの人が気軽に海外旅行にも出かけるようになった時代である。

2. 中世以前の旅

　中世以前、農耕生活が定着し、基本的には旅に出ることは無かった庶民だが、律令制国家成立以降は、租税を運搬するための旅、労役や兵役として徴用される旅が強制された。また、狩猟、行商、布教、流浪の旅などは少数ながら行われていた。彼らの旅の中での寝床の確保、食料調達など容易でなかったことは想像に難くない。

（1）駅伝制の成立と宿泊施設の誕生

　最初の律令国家である大和朝廷によって、646年に駅伝制が成立し、中央政府と大宰府や国府を結ぶ交通路が整備された。主要道には「駅」が置かれ、人馬食料や休息、宿泊施設である「駅家（うまや）」が設けられ、諸国を往来する官吏たちに供された。

一方、庶民は宿もなく食事も自給自足の厳しい旅が強いられた。庶民の旅を支えたのが8世紀半ばに近畿地方でつくられた「布施屋(ふせや)」や「悲田院(ひでんいん)」であった。布施屋は仏教寺院の僧侶たちの慈善事業の一環として設置された救護・宿泊施設であった。

(2) 熊野詣

楽しみを求めて行う自発的な旅を始めたのは平安時代の貴族たちであった。熊野への寺社参詣や有馬温泉などへの湯治(とうじ)の旅であった。

熊野への参詣の旅が熊野詣(くまののもうで)と言われ、紀伊国（和歌山県）の本宮、新宮、那智の熊野三山に参詣することをいい、907年の宇多法皇から始まったとされ、とくに院政期の白河上皇から後鳥羽上皇までの間は盛んに行われていた。熊野への路には紀伊路と伊勢路の2つがあったがいずれも難路であった。

このため、この熊野詣に重要な役割を果たしたのが「先達(せんだつ)」と「御師(おし)」である。先達は信仰のための旅の動機付けと道案内をする役割を担い、御師は目的地でのもてなしと祈祷を行っていた。今日の旅行会社、添乗員のルーツともいわれ、観光サービスの始まりである。この平安時代の熊野詣から広まった先達、御師の働きによって信仰心を持って参詣の旅をすることが浸透し、御師の布教活動により庶民の参詣の旅が広がっていった。

貴族中心に行われていた熊野詣も鎌倉時代になると武士や庶民も参詣するようになり全国からの参詣者を迎えるようになる。また、熊野から伊勢、金比羅宮、善光寺など対象を広げながら庶民に広く浸透していく。これは大きく係わったのが先達と御師であった。

3. 江戸時代の旅

一般庶民が旅に出るのは江戸時代中期以降である。庶民が居住地を離れる際には関所を通過するための「通行手形」が必要であった。当時、制度的には庶民にとって楽しみを目的とした旅は存在しなかった。しかし、庶民も信仰を目的とした神社仏閣への参詣の旅と、病気治療を目的とした湯治の旅は許され盛んに行われていた。この江戸時代の日本は「世界で冠たる旅行大国」であった

(1) 伊勢参り

　信仰を大義とした寺社詣では盛んに行われており、伊勢神宮、成田山、富士山、善光寺、金毘羅宮などへの参詣が一般化していた。とくに、伊勢参りは年間数十万人、多いときは100万人以上の庶民が経験をしていた。当時の日本の人口が2,000万人程度と推計され、およそ20人に1人は伊勢参りをしていたことになる。

　江戸時代中期には伊勢参りは一生に一度はすべきものと、庶民の中で位置づけられていた。しかし、数十日かかる旅なので費用がかさみ容易に実現できなかった。そのため、旅行費用の積立てにあたる「講」という組織が作られた。まとめ役が「講頭」と呼ばれ、参加者は「講員」である。彼らは毎月積立てを行う。毎月当番の家に集まり飲食を共にし、伊勢参りの計画を立てる。積立金が満期になるといよいよ伊勢参りの実施となる。積立金の高により、講員全員が伊勢参りをする総参講、抽選などで伊勢参りをする人を決める代参などがあった。代参の場合、伊勢参りを済ませた人も他のすべての講員が伊勢参りを済ませるまでは掛け金を払い続けなければならない。この「講」の仕組みは庶民に瞬く間に浸透し伊勢参りへの参詣者を爆発的に増やすことになる。

　この講の組織、仕組みをしかけたのが「御師」である。伊勢神宮の「御師」は「おし」でなく「おんし」と呼ばれた。各寺社に御師は多数いたが、伊勢神宮の御師によって組織化された「伊勢講」は全国に広がった。御師は、伊勢講の世話をし、伊勢参りの道中の宿泊の手配や付き添いをし、伊勢においては「御師の館」と言われる宿泊施設に迎い入れ祈祷や饗応を行った。「御師の館」では、本膳、二の膳、三の膳付きで、鯛や伊勢エビ、菓子まで付く豪華料理が振舞われていた。御師は、旅行会社であり、添乗員であり、ガイドであり、また宿泊、食事と言う観光サービスも一手に担っていたと言える。

(2) 湯治

　湯治とは、温泉の内用、外用により病気や怪我を治す伝統的な療法である。湯治の習慣は古代からあったとされている。江戸時代、寺社参詣とともに庶民

に許されていた楽しみの旅である。多くの場合、湯治場付近の「湯治場宿」に宿泊料のみ支払って、食事は自炊しながら長期逗留する。

現在も著名な草津温泉（群馬県）、箱根温泉（神奈川県）、熱海温泉（静岡県）、有馬温泉（兵庫県）などの温泉が湯治場として広く知られていた。本来、療養目的の滞在であったが、庶民の楽しみとして盛んに行われていた。

(3) 宿と茶屋

江戸時代において旅を容易にし、快適にしたのは宿泊施設と飲食施設の発展である。参勤交代の制度化により、五街道をはじめとした道路や宿場町の整備が急速にすすめられた。宿場町に宿屋や食堂、茶屋ができたことである。

宿場町には、勅使や参勤交代で往来する大名などが休泊する「本陣」「脇本陣」、旗本より身分の低い武士と一般庶民が利用する「旅籠（はたご）」「木賃宿」などがつくられた。旅籠は、一泊二食が基本で、夕食は一汁二菜（四器一膳）か、一汁三菜（五器一膳）、朝食は一汁二菜であった。当時の庶民の日常食は一汁一菜が普通であったので少し贅沢な食事が提供されていたと言える。木賃宿は、安価な宿賃で旅人を宿泊させ、大部屋で自炊が原則の宿泊施設である。快適とはいえないかもしれないが庶民も宿を自由に利用できるようになった。

また、宿だけではなく、料亭や茶屋などの飲食施設も作られていた。東海道五十三次には、「鞠子」のとろろ汁、「二川」の柏餅、「品川」の穴子茶漬け、「大津」の源五郎鮒など、多彩な名物が登場しているとしている。今日の感覚とは程遠いかもしれないが、観光サービスが普及し始め、庶民も旅を楽しみ始めた時代である。

(4) 旅の案内書

このように楽しむ旅が盛んに行われていた江戸時代には、すでに旅行ガイドブックが発行され、庶民にも普及していた。

①『東海道名所記』

17世紀半ばに浅井了意によって出版された。東海道の各地の風俗、歴史、名所旧跡などの案内、宿駅の情報などが記され、旅行案内書として多くの旅する人に利用された。

② 『江戸名所図絵』

　1834年に発行された、江戸の名所を集大成した書物。絵師による神社仏閣や名所、景勝地、生活風俗など写実的な描写の挿画が見事で、江戸の観光ガイドブックとして活用された。18世紀末頃から、『都名所図会』『大和名所図会』『伊勢参宮名所図会』なども次々に出版されていて、名所図会ブームであったとも言われている。

③ 『旅行用心集』

　1810年に八隅蘆庵により著された、旅の心得を集大成した、実用的な旅行案内書である。道中に用心しなくてはならない事項や旅に必要な所持品、さらに全国の温泉情報なども載せている。現在でも通用しそうな事項が書かれている。

④ 『東海道中膝栗毛』

　1802年から1814年にかけて出版された十返舎一九の滑稽本。主人公の弥次郎兵衛と喜多八が、伊勢参りを思い立ち、東海道を江戸から伊勢神宮へ、さらに京都、大坂へと巡る旅を描いている。各地の名物など旅を楽しんでいる様子が生き生きと表現されており、ガイドブックとしての価値も高かったようだ。

4. 明治から昭和戦前の旅

　名実ともに、庶民が自由に何処へでも旅行ができるようになるのは明治期に入ってからである。関所が廃止され、さらに鉄道の開通がその自由度、範囲、快適性を驚異的に拡大した。鉄道を中心とした近代交通の発達は、旅することのさまざまな場面に大きな変化を及ぼした。

(1) 鉄道開通と宿泊施設の変化

　鉄道の歴史は、1872年に新橋―横浜間に開通した官営鉄道から始まる。民間の鉄道事業者の参入などもあり、明治期の終わりまでには東海道・信越・奥羽・中央・北陸・山陽・九州の幹線は完成し、鉄道網は全国的なものとなった。人々の行動範囲は広がり、容易に快適に旅ができるようになった。鉄道開通から10年ごろに、日本固有の旅文化と言われている「駅弁」が登場し、旅先で

の利便性と楽しみを増やした。

　鉄道網の発達は、都市と湯治場との時間距離を縮め、その結果、湯治場の旅館に楽しみを求めて訪れる短期滞在客が増加する。従来、自炊で長期滞在する客が中心であった湯治場は、街道筋の旅籠と同様、一泊二食付きの受入体制へと変化していき、今日の「温泉旅館」の形態になっていった。また、鉄道の開通によって従来の街道沿いの旅籠は衰退し、鉄道の駅前に移っていき、壁で仕切った鍵つきの個室のある「駅前旅館」ができていく。

　明治期に入ると、積極的な外客誘致を始め、外国人旅行者が徐々に増加してくる。各地に外国人向けの西洋式ホテルが誕生する。「築地ホテル館」(1868年)、神戸の「オリエンタルホテル」(1870年)、東京の「帝国ホテル」(1890年)などである。

　並行して、日光の「金谷ホテル」(1873年)、箱根の「富士屋ホテル」(1878年)、軽井沢の「万平ホテル」(1891年)など、外国人が訪問する観光地、保養地にも開業する。ホテル内には西洋式のレストランができ、フランス料理を提供しはじめるが、庶民にとってはまだ遠い存在であった。

(2) 旅行会社の誕生

　明治期になり、外貨獲得を主な目的とした国際観光事業の必要性と有益性が注目され、銀行家の渋沢栄一が中心となり、1893年に外客誘致のための組織「喜賓会(きひんかい)」が設立される。外国からの旅行者の便宜を図るため各種旅行案内書の発行などの活動を行った。訪日外国人旅行者をもてなす日本で最初の近代的組織であった。

　20世紀にはいると欧米の国際観光ブームが中産階級に拡がり、訪日外国人旅行者の積極的な受入れ体制が必要となってきた。そこで、「喜賓会」の活動を引き継ぎ、1912年に官民合同の「ジャパン・ツーリスト・ビューロー(Japan Tourist Bureau)」が設立された。この組織が、現在のJTBの前身となる。当初は外国人に対する鉄道院の委託乗車券の発売と日本観光への誘致のための宣伝活動が中心であったが、その後乗車券や旅館券など券種の拡大のほか、日本人の旅行も手がけるようになった。

　日本最初の旅行会社は、1905年、草津駅で弁当販売をしていた南新助が創

業した「日本旅行会」(現在の日本旅行)である。南は日本で初めて鉄道を貸し切りにし、高野山参拝、伊勢神宮参拝などの旅行を企画し実施した。日本初の企画旅行であり旅行業の発祥といえる。その後、海外へも団体企画旅行を実施している。

日本における旅行会社の誕生は、「訪日外国人旅行者の誘致斡旋」と「団体企画旅行の斡旋」からであった。

(3) 風景と国立公園

この頃の庶民の旅行目的は、湯治の延長上にある温泉保養旅行と寺社詣での延長上でもある神社仏閣巡りが主であった。しかし、西洋の思想が日本に浸透していく中で、日本人の自然に対する認識の変化や風景という概念が生まれ始める。

とくにイギリス人宣教師ウォルター・ウェストン(Walter Weston 1861-1940)の影響が大きい。ウェストンは、日本に3度長期滞在し、日本各地の山を登り『MOUNTAINEERING AND EXPLORATION IN THE JAPANESE ALPS (日本アルプスの登山と探検)』などを著した。庶民の間に新たな自然に対する認識が目覚め、日本の自然美や風景を求める旅が流行した。庶民の旅の目的の多様化が始まった。

その後、優れた日本の自然の風景地を保護し、利用促進するために国立公園が設立されていく。1934年国立公園法に基づき、雲仙、霧島、瀬戸内海の3か所がはじめて国立公園に指定された。

5. 戦後から現在の旅

戦後、日本の観光は、経済発展を背景に個人所得の増大、余暇の拡大、遊びに対する価値観の変化などにより飛躍的に発展する。さまざまな観光サービスが生まれ、人々は自らの意思によりレジャーとしての旅を楽しむことになる。

(1) 観光元年

戦後、1946年に修学旅行はいち早く復活し、その後、経済の飛躍的な発展

写真　東海道新幹線初代 0 系 wikipedia「新幹線」より

に伴い、貸し切りバスなどを利用して団体で行く職場旅行、いわゆる慰安旅行が増加する。その受け皿として、都市近郊に大型温泉街が形成されていく。

　1955年には国鉄の周遊券制度が開始され、1960年代に入ると高度経済成長期を迎え、「レジャー」「バカンス」という言葉が流行語になるほど、観光は活発になる。個人旅行では、家族や若者の海水浴やスキー旅行が盛んになる。

　そして、アジアで初めての「東京オリンピック」が開催された1964年を迎える。この年、東京オリンピックに照準を合わせ、国内の観光インフラが整備される。東京―新大阪間に東海道新幹線が開業し、本格的なハイウェイとして名神高速道路が開通し、都市高速道路も整備され、羽田空港が拡充、東京モノレールが開業される。また、東京や大阪で大型の都市ホテルが次々に建設された。ホテルニューオータニ、東京プリンスホテル、羽田東急ホテルなどはこの時期に開業している。

　さらに、この年、国際社会への復帰という観点から、日本人の「海外観光旅行自由化」が実現した。いよいよ海外旅行時代の幕開けとなった。このように、日本の観光の発展にとって画期的な出来事のあった1964年は「観光元年」と呼ばれている。

(2) パッケージツアーの誕生

海外観光旅行が自由化された翌年、1965年、日本航空が海外パッケージツアー「ジャルパック（JALPAK）」を発売する。航空会社主導のパッケージツアーの登場は、需要の吸収から需要の創出というビジネススタイルの変化と告知宣伝する資金力があったからである。

1968年、日本交通公社（現 JTB）が日本通運と共同で、海外パッケージツアー「ルック」の販売を開始する。その後、旅行会社各社が続々とブランド名をつけて発表する。近畿日本ツーリストの「ホリデイツアー」、日本旅行の「マッハ」、世界旅行社の「ジェットツアー」などである。旅行会社はパッケージツアーを商品化することにより旅行需要を一気に拡大させていった。

1970年、300〜500人もの乗客を運ぶことのできる大型旅客機ボーイング747、愛称ジャンボジェット機が世界中に就航する。大量輸送時代に突入し、航空運賃が低下する。パッケージツアーの普及を加速させる出来事であった。

国内旅行分野では、1970年に日本交通公社が国内パッケージツアー「エース」を、引き続き、近畿日本ツーリストが「メイト」を、日本旅行が「赤い風船」を販売開始している。

そもそも、代売、仲介をビジネスとしていた旅行会社がはじめて、自社が自ら企画し、仕入れ、造成し、値付けするオリジナル商品を手に入れたことになる。この時初めて、旅行会社は旅行代理店から名実ともに旅行会社になったのである。その後、国内・海外のパッケージツアーは各社の主力商品となっていく。

(3) 大阪万国博覧会とディスカバー・ジャパン・キャンペーン

1970年、日本初の万国博覧会が大阪の千里丘陵で183日間にわたり開催された。正式名称は「日本万国博覧会」である。「人類の進歩と調和」をテーマに開催され、約6,400万人の入場者を数えた。この人数は、日本の人口の半分以上となる驚異的なものであった。つまり、ほとんどの日本人が、新幹線やマイカーで家族や友人と大阪に訪れ、大阪万博を楽しんだのである。多くの旅行者が、団体ではない個人旅行の楽しさを知ったのもこの万博であった。

しかし、万博後の反動による国内旅行の衰退が懸念されていた。万博後の国鉄利用を促進するために、国鉄（現 JR）は「ディスカバー・ジャパン・キャンペー

ン」を開始する。「日本を発見し、自分自身を再発見する」というコンセプトで、旅行需要の喚起と新しい旅のスタイルの提案が狙いであった。同年10月に国鉄の提供で、テレビの旅番組の草分けとなる「遠くへ行きたい」(読売テレビ)が放送開始し、日本人の旅意識に大きな影響を与え、個人旅行が活発になる。

それに呼応するように、1970年代中頃より「アンノン族」が登場した。1970年に創刊された若い女性向きの雑誌『an・an(アンアン)』(旧・平凡出版)と、1971年創刊の『non-no(ノンノ)』(集英社)は、旅行特集を美しい写真とともに掲載し注目を集めた。アンノン族とは、これらの記事や写真に刺激され、雑誌を片手に特定の観光地を旅する若い女性たちのことである。彼女達は、小京都と呼ばれる観光地などの名所旧跡を急いで巡るのではなく、ゆっくりした時間を楽しむ旅をした。高山、萩、津和野、角館などの古い街並みや離島が観光地として脚光を浴びるようになった。

(4) オイルショックと地域振興

1973年末のオイルショック(石油危機)は、日本人の旅行にすぐに影響が現れた。石油価格の高騰とガソリンの入手難はマイカー旅行が主流になっていた国内旅行に大きな打撃となった。急伸していた海外旅行の伸率も大幅に鈍化し始めた。しかし、人々の旅への意欲は衰えず、安価になる方法を探し、近距離で、旅行日数を短くするなど工夫しながら旅行を続けた。その観光行動に対し「安近短」という言葉が生まれた。

長引く景気停滞を背景に地域の衰退が顕在化し始めていた。1978年、国鉄の「デスティネーション・キャンペーン(DC)」が始まる。国鉄と自治体、旅行会社などが協業で展開する観光キャンペーンで一定の効果を挙げてきた。第1回の「きらめく紀州路」以降、今日まで続いている。

1981年、「神戸ポートアイランド博覧会」が、神戸市により神戸港に造られた人工島ポートアイランドにおいて開催された。「ポートピア(PORTOPIA)'81」の愛称でも親しまれ、1,600万人以上の入場者があり、地域経済に大きく貢献する。これを契機に、全国各地で地方博が開催されていく。旅行需要の低迷の中、観光による地域振興の取組みが始まった時代である

(5) テンミリオン計画

　1987年、日本政府は当時500万人の海外旅行者数を5年間で1,000万人にすることを目指した「海外旅行倍増計画」、通称「テンミリオン計画」を発表した。同計画の背景には、日本製品の輸出拡大による貿易の不均衡を解消、つまり日本経済の黒字減らしの一環としての政策であった。日本人海外旅行者数1,000万人の目標は、当時の円高、好景気などの追い風により、5年を待たずに1990年に達成した。

　この頃、旅行会社のパッケージツアーの新聞広告が目立ち始めた。全産業の広告掲載量のトップを旅行会社が占めるようになった。そこに掲載されているパッケージツアーは、格安ツアーで、旅行商品の廉価傾向が進んでいった。格安航空券も市場に出回るようになる。今日大手の一角を占めるエイチ・アイ・エス（H.I.S.）は1980年に創立し格安航空券の販売から急成長した。

　テンミリオン計画の発表された1987年、日本を代表する交通事業者に大きな変化があった。国鉄が巨額の累積債務の解消と経営改善を目的に分割民営化し、半官半民の特殊法人であった日本航空も完全民営化した。ともに顧客志向の営業が求められることとなった。

(6) 観光立国宣言

　2003年、小泉純一郎首相のもと、日本で初めて国として「観光立国宣言」がなされた。これは、観光が日本の力強い経済を取り戻すための極めて重要な成長分野であることを政府が明言したもので、急速に成長するアジアをはじめとする世界の観光需要を取り込むことにより、地域活性化、雇用機会の増大などの効果を期待するものだった。

　同年、官民一体となり「ビジット・ジャパン・キャンペーン」が開始された。外国人旅行者の訪日促進活動であり、当初は2010年までに訪日外国人旅行者数を年間1,000万人とする目標が掲げられた。

　2007年、従来の「観光基本法」を全面改定し、観光立国の実現に関する施策の基本理念として「観光立国推進基本法」が制定された。この法律により、観光は21世紀における日本の重要な政策の柱として初めて明確に位置づけられた。さらに、2008年、観光立国の実現のための任を担う「観光庁」が国土

交通省の外局として新設された。

(7) 2010年代のツーリズム

2010年代に入り、リーマンショック後の世界的な景気低迷、さらに、2011年3月の東日本大震災による未曾有の災害、長引く原発問題など、ツーリズムの世界にも大きな影響を与えている。旅行者の価値観や観光産業の構造も大きく変化していくと考えられる。

旅行会社については、インターネットでの予約手配に特化したオンライン旅行会社の台頭が目覚ましい。楽天トラベル、じゃらん、一休などである。また、エクスペディアなどの海外有力オンライン旅行会社も日本に進出してきている。

交通関係では、国内海外のLCC（格安航空会社）が大きな位置を占め始め、航空機利用の旅の形を変えようとしている。団塊の世代が65歳を迎え始め、クルーズ客船による豪華船旅も注目されている。

2013年、訪日外国人旅行者数が初めて1,000万人を突破した。2018年、3,000万人を超えた。インバウンドはさらに拡大していくことが期待され、その受け入れ体制の整備をすすめている。

6. 外国の観光の歴史

外国においても、長い歴史の中で、良い生存環境、つまり食料を求めての狩猟や採集の移動の旅が長く続いた。国の形ができてからは一般庶民の旅はなくなる。旅と言えば戦争に伴う旅、布教・巡礼など宗教・信仰に係わる旅、行商や交易の旅などであった。一般庶民が自らの意思で、楽しみを求めてする旅の歴史は決して長くはない。外国で起こった特徴的な観光現象を紹介する。

(1) グランドツアー

グランドツアーとは、17世紀末から18世紀にかけて、イギリスの貴族や豊かな上流階級の子弟の学業の修了時に、古典的教養の修得のために行われたヨーロッパ大陸への旅行のことである。ヨーロッパ大陸周遊修学旅行とも言われ当時盛んに行われた。自らの意思で自発的に行われた旅行で、その意味で「近

代旅行の始まり」と位置づけられる。
　期間は数カ月から数年間におよび，主な目的地は当時文化的先進国であったフランス、イタリアであった。子弟には家庭教師が同行し、ヨーロッパのパリやローマなどの主要都市を巡り、名所旧跡や政治、歴史、文化、芸術などの学問に触れ、礼儀作法や社交生活なども学び、国際人としての教養を身につける大旅行であった。

（2）世界最初の鉄道と旅行会社

　1825年、イギリスで世界初の蒸気機関車を利用した商用鉄道が開業した。当初は石炭輸送のためであったが、鉄道敷設が拡大していく中で旅客輸送も開始され、イギリスでは1840年代には鉄道が代表的な陸上交通手段となっていた。

　世界最初の旅行会社もイギリスに起こる。近代ツーリズムの祖、旅行業の創始者と呼ばれるトーマス・クック（Thomas Cook）によるものである。1841年、クックは禁酒運動大会への旅を当時高価だった鉄道を貸し切り列車とし割安料金で仕入れ、570名ほどの参加者を得て実施した。列車手配だけではなく昼食や現地での娯楽などの提供も行い成功裏におさめた。現在の団体旅行、パッケージツアーの原型となった。

　これを機会に旅行会社として営業を始め、多くの団体旅行や海外旅行を手掛けた。近代ツーリズムの確立とされる。その後、鉄道時刻表やトラベラーズチェックの取り扱いなども開始し、世界的なネットワークを持つ旅行会社に成長する。1872年にはクック自らが添乗し世界一周旅行を行い、日本にも立ち寄っている。所有者や経営形態は変わっているが、現在も世界的な規模を持つ旅行会社としてその存在を示している。

（3）オーシャンライナーの旅

　19世紀末から20世紀初めにかけて、ヨーロッパではアメリカ観光が流行する。また、アメリカ人のヨーロッパ観光ブームも生まれる。ヨーロッパ大陸と北アメリカ大陸を結ぶ大西洋定期航路の客船の高速化、大型化が進み、20世紀前半には豪華大型客船の時代となる。

　このように大洋を渡る定期航路のことをオーシャンライナーといい、欧米の

富裕層に人気を博した。とくに悲劇となったタイタニック号は有名で、映画『タイタニック』に見られるように、毎晩、正装でのディナーやダンスパーティが催され上流階級の人々が船旅を楽しんでいる様子がうかがえる。

20世紀中ごろになると航空機を利用した旅が活発になり、移民の減少にもよりオーシャンライナーの旅は下火になっていくが、船旅自体を楽しむ豪華客船の旅として今日まで続いている。

(4) バカンス法

1936年、フランスで世界初のバカンス法が制定され、すべての労働者に2週間の有給休暇が義務付けられた。フランスに続き、ヨーロッパではドイツやイタリアなどで同様の法律が制定された。それまで、貴族やブルジョワなどの特権階級だけが楽しんでいたバカンスを一般市民が手に入れたのである。フランスでは、その後1956年に3週間、1969年に4週間、そして1982年には5週間の連続休暇が認められた。

すべての労働者が手に入れた有給休暇は、長期滞在型旅行の需要を高めた。レジャーとしての長期滞在型旅行は瞬く間に浸透していった。海沿いのリゾート地でのんびり過ごすのが一般的であったが、自然の中でキャンプをする、田舎暮らしを楽しむ、スキーリゾートに滞在するなど多様な旅が生まれた。

(5) マスツーリズムとこれから

第二次世界大戦後の荒廃から復興したアメリカ、ヨーロッパの先進諸国において「マスツーリズム」と呼ばれる観光現象が発生した。経済発展による大量生産・大量消費を背景に、かつては富裕層に限られていた旅行が大衆化し、大量の旅行者が生み出した現象である。

1950年代にアメリカに出現し、1960年代にはヨーロッパの先進国にも拡大し、1970年代に日本が加わる。先進諸国の経済的豊かさが実現し、旅への志向が高まる中、ジェット旅客機が登場したことがマスツーリズム時代の幕開けとなる。1969年にはジャンボジェット旅客機（ボーイング747）の就航により国際観光の大量化、高速化が加速し、マスツーリズムの拡大を決定づけた。この頃から、国際機関による国際観光開発の支援も盛んになり、国際観光地が

世界中に拡大していった。

一方、1980年代になると、一度に大量の旅行者が押し寄せることで起こるマスツーリズムの諸問題が顕在化してきた。観光地の自然環境破壊、地域文化の変容、治安の悪化、貧しいホストと豊かなゲストという関係などである。1980年代の後半には、マスツーリズムに代わる新たな観光のあり方として、「オルタナティブツーリズム」(Alternative Tourism・もう一つの観光) や「サステイナブルツーリズム」(Sustainable Tourism・持続可能な観光) という概念が提唱され、世界各国でマスツーリズムの反省にたった新しいスタイルの観光も実践されている。しかし、経済発展を背景にアジア諸国の富裕層、中間層も国際観光に加わってきている。現在においても世界の観光の大勢を占めているのはマスツーリズムである。

表2-1 旅行・観光に関する年表

時代	西暦	旅行・観光に関する出来事
	607	遣隋使派遣（小野妹子を随に派遣）
	630	第1回遣唐使派遣
	646	駅伝制成立、諸道に駅を定め、駅馬を置く
平安時代	11世紀頃	貴族の熊野詣で盛んにおこなわれる
鎌倉時代	1299	マルコポーロ「東方見聞録」で日本紹介
室町時代	1492	コロンブス、新大陸発見
江戸時代	1601	徳川家康、東海道の伝駅制度を定める
	1635	参勤交代制確立、海外渡航帰国禁止
	1650	一般庶民による伊勢参り始まる
	17世紀末	イギリスでグランドツアーが流行
	1802	十返舎一九『東海道中膝栗毛』発刊
	1810	八隅蘆庵『旅行用心集』発刊
	1825	イギリスで蒸気機関車を利用した商用鉄道開業
	1833	安藤広重『東海道五十三次』刊行
	1841	トーマス・クック、世界初の団体旅行
	1851	世界初のロンドン万国博覧会
	1855	オランダより日本へ蒸気船献上、「観光丸」と命名
明治時代	1869	東京遷都、関所の廃止
	1872	トーマス・クック世界一周旅行、新橋～横浜間鉄道開通
	1873	金谷ホテル創業
	1885	初の海水浴場、大磯に開設
	1890	帝国ホテル創業
	1893	外客誘致機関として喜賓会設立
	1905	日本旅行の創業
	1912	ジャパン・ツーリスト・ビューロー創立（JTBの前身）、タイタニック号沈没
大正時代	1914	東京大正博覧会、上野で開催（入場者746万人）
	1923	日本航空設立　大阪～福岡～別府線　定期航路開設

	年	事項
昭和 (戦前)	1927	別府亀の井ホテル、遊覧バスを開業、初のバスガール付き観光バス
	1934	初の国立公園として、瀬戸内海、雲仙、霧島国立公園を指定
	1936	フランス、バカンス法制定
昭和 (戦後)	1946	修学旅行復活
	1948	近畿日本ツーリスト創業
	1949	日本旅行会設立
	1950	日本国有鉄道推薦旅館連盟（（社）日本観光旅館連盟の前身）設立
	1952	羽田空港開港、ジェット旅客機初飛来
	1954	日本航空、サンフランシスコ線開設（初の国際線）
	1955	国鉄、一般周遊券発売
	1956	東海道線東京〜大阪間電化完成
	1957	高速自動車国道法公布
	1958	東京タワー完成（当時世界一）
	1963	観光基本法公布
	1964	海外観光旅行自由化、東海道新幹線開業
		第18回オリンピック東京大会開催
	1965	日本航空、海外パッケージツアー「ジャルパック」発売開始
	1968	日本交通公社・日本通運、海外パッケージツアー「ルック」を発売
	1969	ジャンボ機（ボーイング747）初飛行
	1970	アジア初の日本万国博覧会、大阪千里で開催（入場者6400万人）
		国鉄、「ディスカバー・ジャパン・キャンペーン」開始、旅行業法施行
	1971	国内パッケージツアー「エース」（日本交通公社）発売
		「アンノン族」により小京都・離島ブーム
	1972	第11回冬季オリンピック札幌大会開催、沖縄返還
	1975	沖縄国際海洋博覧会開催
	1978	国鉄新キャンペーン「いい日旅立ち」開始、新東京国際空港（成田空港）開港
	1980	国鉄と旅行会社のコンピュータシステム結合、エイチ・アイ・エス（H.I.S.）設立
	1981	神戸ポートアイランド博覧会「ポートピア'81」開催（入場者1610万人）
	1983	東京ディズニーランド開業
	1987	日本国有鉄道分割民営化、「テンミリオン計画」発表
平成	1990	日本人海外旅行者が1000万人、外国人訪日旅行者が300万人を超える
	1993	「屋久島」「白神山地」「法隆寺地域の仏教建築」「姫路城」が世界遺産登録
	1994	関西国際空港開港
	1996	新規航空会社スカイマーク・エアラインズ、エア・ドゥ参入
	1998	第18回冬季オリンピック長野大会開催
	2000	改正祝日法成立「ハッピーマンデー」施行
	2001	ユニバーサル・スタジオ・ジャパン開業、米国同時多発テロ発生
	2002	サッカーワールドカップ日本・韓国で開催
	2003	「ビジット・ジャパン・キャンペーン」開始、愛知県で「愛・地球博」開幕（入場者2205万人）
	2007	観光立国推進基本法施行
	2008	観光庁創設
	2011	東日本大震災、九州新幹線全線開業
	2012	国内初のLCCピーチ・アビエーションの初便就航、東京スカイツリー開業
	2013	「富士山―信仰の対象と芸術の源泉」が世界文化遺産登録
		「和食　日本人の伝統的な食文化」が無形文化遺産に登録
	2014	羽田空港国際線ターミナル拡張
	2018	民泊新法施行、訪日外国人旅行者が3,000万人突破
令和	2019	ラグビーワールドカップ2019日本大会開催、海外旅行者数2,000万人突破

第3章　国内旅行

1. 旅行市場規模

　日本の旅行市場の規模を旅行消費額から見ていく。図3-1のように、国内宿泊旅行17.2兆円、国内日帰り旅行4.8兆円で国内旅行合計は22.0兆円になる。海外旅行の国内消費分は1.2兆円、訪日外国人市場が4.8兆円となっており、国内旅行市場は27.9兆円で、海外旅行における海外での支出分3.7兆円を含む旅行消費額は31.6兆円と推計される。

　国内旅行の国内旅行市場における旅行消費額シェアは79％で、全旅行消費額に対するシェアは69％ととなり、圧倒的な大きさであることが分かる。

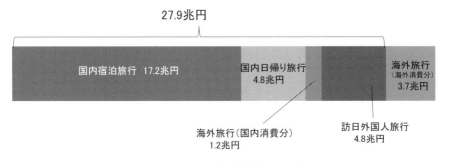

図3-1　日本の旅行消費額（2019）
出典：『数字が語る旅行業2020』（日本旅行業協会2020）資料：観光庁「旅行・観光消費動向調査」、「訪日外国人消費動向調査」より

2. 国内旅行市場

　国内旅行は日本の旅行市場の中で大きなシェアを占める。国内旅行とは、日

本人および日本国内に居住する人が居住地から離れ日本国内の各地を訪れる旅行のことである。日本国内は基本的には制限なく誰でもがどこにでも旅することができる。（北方領土や危険地域など許可なく立ち入りできない島嶼、地域が一部ある）日本の観光を知る上で最初に理解しなくてはならない国内旅行の市場の特性や動向を概観していく。

(1) 国内宿泊旅行マーケットの構造

国内旅行は「宿泊旅行」と「日帰り旅行」に区分することができる。市場規模が大きく、その特性や動向が把握可能な「宿泊旅行」に関する現状を見ていく。

図 3-2 は、国内宿泊旅行の旅行目的と旅行形態によって分けられた市場区分のシェア、すなわち国内宿泊旅行のマーケットの構造を表したものである。「観光旅行」が約 5 割と最も大きなシェアを占めていることが分かる。「帰省旅行」が 14% 程度ある。帰省旅行とは、帰省や郷里での冠婚葬祭などの旅行のことである。この帰省旅行のボリュームが大きいのが国内宿泊旅行の特徴となる。

商談や会議、視察などの仕事のための旅行である業務旅行は 17% 程度となっている。組織団体旅行とは町内会、農協、郵便局、サークルなどが募集する旅行で、会社団体旅行とは職場旅行や招待、報奨旅行など会社が主体となった団体旅行のことである。

なお、2019 年の国内旅行延べ宿泊者数は 5 億 9,592 万人泊（2019 年、外

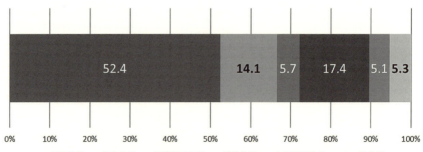

図 3-2　国内宿泊旅行マーケットの構造（2019）（%）
出典：『旅行年報 2020』（公益財団法人日本交通公社 2020）資料：「JTBF 旅行実態調査」

国人宿泊数含む、観光庁『宿泊旅行統計調査報告』より）と大きな数字であり、この数年微増の傾向にある。

(2) 国内宿泊旅行の出発時期

国内宿泊旅行の実態を理解する上で最もポイントとなるのが、旅行者がいつ旅行に出かけているのかである。四季が明確であり、休暇時期が限定的な日本においては季節、月、曜日、時間により大きな変動がある。

旅行者数のボリュームにより、最も旅行者数が多い時期を「繁忙期」または「ピーク期」、少ない時期を「閑散期」または「オフ期」、その中間的な時期を「中間期」「通常期」または「ショルダー期」と呼ぶ。また、旅行者数の多い季節を「オンシーズン」、逆に少ない季節を「オフシーズン」ということもある。

図3-3は、宿泊を伴う観光目的とした国内旅行の出発月別のシェアを表したものである。概観すると夏休みの8月が突出しており、季節のよい春と秋が一定のボリュームがあり、1月、2月の冬期が少ないことが分かる。

月別にみると、夏休みの8月がピーク期となっている。これは小中学生が休みであること、長期休暇が取れやすいこと、帰省に伴う旅行が多いことなどによるものである。日本だけではないが夏休みの家族旅行、友人との旅行は定着

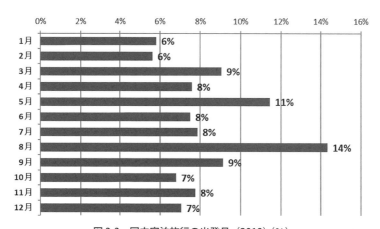

図3-3 国内宿泊旅行の出発月（2019）（％）
出典：『旅行年報2020』（公益財団法人日本交通公社 2020）資料：「JTBF旅行実態調査」

し慣例化している。8月に続くのが5月である。5月は、行楽シーズンであるとともにゴールデンウィーク（GW）による長期休暇によるものである。祝祭日の日並びにより旅行先や旅行日数が毎年変わる。

　9月は小中学生の夏休みは終わっているが、暑さが和らぎ、旅行に係わる費用が安くなり、連休も多く、休暇取得をずらしこの時期に旅行する人が増えている。「レイトサマー」と呼ばれている。7月は夏休みの前半、海水浴や登山などが多い時期である。3月は春休み、卒業旅行や花見の旅行が集中する。10月、11月は、紅葉があり、気候が良くまさに旅行シーズンといえ、個人旅行だけではなく団体旅行も多い時期である。

　日本における旅行のピーク期は、夏休み、ゴールデンウィークと年末年始となる。年末年始とは、多くの人が休みとなる正月を挟んだ休暇時期で、小中学生の冬休み期間中でもあり、季節的にはオフシーズンであるが観光地には旅行者が集中する。この3つのピーク期に続きレイトサマーと呼ばれる9月も旅行シーズンとして定着している。ピーク期には宿泊料金など観光諸施設の料金が上がる。

　出発曜日によっても旅行者の数は大きく異なっている。ピーク期は土曜、日曜、祝祭日である。また、祝祭日の前日など土曜以外の休日の前日もピークとなる。この日を「休前日」と呼ぶ。週休2日制が定着した今日、金曜日もピーク期と同様な料金設定をする宿泊施設も増えてきている。

　出発時間にもオンとオフがあり、航空運賃などに大きな差ができ、JRなどもオフとなる時間帯の列車の座席を旅行会社に割引料金で提供している。出発時間は朝の9時頃がピークで、早朝や深夜はオフ扱いとなっている。復路に関しても、夕刻着がピークでそれより早い時間や遅い時間はオフ扱いとなることがある。

（3）国内宿泊旅行の同行者

　旅行はひとりで出かけることもあるが、とくに観光旅行は同行者がいる場合がほとんどである。同行者によって、旅行目的も旅行先も旅行時期なども変わってくる。また、求める観光サービスの内容も違ってくる。

　図3-4は、宿泊を伴う観光目的とした国内旅行の同行者を表したものである。

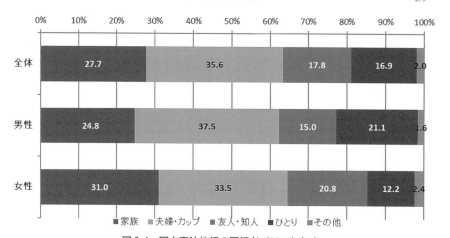

図 3-4　国内宿泊旅行の同行者（2019）(%)
出典：『旅行年報 2020』（公益財団法人日本交通公社 2020）資料：「JTBF 旅行実態調査」

全体では夫婦・カップルが最も多く 36％程度になっている。次が家族旅行で 28％程度。家族を大切にする日本人の旅行スタイルが良く分かる。次に、友人・知人との旅行が 18％程度を占めている。ひとり旅も 17% 程度ある。

しかし、旅行の同行者は年齢別にみると、大きくそのシェアが違っている。20 代前半は、友人・知人との旅行が圧倒的に多く、約半数を占めている。結婚前の年齢層で友人・知人との行動が楽しむ時期である。20 代後半になると夫婦旅行が増える。その分、友達・友人旅行が減少する。ひとり旅も各年齢層の中で最大となっている。

30 代から 40 代は、子育て世代となり家族旅行の割合が増える。夫婦・カップル旅行が減る。50 代になると子どもと行動する機会が減り夫婦・カップル旅行が増える。60 代後半以降は夫婦・カップル旅行が徐々に減少し、その分が友人・知人旅行となる。

このように旅行同行者はライフステージの変化とともに大きく変化していく。また、同じ人が 1 年の間に夫婦旅行にも行くし、家族旅行にも行き、それとは別に友人・知人との旅を楽しんでいるケースも多く見られることに留意しなくてはならないだろう。

(4) 国内宿泊旅行の現地活動

国内宿泊旅行では現地でどのような活動をしているのだろうか。図 3-5 は、宿泊を伴う観光目的とした国内旅行の現地活動を表したものである。「自然や景勝地の訪問」がトップで、「温泉」「グルメ・名物料理」が続いている。「自然」「温泉」「グルメ」が 3 大旅行タイプと言えよう。「自然や景勝地の訪問」とは山、川、海などの自然豊かな観光地で景観などを楽しむ旅である。「温泉」は主に温泉地での宿泊を楽しむ旅である。「グルメ・名物料理」は地域の美味しいものや珍しいものを食べる旅である。

次いで、「まち並み散策・まち歩き」「歴史・文化的な名所の訪問」「シッピング・買い物」と続く。まち並散策は、国内旅行の定番として定着してきた。歴史・文化的な名所の訪問は、本来「自然」と並ぶ国内旅行の大きな要素である。ショッピングは旅行中には欠かせない活動であろう。

「都市観光・都会見物」は都市の娯楽、ショッピング、グルメ、サービスなどを楽しむ旅である。友人旅行に多い。「観光施設・動物園・水族館」「テーマパーク・レジャーランド」は小中学生を連れた家族旅行に多い。

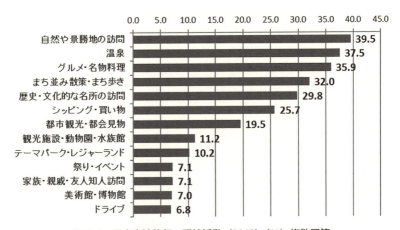

図 3-5　国内宿泊旅行の現地活動（2019）（%）複数回答
出典：『旅行年報 2020』（公益財団法人日本交通公社 2020）資料：「JTBF 旅行実態調査」

(5) 国内宿泊旅行の宿泊施設

図 3-6 は、宿泊を伴う観光目的とした国内旅行の利用宿泊施設を表したもの

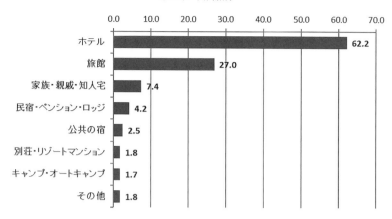

図 3-6 国内宿泊旅行の宿泊施設（2019）（%）複数回答
出典：『旅行年報 2020』（公益財団法人日本交通公社 2020）資料：「JTBF 旅行実態調査」

である。「ホテル」が全体の6割強を占めている。「旅館」は3割弱となっている。近年、「ホテル」のシェアが上昇し、「旅館」のシェアの減少傾向が続いている。

しかし、日本固有の「旅館」が一定のシェアを占めていることは、国内宿泊旅行においての最大の特徴となる。とくに、家族旅行やシニアの夫婦旅行では「旅館」のシェアは高い。また、旅行目的やデスティネーションによって「ホテル」と「旅館」を使い分けているようだ。「家族・親戚・知人宅」も7％程度のシェアがある。

(6) 国内宿泊旅行の宿泊数

図 3-7 は、宿泊を伴う観光目的とした国内旅行の宿泊数を表したものである。宿泊数では「1 泊」が全体の半数を占め、「2 泊」と合わせると8割となる。このように国内宿泊旅行は短期の旅行が中心であり、この傾向が長く続いている。日本の国内宿泊旅行の最大の特徴であるとともに、最大の課題である。

「3 泊」以上は合計しても2割強である。北海道、沖縄、九州など遠距離となる旅行とリゾート地での滞在などであるが少ない。長期になると、旅行に係わる費用が高い、休暇が取れない、同行者とのスケジュールが合わないなどの理由が背景にあると思われる。

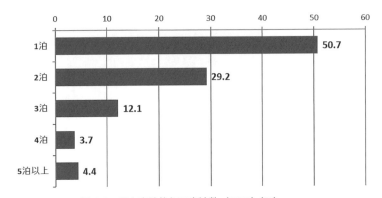

図 3-7　国内宿泊旅行の宿泊数（2019）(%)
出典：『旅行年報 2020』（公益財団法人日本交通公社 2020）資料：「JTBF 旅行実態調査」

(7) 国内宿泊旅行の旅行先までの交通手段

　目的地までの交通手段は何を利用しているのであろう。図 3-8 は、宿泊を伴う観光目的とした国内旅行の旅行先までの交通手段を表したものである。「自家用車」いわゆるマイカーでの旅が約 4 割を占めている。次いで「列車」が 3 割弱と続く。「飛行機」が 2 割強となっている。

　日本はマイカー旅行が主流であると言える。これはマイカー普及率が高いことと、高速道路網が整備されていること、近距離の 1 泊旅行が多いことなどが理由に挙げられる。また、鉄道、航空などの交通網が発達し整備されている

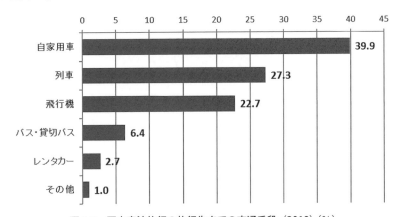

図 3-8　国内宿泊旅行の旅行先までの交通手段（2019）(%)
出典：『旅行年報 2020』（公益財団法人日本交通公社 2020）資料：「JTBF 旅行実態調査」

が、それらの料金が高いこともその背景にある。

しかし、遠距離となる旅行には新幹線などの鉄道が利用され、北海道、沖縄や離島などは航空機が利用されている。また、近年は遠距離の目的地であっても低価格の長距離バスが利用されることがある。

(8) 国内宿泊旅行の旅行費用

交通費、宿泊費、飲食費、土産代などを含めた国内宿泊旅行1回1人当たりの費用はどのくらいなのだろう。平均旅行費用は5万3,444円（2019年）だった。

図3-9は、宿泊を伴う観光目的とした国内旅行の旅行費用を表したものである。「2万円～3万円未満」が18％で一番多い。次いで「3万円～4万円未満」「1万円～2万円未満」と続く。これは1泊旅行が多いことによるものである。

一方で、「4万円～5万円未満」「5万円～7万円未満」「7万円～10万円未満」もそれぞれ1割程度ある。また、10万円以上のシェアも1割強あり、豪華な国内宿泊旅行を楽しんでいる様子もうかがうことができる。

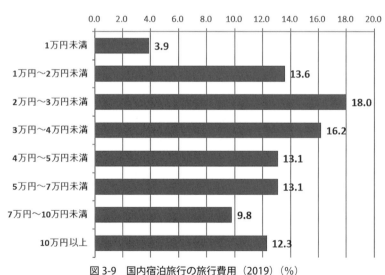

図 3-9　国内宿泊旅行の旅行費用（2019）（％）
出典：『旅行年報2020』（公益財団法人日本交通公社2020）資料：「JTBF旅行実態調査」

(9) 国内宿泊旅行の予約によく使う方法

国内宿泊旅行において予約によく使う方法はどのようなものだろうか。図

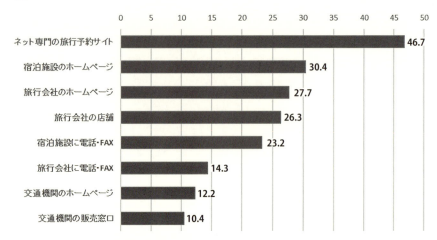

図 3-10　国内宿泊旅行の予約によく使う方法（2019）（%）複数回答
出典：『旅行年報 2020』（公益財団法人日本交通公社 2020）資料：「JTBF 旅行意識調査」

3-10 は、宿泊を伴う観光目的とした国内旅行の予約によく使う方法を表したものである。「ネット専門の旅行予約サイト」が半数近くあり群を抜いている。「宿泊施設のホームページ」「旅行会社のホームページ」も 3 割程度あり、インターネットを利用しての予約が定着していることが分かる。「旅行会社を店舗」を利用しての予約は 26% 程度となっている。

マイカー旅行が多い国内宿泊旅行においては、旅行会社の店舗を利用するケースは少ない。インターネットの宿泊予約サイトを活用して宿泊施設を検索し、予約することが増えている。シニア層は旅行会社の企画するパッケージツアーやバス旅などに参加する人が多い。旅行会社利用者のシェアを維持向上させるためには、さまざまな旅行タイプに旅行会社が係わっていく工夫と新しい観光サービスの創出が必要となろう。

3. 国内旅行のデスティネーション

国内旅行のデスティネーション（旅行目的地）は、どこが多いのだろう。また、どんなタイプの観光地なのだろうか。国内旅行市場を理解するために知っておきたいデスティネーションについて概観する。

(1) 都道府県別の日本人述べ宿泊数

　国内宿泊旅行のデスティネーションとなる都道府県はどこなのだろうか。図 3-11 はの、日本人延べ宿泊数 (2019) の上位 10 の都道府県を表したものである。

　「東京」が群を抜き、5千万人泊ほどであった。典型的な都市観光の場所であり、観光だけでなくビジネスや教育などの関連も多い。2位の「大阪」も同様である。

　「北海道」は、国内最大の観光地といっていいだろう。札幌を始めとした、函館、小樽、旭川などの都市観光、他では味わうことのできない大自然、数多くの良質な温泉、新鮮な海産物など観光資源が豊富な地である。寒い冬にも雪祭りや流氷など目当てに多くの旅行者が訪れている。「沖縄」は日本を代表する海のリゾート地であり、独特な琉球文化を残す地であるとともに特徴ある多くの島々がある。「千葉」は東京ディズニーリゾートと成田空港がある。「静岡」は富士山と伊豆の温泉が多くの旅行者を呼んでいる。「神奈川」はさまざまな顔を持つ横浜と鎌倉、箱根温泉がある。「京都」は世界的な大観光地である。「長野」は山や高原など自然を満喫でき、温泉も多い。冬はスキー

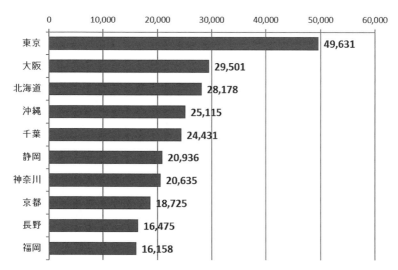

図 3-11　都道府県別の日本人述べ宿泊数（2019）（千人泊）
出典：『旅行年報 2020』(公益財団法人日本交通公社 2020) 資料：観光庁「宿泊旅行統計調査」より

で賑わい、四季を通して個人旅行でも団体旅行でも楽しむことのできるデスティネーションである。「福岡」は九州観光の玄関口として存在感を示している。

(2) 温泉

　日本の国内宿泊観光旅行のデスティネーションとして欠かすことができず、最も特徴となっているのが温泉旅行である。温泉は世界の国々にもあるが、観光旅行としてこのように国民に愛され定着している国は他にない。

　温泉とは、地中から湧き出す湯、またはその場所、その湯を用いた入浴施設のことをいう。また、温泉法による温泉の定義は、源泉温度が25℃以上であること、「リチウムイオン」「水素イオン」などの19の特定の成分が1つ以上規定値に達しているものである。温泉は自然の恵みというイメージがあるが、掘削技術の進んだ今、東京都心でも温泉地が次々と誕生している。

　全国で温泉地の数はおよそ3,000ヵ所（環境省自然環境局平成24年度データ）あり、全都道府県に分布している。日本における温泉利用の歴史は長く、神話の世界までさかのぼることができる。湯治の歴史も古く、現在の有名温泉地は湯治場から形成されたところがほとんどである。

　温泉地の数の多い都道府県の上位は、北海道、長野県、新潟県である。「三名泉」（林羅山による）と呼ばれる温泉地は、有馬温泉（兵庫県）、草津温泉（群馬県）、下呂温泉（岐阜県）である。また、歴史の長い「三古泉」（日本書紀・風土記に登場）と呼ばれる温泉地は、道後温泉（愛媛県）、有馬温泉、白浜温泉（和歌山県）である。源泉数の数から「三大温泉」と呼ばれる温泉地もある。別府温泉（大分県）、由布院温泉（大分県）、伊東温泉（静岡県）であり、いず

写真　草津温泉の湯畑　筆者撮影

表 3-1　にっぽんの温泉100 選上位 10（2019）

	温泉地名	所在県
1	草津温泉	群馬
2	別府八湯温泉	大分
3	指宿温泉	鹿児島
4	有馬温泉	兵庫
5	道後温泉	愛媛
6	下呂温泉	岐阜
7	登別温泉	北海道
8	由布院温泉	大分
9	箱根温泉	神奈川
10	城崎温泉	兵庫

出典：「第 33 回にっぽんの温泉 100 選」
（主催：観光経済新聞社 2019）より
全国 2,000 余りの温泉地を対象として、旅行会社などのプロが投票

れも多くの旅行者を惹き付ける大観光地となっている。

　表 3-1 は、旅行会社などのプロが選んだ日本の温泉地のランキング上位である。1 位の草津温泉は、自然湧出量は日本一で泉質に定評がある。湯もみや温泉街の中心にある湯畑が有名である。2 位は地獄めぐりが楽しめ、大規模温泉街を形成する別府八湯温泉、3 位は天然砂むし温泉で有名な指宿温泉と九州の温泉郷が続く。

　4 位は京阪神の奥座敷と呼ばれる歴史ある有馬温泉、5 位は夏目漱石の『坊ちゃん』にも登場する四国の名湯、道後温泉、6 位は飛騨川に面した名泉、下呂温泉である。7 位の登別温泉は、温泉街に噴煙を上げる地獄谷が有名で、各旅館の温泉浴場の大きさに驚かされる。8 位の由布院温泉は、良質な温泉とともにこだわりのある高級な小規模旅館が人気を集めている。9 位は首都圏から近い箱根温泉であった。10 位は外湯巡りや冬のカニ料理が楽しみな城崎温泉である。いずれも、それぞれの地域を代表する温泉地で年間を通して多くの旅行者を迎え入れている。

(3) 世界遺産

　世界遺産とは 1972 年のユネスコ総会で採択された「世界遺産条約」に基づいて世界遺産リストに登録された、遺跡、景観、自然など人類が共有すべき「顕著な普遍的価値」を持つ不動産のことである。

　世界遺産登録は決して観光地化を望むものではなく、また観光旅行者誘致のためのものではない。あくまで顕著な普遍的価値のある人類の宝物を未来に伝えていくために保存をしていくというものである。しかし、世界の突出した名所旧跡や大自然は、世界の多くの人が見るべき価値があり、また見てもらいたい。世界遺産登録されるとそこを訪れる旅行者は急増し有力な観光地となることが多い。観光のデスティネーションとして注視する必要がある。

表 3-2 日本の世界遺産（2019）

種類	登録名	登録年月	所在地
自然遺産	屋久島	1993年12月	鹿児島県
自然遺産	白神山地	1993年12月	青森県・秋田県
自然遺産	知床	2005年7月	北海道
自然遺産	小笠原諸島	2011年6月	東京都
文化遺産	法隆寺地域の仏教建造物	1993年12月	奈良県
文化遺産	姫路城	1993年12月	兵庫県
文化遺産	古都京都の文化財	1994年12月	京都府・滋賀県
文化遺産	白川郷・五箇山の合掌造り集落	1995年12月	岐阜県・富山県
文化遺産	原爆ドーム	1996年12月	広島県
文化遺産	厳島神社	1996年12月	広島県
文化遺産	古都奈良の文化財	1998年12月	奈良県
文化遺産	日光の社寺	1999年12月	栃木県
文化遺産	琉球王国のグスク及び関連遺産群	2000年12月	沖縄県
文化遺産	紀伊山地の霊場と参詣道	2004年7月	和歌山県・奈良県・三重県
文化遺産	石見銀山遺跡とその文化的景観	2007年6月	島根県
文化遺産	平泉－仏国土（浄土）を表す建築・庭園及び考古学的遺跡群－	2011年6月	岩手県
文化遺産	富士山－信仰の対象と芸術の源泉	2013年6月	静岡県・山梨県
文化遺産	富岡製糸場と絹 産業遺産群	2014年6月	群馬県
文化遺産	明治日本の産業革命遺産　製鉄・製鋼、造船、石炭産業	2015年7月	福岡県・佐賀県・長崎県・熊本県・鹿児島県・山口県・岩手県・静岡県
文化遺産	ル・コルビュジエの建築作品-近代建築運動への顕著な貢献-	2016年7月	東京都
文化遺産	「神宿る島」宗像・沖ノ島と関連遺産群	2017年7月	福岡県
文化遺産	長崎と天草地方の潜伏キリシタン関連遺産	2018年6月	長崎県・熊本県
文化遺産	百舌鳥・古市古墳群・古代日本の墳墓群	2019年7月	大阪府

出典：ユネスコ世界センター

　日本においては、2013年に「富士山」が文化遺産として登録され、大きな話題となった。その後も毎年、文化遺産が登録されている。世界遺産には自然遺産、文化遺産、複合遺産があり、日本の世界遺産は表3-2のように自然遺産が4件、文化遺産が19件の合計23件が登録されていて、複合遺産はない。（2019年現在）

　自然遺産は、亜熱帯から亜寒帯までの植物の「垂直分布」が評価され、屋久杉でも有名な屋久島（鹿児島県）、ブナの原生林が残される白神山地（青森県・秋田県）、流氷や独特の食物連鎖の見られる知床（北海道）、大陸と陸続きになっ

たことがなく独自の生態系が残されている小笠原諸島（東京都）の4件である。いずれの地域でも、自然環境を保全しながら、地域振興をはかるエコツアーが人気を集めている。

文化遺産は、姫路城（兵庫県）、古都京都、古都奈良、日光（栃木県）など19件が登録されている。原爆ドーム（広島県）は、人類が犯した悲惨な出来事を伝え、そうした悲劇を二度と起こさないための戒めとする物件として登録されている。「負の世界遺産」の代表である。それぞれ、世界遺産登録後来訪者の数を伸ばしているが、一時的なブームで終わってしまった地域もある。

（4）街並み

国内観光のデスティネーションとして、定着しているのが「街並み観光」である。

「古都」には昔ながらの街並みが残されている。古都とは、古くからの都、または昔に都がおかれていた場所のことであり、日本においては、京都、奈良、鎌倉がその代表であり、「古都保存法」により後世に引き継ぐべき歴史的風土が残されている。それぞれ、日本を代表する大観光地である。

「小京都（しょうきょうと）」にも足を向ける旅行者が多い。小京都とは、古い街並みや風情が京都に似ているとことから名づけられた街の愛称である。全国に20以上の小京都と呼ばれる地域がある。代表的な小京都は、「みちのくの小京都」（秋田県角館町）、「飛騨の小京都」（岐阜県高山市）、「但馬の小京都」（兵庫県出石町）、「山陰の小京都」（島根県津和野町）、「安芸の小京都」（広島県竹原市）、「薩摩の小京都」（鹿児島県知覧町）などであり、今も風情ある街並みが旅行者を魅了している。

小京都と似た言葉に「小江戸（こえど）」がある。江戸との係わりの深く、江戸の風情を残す古い街並みを残している地域である。代表的な「小江戸」は埼玉県の川越市で、他に栃木県栃木市、千葉県佐原（香取市）などがあり、首都圏からの日帰り街歩きで訪れる人が多い。

昔の宿場町を再現した街並みが人気の地域がある。旧中山道の妻籠宿（長野県木曽町）は1970年代から人気の観光地となっている。同じく旧中山道の奈良井宿（長野県塩尻市）、旧会津西街道の大内宿（福島県下郷町）、旧北国街道の海野宿（長野県東御市）、旧若狭街道の熊川宿（福井県若狭町）などである。

いずれも「重要伝統的建造物群保存地区」に指定されていて、まるで江戸時代にタイムスリップしたかのような街並みを再現している。

その他にも、舟運で栄えた時代がしのばれる白壁の街並みを作り出した倉敷美観地区（岡山県倉敷市）、伊勢神宮内宮に続く門前町で伊勢独特の切り妻入りの建物が立ち並ぶ、おはらい町（三重県伊勢市）がある。

赤瓦屋根の家屋が立ち並ぶ街並みを水牛車で巡る竹富島（沖縄県竹富町）、城下町と宿場町の二つの顔を持つ町で、江戸時代から明治時代の伝統的建造物を活かして作られた長浜黒壁スクエア（滋賀県長浜市）、昭和30年代の商店街を再現した豊後高田・昭和のまち（大分県豊後高田市）など、さまざまなテーマで街並みが作られ観光スポットとなっている。

(5) テーマパーク

多くの子どもたちにとって嬉しいデスティネーションは子どもの夢の国、テーマパークである。テーマパークとは、ひとつの国、物語、映画、時代などの特定のテーマをベースにして園内が構成、演出された観光施設である。

その代表は、「東京ディズニーリゾート（TDR）」（千葉県浦安市）である。TDRとは、「東京ディズニーランド（TDL）」と「東京ディズニーシー（TDS）」を合わせたディズニーパークの総称である。1983年に開園され、30年以上が経つ。入園者数はおおよそ3,000万人（2019年度・TDLとTDSの合計）を維持している。名実ともに日本一の観光スポットといえよう。

映画のテーマパークである「ユニバーサル・スタジオ・ジャパン（USJ）」（大阪府大阪市）も西日本を代表するテーマパークである。TDRとUSJとともに日本三大テーマパークと呼ばれているのが、近年再注目されている「ハウステンボス」（長崎県佐世保市）である。

その他に、「志摩スペイン村パルケエスパーニャ」（三重県志摩市）、「東映太秦映画村」（京都府京都市）、「サンリオピューロランド」（東京都多摩市）など全国にある。しかし、経営不振で廃園になったテーマパークも数多い。

(6) グルメ

近年、地域の食を食べることを目的とした旅行が注目されている。これは、

観光旅行の成熟化に伴う、旅行者の旅行動機、旅行目的の多様化、個性化が背景にある。地元でとれた旬の食材やその地域ならではの料理など「地域の食」を楽しむグルメツアーは定番となり、ご当地ラーメンブームやB級グルメブーム、ご当地グルメブームなども社会現象化している。

　地域の特徴ある高級食材を用いた料理では、下関のフグ料理、城崎・香住のカニ料理、松阪の牛肉料理などがある。地域に古来より伝わってきた会席料理形式の高級伝統料理を楽しむ旅としては、京都の京懐石・京料理、金沢の加賀会席、長崎の卓袱(しっぽく)料理などがある。

　地域の暮らしの中から生まれ、地域住民が日頃より好んで食し、愛し、誇りに思っている、美味しくて安価な庶民グルメも注目され、わざわざ旅をして地元に食べに行っている。香川県の讃岐うどん、広島のお好み焼き、喜多方のラーメン、富士宮の焼きそば、宇都宮の餃子などである。

　また、旅行者を惹き付ける魅力ある、安価な庶民グルメから高額な高級グルメまで、異質な多種類の特徴ある名物料理を有する大都市もグルメで旅行者を呼び寄せている。ラーメン、カニをはじめとした海産物、寿司、ジンギスカン、スープカレー、スイーツなどが人気の札幌、「名古屋めし」と称される、味噌煮込みうどん、きしめん、どて煮、あんかけスパゲッティ、味噌カツ、名古屋コーチン料理、櫃(ひつ)まぶしなどのある名古屋、琉球宮廷料理、沖縄そば、タコライスなどのある沖縄の那覇である。

　地域の食は、多くの旅行者を惹き付ける新しい観光資源として評価され、新しいデスティネーションを作っている。

【調査概要】
『旅行年報2020』(公益財団法人日本交通公社　2020)
「JTBF旅行実態調査」
調査対象：全国16～79歳の男女で、期間中観光・レクリエーション旅行を実施した人　(調査の対象とした旅行期間：2019年1～12月)
調査方法：ウェブ調査、
調査時期：2019年4・7・10月 2020年1月　回答者：6,232人
「JTBF旅行意識調査」
調査対象：全国16～79歳の男女　　調査方法：郵送自記式調査、
調査時期：2020年5～6月　　　　　回答者：1,472人

第4章　海外旅行

1. 海外旅行準備

　海外旅行とは、日本人および日本に在住している人が日本以外の国へ旅行することである。島国である日本においては、航空機か船舶を利用し出かける旅行となる。「アウトバウンド（outbound）」と呼ばれることがある。パスポート（旅券）の携行が必要など国内旅行とは異なり事前の準備が必要となる。

(1) パスポート

　パスポートは（passport）は日本語では「旅券」という。政府ないしそれに相当する公的機関が交付し、海外に旅行する者に国籍、氏名、生年月日など身分に関する事項に証明を与え、外国官憲に保護を依頼する公文書である。世界中で通用する唯一の「身分証明書」であり、海外旅行をする際には必ず携行しなくてはならないものである。パスポートには、日本国外務大臣の名前で「日本国民である本旅券の所持人を通路故障なく旅行させ、かつ、同人に必要な保護扶助を与えられるよう、関係の諸官に要請する。」との、いわゆる「保護要請文」が和文・英文で記載されている。

　パスポートには、一般旅券・公用旅券・外交旅券・緊急旅券の4種類がある。一般の人のパスポートである一般旅券は、有効期間5年用（紺色）と10年用（赤色）の2種類があり、成人者はどちらか選択できるが、未成年者は5年用しか取得できない。有効期限内なら何度でも出入帰国できる「数次旅券」が原則となっている。

　パスポートの申請は、原則として住民票のある都道府県のパスポート申請窓口で行い、申請窓口で受領する。現在、交付されているパスポートは偽変造防

止などを目的としICチップの組み込まれた「IC旅券」となっている。

(2) ビザ

　ビザ（visa）は日本語では「査証(さしょう)」という。国が自国民以外に対して、その人物の所持するパスポートが有効であり、その人物が入国しても差し支えないと示す書類、いわば渡航先の入国許可証である。

　日本人が海外へ渡航する際のビザは、渡航先国、渡航目的、滞在期間などによって要否、種類が異なる。基本的には、日本にある渡航先国の大使館・総領事館にて取得する必要がある。しかし、日本人の海外旅行で、観光、商用、親族・知人訪問などを目的とする在留資格「短期滞在」に該当する場合、「ビザ免除」の対象となる国が多い。査証免除措置国・地域は、中国や韓国、台湾、アメリカ、イギリスなど190以上の国・地域に及んでいる。したがって、多くの海外旅行ではビザが不要となっている。また、ビザが必要ではあるが、入国時の空港で容易に取得できる国も多い。

　ただし、ビザがあっても、入国許可の最終判断は現地の入国審査官により決定されるので、入国拒否に遭うこともある。

(3) 外貨両替

　海外旅行の旅先で食事をしたときや、ショッピングをしたときに支払う通貨は現地の通貨となる。アメリカであればUSドル（＄）、中国であれば人民元（￥）、韓国であれば韓国ウォン（W）、フランスやドイツであればユーロ（€）である。USドルは世界の国々で、日本円（￥）もアジアの国々で直接使えることがあるが、基本的には旅行先の国の通貨に両替し使用することになる。

　外貨両替とは、ある国の通貨を別の国の通貨に交換することである。日本円からの外貨両替は日本国内でも、ほとんどの旅行先の国でもすることができる。

　成田空港、関西空港などの出国空港にある銀行、両替店で両替することが多いが、事前に郵便局、銀行、旅行会社、両替店、金券ショップなどで両替することができる。ただし、日本国内で両替できる外国通貨の種類は限られている。旅行先においても、日本円から現地通貨に両替することができる。到着空港の銀行、両替店や市中の銀行、両替店、ホテルなどである。

外貨両替のときに確認しなくてはならないことは「為替レート」である。為替レートとは、日本円と海外の通貨を交換する時の取引価格のことである。「1ドル＝○○円○○銭」というように表現される。為替レートは刻々と変化している。また、両替時には両替手数料がとられる。日本で両替するのと旅行先で両替するがどちらが有利かは、通貨によって、時期によって異なるので注意する必要がある。

(4) 海外での決済手段

海外旅行において多額の現金を持ち歩くのは不安である。そこで、現金以外の形で持っていく方法がある。それぞれのメリットとデメリットを把握し、旅行先の通貨事情、自分の旅のスタイルに合った方法を選択する必要がある。

①トラベラーズチェック（T/C）

「旅行小切手」ともいう。サインをすることによって現金化が可能になる小切手のことである。アメリカのように店頭で現金同様に支払いに使用できる国と、銀行やホテルなどで現金化しなくてはならない国とがある。券面には、サインする場所が2か所あり、1か所は購入時にすぐ署名し、もう1か所は実際に使用する時に署名する。安全面でメリットが大きいが、現金化する時に手数料を徴収する国もある。使用時にはパスポートの提示を求められることもある。

②クレジットカード

ほとんど全世界のホテルや一流レストラン、大型店舗では、日本同様に支払いに利用できる。海外ではホテルにチェックインをする時、身分証明のIDカードとしてクレジットカードの提示を求められることも多いので、個人旅行にとってクレジットカードは必需品といえる。また、クレジットカード会社は、世界各地で会員サポートを行っており、海外でのサービスが利用できるメリットがある。クレジットカードのブランド（Visa・Master・JCBなど）により、また国・地域や店舗により利用できないことがある。

③国際キャッシュカード

日本の銀行口座にあるお金を旅行先である海外のATMから現地通貨で引き出せるカードのことである。多額の現金を持ち歩く必要がないので安全性が高

く、有名な観光地となっている海外都市の ATM は 24 時間 365 日使えるところが多く、曜日や時間を気にせずにいつでも現金が入手可能なところが多く利点は多い。しかし、小都市や途上国の場合、利用可能な ATM はまだまだ少ない。

(5) 海外旅行保険

　海外旅行中には、想定外のことが起こる可能性がある。旅行中に病気やケガをしたときの医療費や盗難に遭った際の補償などをしてくれるのが海外旅行保険である。金銭的な補償だけでなく、トラブル処理や現地での日本語サポートなどのサービスもある。国内旅行においても国内旅行保険があるが加入率は高くないが、海外旅行保険の加入率は高い。

　海外旅行保険の主な補償項目は、疾病治療費用、傷害治療費用、疾病死亡・後遺障害、傷害死亡・後遺障害、賠償責任、救援者費用、携行品損害、入院一時金、航空機寄託手荷物遅延費用、航空機遅延費用などである。セットプランと補償内容を自由にチョイスできるフリープランが用意されている。旅行会社や保険会社で加入することができる。また、インターネット契約も増加している。国際空港には自動販売機も設置されている。

(6) 渡航情報

　海外旅行の旅先となる海外の国々の治安は必ずしも安定しておらず、急激に変化する場合がある。外務省はインターネット上に「海外安全ページ」を開設し、最新の渡航情報を提供している。

　「危険情報」とは渡航情報の内、海外への渡航や滞在に際した安全に関する情報で、その国の治安情勢やその他の危険要因を総合的に判断し、それぞれの国・地域に応じた安全対策の目安を発信している。

　危険情報では、対象地域ごとに4つのカテゴリーに分類している。「十分注意してください」(レベル1)、「不要不急の渡航はやめてください」(レベル2)、「渡航はやめてください」(レベル3 渡航中止勧告)、「退避してください。渡航はやめてください」(レベル4 避難勧告)である。海外旅行の際には必ず目を通しておきたい貴重な情報である。

　また、新型インフルエンザなど危険度の高い感染症に関し、渡航・滞在にあ

たって特に注意が必要と考えられる国・地域について発出される「感染症危険情報」も同ホームページに掲載されている。

2. 海外旅行市場

　海外旅行は前章で示したように、国内消費分で 1.2 兆円、海外消費分 3.7 兆円、合計すると 4.9 兆円と大きな経済規模を持っている。国際化が進展する中で、さらに伸びていく市場であることは間違いない。日本の観光を知る上で国内旅行市場とともに重要な位置を占めている。その海外旅行市場の特性や動向を概観していく。

(1) 海外旅行者数

　2019 年の海外旅行者数は延べ 2,008 万人であった。2,000 万人を突破し、史上最高の旅行者数を記録した。2016 年から順調に拡大している。

　図 4-1 は、日本人の海外観光旅行が自由化された 1964 年から 2019 年までの海外旅行者数の推移である。全体を俯瞰すると、日本経済の成長、個人所得の上昇、休暇の拡大、国際化の進展、海外旅行志向の高まりなどを背景に海外旅行数は順調に拡大していることが分かる。

　とくに、海外観光旅行自由化直後の 1965 年頃の「第 1 次海外旅行ブーム」、1969 年ジャンボ機ジェット機の就航による大量輸送と航空運賃の低下により旅行価格が手頃のものとなり 1971 年頃に起こった「第 2 次海外旅行ブーム」、1978 年の成田空港の開港を経て、円高が進行し海外のショッピングの魅力が増した 1987 年頃の「第 3 次海外旅行ブーム」の時期は海外旅行者数が急伸した。その後も 2,000 万人に迫る勢いで増加していったが、1996 年頃より、足踏み状態が続く中、大きな落ち込みも見せる。

　海外旅行志向という大きな流れは変わっていないが、第 1 次オイルショック、第 2 次オイルショックなどによる経済停滞は海外旅行者数に影響していることが読み取れる。湾岸戦争の起こった 1991 年、金融機関破綻が続いた 1998 年、米国同時多発テロの発生した 2001 年は、いずれも前年を下回った年である。また、イラク戦争が勃発し、アジアに SARS（重症急性呼吸器症候群）の

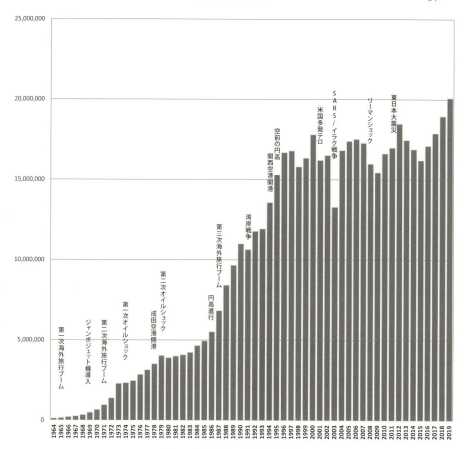

図 4-1　海外旅行者数推移（人）
出典：法務省「出入国管理統計」より筆者作成

広がりをみせた 2003 年は激減している。さらに、世界的金融危機の始まりとなったリーマンショックが起こった翌年も減少している。

　このように海外旅行者数は観光インフラの拡大や円高などの影響で急伸していくが、逆に、戦争・紛争・テロなどの世界情勢不安や日本や世界の景気後退、さらに、国家間の関係、地震・津波などの災害、円安傾向などにも大きく影響するものと考えられる。

(2) 海外旅行マーケットの構造

　海外旅行に出かける主な目的から海外旅行マーケットの構造を概観していく。図 4-2 は、海外旅行の目的別のシェアを表したものである。「観光旅行」が約 7 割を占めている。海外旅行においての観光旅行のシェアは非常に大きなものであると分かる。次いで「出向・業務旅行」が 22% となっている。「帰省・知人訪問」は 7% 程度であるが、「帰省・知人訪問」は海外旅行の特徴であり、国際化の進行の中でシェア拡大する可能性がある。

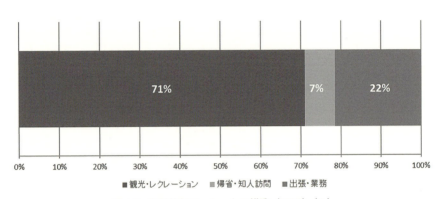

図 4-2　海外旅行マーケットの構造（2019）（%）
出典：『旅行年報 2020』(公益財団法人日本交通公社 2020) 資料：「JTBF 旅行実態調査」

(3) 海外旅行の性・年齢層別出国者数

　2019 年の日本人海外旅行者数 2,008 万人のうち、男性は 1,062 万人、女性は 946 万人であった。男女の比率は、男性 53%、女性 47% と、男性かやや多いもののほぼ半々と言ってもいい現状である。

　図 4-3 は、海外旅行の性・年齢層別出国者数を表したものである。マーケット規模が大きいのは女性 20 代で、同世代の男性を大きく引き離している。20 代 OL の海外旅行意欲が感じられる。次いで男性 40 代・50 代と続く。これは、この世代の男性に業務旅行が多いためと考えられる。長期間旅行へ出づらい、女性 40 代、50 代のいずれもが 100 万人を大きく超えており、女性の海外旅行への関心の高さがうかがえる。

第 4 章　海外旅行

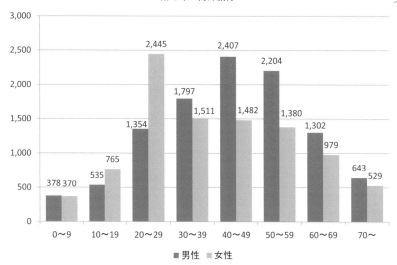

図 4-3　海外旅行の性・年齢層別出国者数（千人）
出典：『旅行年報 2020』(公益財団法人日本交通公社 2020) 資料：法務省「出入国管理統計」および総務省「人口統計」

（4）海外旅行の同行者

図 4-4 は、海外旅行の同行者を表したものである。「夫婦・カップル」が 36% ともっとも大きなシェアをもっていることが分かる。「家族」「友人・知人」それぞれ 2 割強とシェアを分け合っている。「ひとり旅」も少なくない。

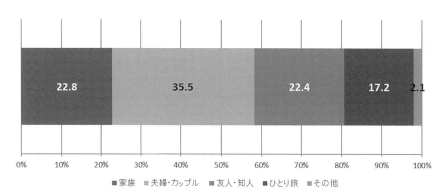

図 4-4　海外旅行の同行者（%）
出典：『旅行年報 2020』(公益財団法人日本交通公社 2020) 資料：「JTBF 旅行実態調査」

「夫婦・カップル旅行」のうち、カップルまたは子供のいない夫婦は南太平洋、グアム・サイパンが多く、子育て後の夫婦はヨーロッパが多い。「家族旅行」はグアム・サイパン、ハワイ、香港が選択されている。「友人・知人」とは東アジア、東南アジアが多く、特に韓国、台湾、タイが選ばれている。「ひとり旅」は男性の方が多くタイやヨーロッパに行っている。

(5) 海外旅行の旅行泊数

図4-5は、海外旅行の旅行泊数を表したものである。平均泊数は5.2泊である。「3泊」が最も大きなシェアで25%程度となっている。中国、韓国、台湾、香港の東アジアおよび東南アジアへの旅行の泊数である。「4泊」「5泊」は、ハワイ旅行で一番多い泊数であり、アメリカ西海岸、オーストラリアおよびヨーロッパの1都市への旅行の泊数でもある。「8泊以上」は15%程度で、この日数はヨーロッパ周遊、南アメリカ、アフリカなどのロングデスティネーションを訪れることのできる泊数である。

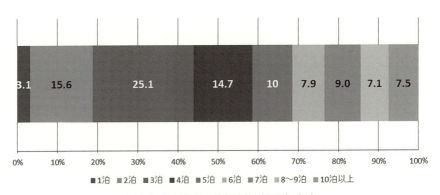

図 4-5　海外旅行の旅行泊数（2019）（%）
出典：『旅行年報 2020』（公益財団法人日本交通公社 2020）資料：「JTBF 旅行実態調査」

(6) 海外旅行の予約によく使う方法

図 4-6 は、海外旅行の予約によく使う方法を表したものである。「旅行会社の店舗」を利用しての予約が3割ほどあり、最も多い予約方法になっている。国内宿泊旅行との大きな違いとなっている。海外旅行の場合、パッケージツアー

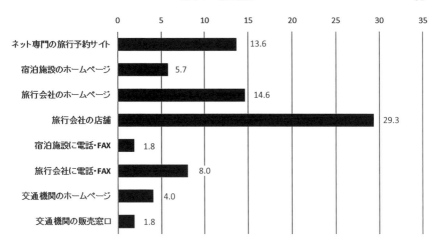

図 4-6 海外旅行の予約によく使う方法 (2019) 複数回答
出典:『旅行年報 2020』(公益財団法人日本交通公社 2020) 資料:「JTBF 旅行意識調査」

が多く利用されていて、旅行会社の店舗での相談が必要になっているためだと思われる。しかし、パッケージツアーも、添乗員もしくは現地係員が同行し食事・観光がセットされているフルパッケージ型は少なく、自由時間の多いフリータイム型が中心になっている。「旅行会社のホームページ」「ネット専門の旅行予約サイト」もそれぞれ 15% 近くあり、海外旅行もインターネット予約が定着してきていることがうかがわれる。

(7) 海外旅行の旅行費用

2019 年の 1 人 1 回あたりの海外旅行総費用は 24.9 万円であった。図 4-7 は、1 人 1 回あたりの海外旅行費用を表わしたものである。「20 万円～30 万円未満」が最も多く、ハワイ、アメリカ西海岸の価格帯である。次の「10 万円～15 万円未満」は、東アジア、東南アジアの旅行費用となる。10 万円以下は、韓国、台湾などの近場の短期間旅行である。30 万円から 60 万円は、ヨーロッパ諸国やアメリカ本土、カナダ、オーストラリアなどの価格帯になる。100 万円以上は、ヨーロッパ諸国、南米、アフリカなどが多く、長期滞在の旅行費用でもある。

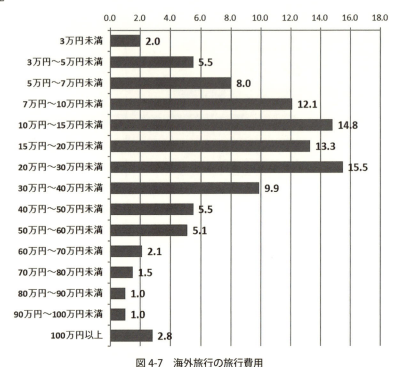

図 4-7　海外旅行の旅行費用
出典：『旅行年報 2020』(公益財団法人日本交通公社 2020) 資料：「JTBF 旅行実態調査」

3. 海外旅行のデスティネーション

(1) 海外旅行のデスティネーションの上位の国々

　海外旅行のデスティネーションを見ていく。図 4-8 は海外旅行者の旅行先の 2017 年と 2018 年の上位 10 の国・地域を表したものである。
　隣国である韓国、中国が 1 位 2 位を占めている。2018 年、トップの韓国には 295 万人の日本人が訪れている。2 位の中国にも 269 万人が訪れており、両国が突出している。両国との交流の深さ、また両国にある観光資源の魅力の大きさが感じられる。
　3 位は米国 (ハワイを除く・200 万人)、4 位が台湾 (197 万人) であった。5 位はタイ (166 万人)、6 位は日本人の最も好きなデスティネーションと言われてきたハワイ (149 万人) でここまでが 100 万人を超えている。7 位香港 (85

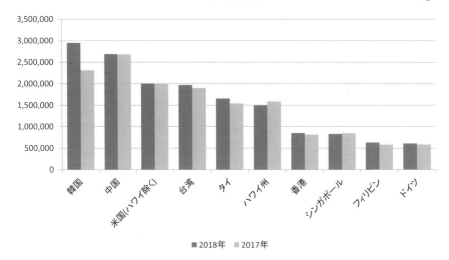

図 4-8　海外旅行者の旅行先上位 10（2018・2017 受入統計）（千人）
出典：『旅行年報 2020』(公益財団法人日本交通公社 2020) 資料：政府観光局 (JNTO) 公表データ

万人）、8 位シンガポール（83 万人）、9 位フィリピン (63 万人) と続く。ヨーロッパのドイツ（61 万人）が 10 位に入っている。

距離的に近い韓国、中国に台湾、香港を加えた東アジア、3 泊程度で行くことができるタイ、シンガポール、フィリピンの東南アジア、海外旅行の定番となっているハワイ、さらにヨーロッパのドイツが日本人の人気海外デスティネーションになっている。

(2) 東アジア

中国、韓国、台湾、香港はいずれも日本人の海外旅行デスティネーションの上位を占める隣国である。各都市への航空便数も多く、どの都市にも 2 〜 4 時間程度のフライトで行くことができる。国内旅行の気軽さで訪れることのできる国々である。日本語の通じる都市も多い。

4,000 年の歴史をもつといわれ、広い国土をもつ中国の見どころは多い。歴史ある建物と超近代建築が混在する上海、紫禁城・万里の長城など世界的に有名な観光スポットの多い北京、シルクロードの東の起点で始皇帝の陵墓や兵馬俑坑博物館がある西安、水と奇岩の絶景が広がる桂林など、見るべき観光スポッ

トは数限りない。各地の中華料理を楽しむグルメを目的とした旅も多い。

韓国は、日本から最も近い海外デスティネーションである。日本から約2時間半のため週末を使っての旅が可能である。首都ソウルはさまざまな都市観光を楽しむことができる。世界遺産の歴史的建造物だけではなく、深夜までやっている東大門市場や伝統的健康法の汗蒸幕、エステ、ショッピング、さらにグルメは焼肉だけではなく宮廷料理や屋台と多彩だ。海鮮料理が美味しい釜山や、歴史情緒あふれる慶州、高級リゾート地の済州島も多くの日本人旅行者が訪れている。

台湾で基点となるのは台北である。世界四大博物館のひとつといわれる故宮博物院があり、文化的な見どころも多い。本場中華グルメ、夜市、エステも楽しめる。日月潭などの風光明媚な景勝地や、大理石の山々が連なる大自然、温泉なども台湾の魅力である。

香港は近代的な高層ビルときらびやかな看板が立ち並ぶ活気に溢れる大都市である。九龍半島でグルメとショッピング、香港島へ渡るスターフェリーでのクルージング、ビクトリア・ピークの山頂からの100万ドルの夜景、香港ディズニーランドも人気がある。香港からは世界遺産とカジノの街、マカオまでフェリーで約1時間。香港とマカオを組み合わせる旅行者も多い。

(3) 東南アジア

東南アジア諸国への観光は、日本の各都市から5〜7時間程のフライトで行けること、時差があまりないこと、物価が安いこと、国ごとに特徴ある観光スポットとグルメがあることなどで海外旅行のデスティネーションとして人気が高い。

「微笑みの国」と言われるタイは日本人旅行者に大人気である。近年、タイ料理が注目されている。首都バンコクは、王宮や寺院、屋台グルメ、ムエタイ観戦など見どころが多い。遺跡で有名なアユタヤやスコータイ、古都チェンマイ、高級リゾートのプーケットなども魅力的な観光地となっている。

シンガポールは、安全で美しく、さまざまな顔を持つ街を自由に散策するのが楽しい都市である。ラッフルズ・ホテルなど上質のホテルステイを満喫したり、アミューズメントパークやビーチで遊んだり、ショッピング、カジノ、ま

た世界中の料理も楽しむことができる。

　ベトナムは、アジアン雑貨やサイゴン川のクルーズディナーなどが楽しめるホーチミン、フランス統治時代の建物が残り歴史を感じさせる首都ハノイ、この２都市に多くの旅行者が訪れている。ハノイ近郊の世界遺産ハロン湾も定番の観光スポットになっている。

　マレーシアは、首都クアラルンプールが起点となる。高層ビルが立ち並ぶ近代都市で観光スポットも豊富だ。歴史のあるリゾートアイランド、ペナン島、アンダマン海に浮かぶランカウイ島での滞在も人気がある。

　カンボジアの観光の目玉は、世界文化遺産に登録されているアンコールの巨大遺跡群である。その造形美と歴史的な背景によって、世界中からの旅行者を魅了している。アンコール遺跡への観光拠点はシェムリアップになる。

　フィリピンの観光は、近代的な首都マニラと世界的なビーチリゾートとして知られるセブ島になる。マリンスポーツはもちろん、ゴルフ場、スパ施設などを楽しむことができる。英語が公用語のひとつになっていることから語学研修・語学留学で訪れる人も多い。

　インドネシアは、１万７千以上の島々で構成され、およそ490もの異なる民族が暮らす国で、地域ごとにさまざまな伝統文化や食事を体験することができる。とくに人気が高いのはバリ島でのリゾートライフとジャワ島のボロブドゥール遺跡群である。

(4) ハワイ・グアム

　かつて日本人の海外旅行といえばハワイであった。世界各地に気軽に行けるようになった今日でもハワイ人気は衰えてはいない。とくに、日本人に優しく、安全、清潔で、日本語が通じるというイメージが大きいと思われる。

　観光の起点はシティとリゾート両方の魅力を持つオアフ島のホノルルである。日本のほとんどのパッケージツアーは、往復の航空便とともにホテルの立地、グレード、オーシャンビューなどの部屋タイプまで指定できるようになっている。リゾート地として名高いマウイ島、キラウエア火山、星空観測など大自然を楽しめるハワイ島、熱帯雨林や渓谷に囲まれたカウアイ島、素朴なモロカイ島、ハワイ最後の楽園といわれるラナイ島と、オアフ島以外に滞在する旅

行者も多い。

　グアム島は、日本から約3時間半で行くことができる常夏のアイランドリゾートである。手軽に訪れることができるのが魅力的だ。海に面するリゾートホテルで滞在し、マリンスポーツやダイビング、ドルフィンウォッチングなどが楽しめる。また、スパ施設やエンタテイメントも充実している。週末の旅行が可能なデスティネーションである。

　同様に週末旅行が可能なアイランドリゾートがサイパンである。日本から約3時間のフライトで到着する。マリンスポーツだけではなく、ダイビング、ゴルフなども楽しむことができる。

(5) アメリカ・カナダ

　アメリカは、東西で時差が3時間もあるほど広大で、多くの民族が共存するダイナミックさが魅力である。

　日本から近い西海岸には、ディズニーランドやハリウッド、ビバリーヒルズのあるロサンゼルスや、カジノとエンタテインメントの街ラスベガスに、世界自然遺産のグランドキャニオンやヨセミテ国立公園がある。東海岸には、自由の女神、五番街、ミュージカル鑑賞、野球観戦とさまざまな魅力を持つニューヨーク、テーマパークの街オーランドなどがある。幾度でも訪れたい魅力的な国である。

　カナダは季節によって楽しみ方ががらりと変わる国である。夏はカナディアンロッキーの大自然を満喫し、秋はメープル街道の紅葉、冬から春にかけてはウィスラーやバンフでスキーを楽しみ、イエローナイフではオーロラ鑑賞ができる。ナイアガラ瀑布、赤毛のアンの舞台プリンスエドワード島も人気の観光スポットとなっている。

(6) オーストラリア

　オーストラリアは南半球にあるため、日本とは季節が逆になるが、時差があまりないのが嬉しいデスティネーションである。オペラハウスやクルーズ、世界各地の料理が楽しめるシドニー、世界遺産のグレートバリアリーフが近郊にあるケアンズ、オーストラリアを代表するリゾートであるゴールドコースト、

そして、先住民アボリジニの聖地ウルル（エアーズロック）などが、オーストラリアの人気観光地である。

　ニュージーランドは北島と南島からなる。北島のオークランドがニュージーランド最大の都市で、グルメやショッピングだけでなく、トレッキングなどアクティビティも充実した美しい都市である。南島のクイーンズタウンは「ガーデンシティ」と呼ばれる緑豊かな都市で、ミルフォードサウンドではフィヨルドクルージングを楽しむことができる。

(7) ヨーロッパ

　1週間以上の旅行日数とそれなりの旅行費用がかかるが、ヨーロッパ旅行は多くの日本人の憧れである。数カ国を巡る周遊型旅行が主流であったが、近年は1都市の滞在を楽しむ旅行が増えている。ヨーロッパの主要都市には日本からの直行便がある。

　イギリスは、首都ロンドンの都市観光が人気だ。宮殿や寺院、ビッグベン、ロンドン塔などの史跡巡りをする一方で、音楽やスポーツ、芸術なども楽しんでいる。ピーターラビットの故郷として名高い湖水地方やウィルトシャー州にあるストーンヘンジも訪れる旅行者が多い。

　フランスは、世界で最も人気のあるデスティネーションである。「花の都」と呼ばれる首都パリは、芸術・ファッション・グルメの都として世界の人々の憧れの街である。凱旋門、エッフェル塔、ルーブル美術館など見どころが多い。パリ郊外の世界遺産モンサンミッシェルまで足を延ばす旅行者も多い。

　イタリアには旅行者を魅了する都市が多くある。ヴァチカン市国やフォロ・ロマーノ、コロッセオ、スペイン広場がある首都ローマ、美術、建築、音楽で知られる芸術の街フィレンツェ、水の都として知られる水上都市ベネチア、ファッションの街ミラノなどである。いずれの都市もグルメとショッピングのレベルが高い。

　ドイツは、ノイシュバンシュタイン城などを巡るロマンチック街道が一番の人気である。首都ベルリン、ビールと音楽の街ミュンヘン、文豪ゲーテの生まれた街フランクフルトも多くの旅行者が訪れている。

　スペインは、世界三大美術館のひとつプラド美術館、王宮や旧市街など見ど

写真　世界中の旅行者が集まるローマのスペイン広場　筆者撮影

ころの多い首都マドリードと、ガウディの名建築サグラダ・ファミリアやピカソ美術館などがあるバルセロナの人気が高い。近年、古城や修道院を利用したホテル、パラドールへ泊まるツアーも人気がある。

　スイスは、アルプスの名峰、大規模な氷河、宝石のような湖、のどかな牧草地など自然の風景を満喫させてくれる。ツェルマットやサンモリッツといったスキーリゾート、ベルン旧市街、山間を走り抜ける鉄道の旅などが楽しめる。

　オーストリアの首都ウィーンはモーツァルトを輩出した音楽の都である。ハプスブルク家の離宮シェーンブルン宮殿が最大の見どころである。映画『サウンド・オブ・ミュージック』の舞台になったザルツカンマーグートでは壮大な自然の風景を堪能できる。

(8) 海外の世界遺産

　世界遺産の総数は 1,121 件(2019 年現在)である。内訳は、文化遺産 869 件、

表 4-1　日本人に人気の海外の世界遺産

遺産名	国名	種別
万里の長城	中国	文化遺産
アンコール遺跡群	カンボジア	文化遺産
タージ・マハル	インド	文化遺産
グランド・キャニオン国立公園	アメリカ	自然遺産
マチュピチュ	ペルー	複合遺産
ウルル、カタ・ジュタ国立公園	オーストラリア	複合遺産
モンサンミシェルとその湾	フランス	文化遺産
ガウディ作品群	スペイン	文化遺産
カッパドキア	トルコ	複合遺産
ピラミッド地帯	エジプト	文化遺産

各種インターネットサイト等のアンケート調査より筆者作成

自然遺産213件、複合遺産39件と、文化遺産の占める割合が多い。国別では、1位イタリア55件、中国55件、3位スペイン48件、4位がドイツの46件、5位がフランスの45件となっている。

　世界遺産登録は観光客誘致のためのものではなく、顕著な普遍的価値のある人類の宝物を未来に伝えていくために保存をしていくというものである。世界で1,100件を超え、やや希少価値はなくなってきたが、登録遺産を見るとそれぞれ素晴らしく、多くの人が実際に見に行きたいと感じるに違いない。

　表4-1は、日本人に人気の海外の世界遺産である。

　世界最大の建築物と言われる万里の長城は秦の始皇帝が作り始めたものである。北京郊外八達嶺で公開されており、見張り台までの急な階段を上ることができる。カンボジアのアンコール遺跡群はクメール王朝時代のもので、その造形美に息をのむ。インドのアグラにあるタージ・マハルは、ムガール帝国の皇帝が、愛妃の死を悼み、22年の歳月と天文学的な費用をかけて建設した霊廟。完全な左右対称形で白亜の宮殿のように見える。

　アメリカのアリゾナ州北西部にあるグランドキャニオン国立公園。コロラド川の流れが数億年という長い歳月をかけて浸食できた渓谷で、まさに大自然の芸術、絶景である。日本人に大人気のペルーのマチュピチュはインカ時代の手付かずの建築様式が残される遺跡、「空中都市」とも呼ばれている。オーストラリア大陸のほぼ中央に忽然と現れるウルル（エアーズロック）、世界最大

級の一枚岩と言われている。先住民アボリジニの聖地でもある。

　モンサンミシェルは、フランス西海岸、サン・マロ湾上に浮かぶ小島であり、そこに同名の気品と風格を漂わせた修道院がある。満潮時には島全体が海に囲まれる。バルセロナはスペイン第2の都市で、ガウディ作のサグラダ・ファミリアやグエル公園、カザ・ミラがあり、芸術作品が街を彩っている。トルコのカッパドキアはキノコ岩に代表される奇岩や、美しいフレスコ画が残る岩窟教会、中世のキリスト教徒が実際に住んでいた地下都市など見どころが多い。エジプトのギザのピラミッドは多くの旅行者を魅了する。クフ王、カウラー王、メンカウラー王の3つのピラミッドが並ぶ姿は圧巻である。

4. 海外旅行の旅行形態

(1) パッケージツアー

　パッケージツアー（Package Tour）とは、旅行会社が出発地（集合場所）から帰着地（解散場所）までの全旅程を管理し、その日程、内容、料金すべてを設定し参加者を募る旅行のことを指す。旅行業法上は「募集型企画旅行」という。日本の海外旅行はパッケージツアーによって急速に拡大してきた。今日でも、パッケージツアーの利用は多いが、旅程に添乗員ないし現地係員が食事や観光に同行するフルパッケージ型の利用は減り、往復の航空とホテル宿泊のみが手配されたスケルトン型、いわゆるフリープラン型が主流になってきている。

(2) FIT

　FIT（エフ・アイ・ティ）とは、Foreign Independent Tour の頭文字をとった言葉で、海外個人旅行のことを指す。Free Individual (Independent) Traveler（個人自由旅行）の意味もある。1964年の海外観光旅行自由化以降、海外旅行はパッケージツアーに参加するのがしばらくは一般的だった。しかし、海外旅行のリピーターが増えるに従い一般的なツアーに満足できず自分で旅程を作成したいというニーズが高まりFITが着実に増加している。チケット手配からホテル選びなどを個人で手配する旅行で、自由度が高いのが魅力である。

(3) SIT

SIT（エス・アイ・テイ）とは、Special Interest Tour の頭文字をとった言葉で、一般的な周遊型、滞在型の観光ではなく、テーマ性、趣味性の高い特別な目的を持ったツアーのことを指す。スポーツ観戦ツアーや、トレッキングツアー、サイクリングツアー、スケッチ旅行、冒険旅行など、目的を優先してデスティネーションを選定することが多い。旅行経験が豊富になるにつれ物見遊山的な観光に飽き、旅行目的が多様化、個性化、高度化してきたことから、SIT の幅は広くなっている。南米やアフリカ、南極など多くの旅行者が訪れない秘境への旅行も SIT と呼ぶことがある。

(4) 海外修学旅行

近年では中学高校の修学旅行先として海外が選択されるケースも増えてきている。海外修学旅行を実施している学校はいずれも国際理解・国際交流の促進、外国語教育の充実を図ることを目的としている。訪問先の同世代の中学生・高校生と交流を組み込むことが多い。実施する学校は私立が多いが、公立も決して少なくない。

デスティネーションは、アメリカ、中国、オーストラリア、韓国、シンガポール、マレーシア、カナダなど、日本との交流が深く治安のよい国が選ばれている。

(5) 海外クルーズ

豪華大型客船に乗って海外旅行を楽しむ、海外クルーズ市場は欧米では長くブームとなっている。日本においても、団塊世代のリタイア時期を迎え、クルーズ人口が増加している。大型クルーズ客船の客室はホテルと変わらず、船内にはレストランやバー、プール、フィットネス、スパ、ライブラリー、シアター、カジノ、ダンスホール、美容室、医務室などの施設が整備され、退屈せずに船旅が楽しめるようになっている。アジア一周、世界一周などかあり、寄港地では下船してのオプショナルツアーが用意されている。

日本には、飛鳥Ⅱ（郵船クルーズ）、にっぽん丸（商船三井客船）、ぱしふぃっくびいなす（日本クルーズ客船）がある。また、外国客船も日本に寄港するようになった。

(6) 海外挙式

　海外挙式または海外ウエディングは、1970年代頃から始まった挙式のスタイルである。国内で挙式・披露宴を行うよりも、海外ウエディングのほうが安くつき、ハネムーンも兼ねられるというメリットが魅力である。海外旅行の一般化、結婚式の多様化などを背景に増加し、日本のブライダル企業が世界各国に進出して、日本人好みの結婚式を企画している。かつての海外ウエディングは、ふたりだけの挙式が主流だったが、近年は親戚や友人なども参加し、十数名ほどで行くケースも増えている。

　挙式をする国は分散化しているが、ハワイが群を抜いている。グアム、アメリカ、カナダ、オーストラリアなどである。

(7) バックパッカー

　バックパッカーとは、低予算で個人海外旅行を楽しむ旅行者のことを指す。バックパック（リュックサック）を背負って移動する者が多いことからこの名がある。格安航空券を利用し、宿泊はユースホステル・ゲストハウス・ドミトリーなどの安宿を現地に行って確保する。食事なども現地の人が行く食堂などでとる。観光地を見るだけでなく地元の住人との出会いや同じ旅行者との交流が重要な要素となっている。今日のバックパッカーはノートパソコン、スマホを携行し、インターネット上のブログ・掲示板・SNSなどデジタルなコミュニケーション手段を活用し旅を続けている。

【調査概要】
『旅行年報2020』（公益財団法人日本交通公社2020）
「JTBF旅行実態調査」
調査対象：全国16〜79歳の男女で、期間中観光・レクリエーション旅行を実施した人　（調査の対象とした旅行期間：2019年1〜12月）
調査方法：ウェブ調査、
調査時期：2019年4・7・10月 2020年1月　回答者：4,002人
「JTBF旅行意識調査」
調査対象：全国16〜79歳の男女　　　　調査方法：郵送自記式調査、
調査時期：2020年5〜6月　　　　　　　回答者：1,472人

第5章　訪日外国人旅行

1. 訪日外国人旅行者数

　訪日外国人旅行とは、日本以外に居住する外国人が日本を訪れ日本国内を旅行することである。訪日外国人旅行または訪日外国人旅行者のことを「インバウンド（inbound）」と言う。このインバウンドの拡大が、観光立国宣言以降、日本のツーリズムの大きな課題となってきた。

(1) 訪日外国人旅行者数と目標
　2019年に日本を訪れた外国人旅行者数は、3,188万人と過去最高の旅行者数を記録した。日本のインバウンドが新たなステージに入ったと言える。
　2020年の東京オリンピック・パラリンピックの開催が決定し、インバウンドのさらなる拡大に大きな期待が寄せられている。国は、2020年に外国人旅行者数4,000万人の目標を掲げた。

(2) 訪日外国人旅行者数の推移
　図5-1は、訪日外国人旅行者数の推移を表したものである。大阪万博が開催された1970年までは、訪日外国人旅行者数が日本人の海外への出国者数よりも上回っていた。1970年は大阪万博の影響により訪日外国人旅行者数は大きく伸び約85万人だったが、日本人の出国者数は66万人で20万人ほど上回っていた。翌年から、海外旅行ブームとなり日本人の出国者数が訪日外国人旅行者数を上回り急速に伸びていく。
　訪日外国人旅行者数も図を見て分かるように、1980年代後半からの円高の進行、1995年に史上最高の円高を記録するなど、為替レートの変動により日

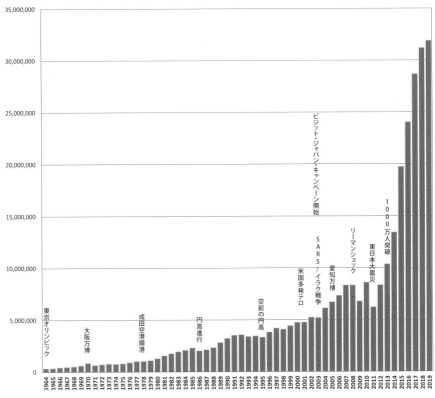

図 5-1　訪日外国人旅行者数の推移（千人）
出典：日本政府観光局（JNTO）

本への旅行に割高感を感じさせた時期に減少、低迷したものの、長期的にみると右肩上がりで順調に拡大している様子が分かる。円高だけでなく、米国多発テロ、SARS、イラク戦争などの戦争・紛争・疫病などにより伸び悩みを経験する。

　その後、官民一体となって取り組んだ「ビジット・ジャパン・キャンペーン」のスタートした 2003 年以降は極めて順調に推移し拡大していった。しかし、リーマンショックによる国際金融危機による世界的な景気低迷、2011 年の東日本大震災、福島原発問題などにより経験のない激減を経験する。だが、2012 年には早くも復調の兆しを見せ、2013 年には念願の 1,000 万人を達成した。2018 年には 3,000 万人を突破した。

(3) 国・地域別訪日外国人旅行者数

表5-1は、日本を訪れた外国人旅行者の国・地域別の人数とシェア（2019年）を表したものである。

アジアの国々から訪れる旅行者数は2,682万人で、8割強の大きなシェアとなっている。日本のインバウンドはアジアの人々を迎え入れることによって成立していることが分かる。とくに隣国である中国、韓国、台湾、香港の4カ国・地域のシェアは70％を占めている。距離的に遠い北アメリカ、ヨーロッパからの旅行者のシェアはそれぞれ6％以上となっている。

日本を訪れる旅行者数が最も多い国は中国で、959万人とシェアは全体のおよそ30％を占めている。2位は韓国からの558万人で、3位台湾が489万人となっている。4位が香港229万人、5位は日本との係わりの深いアメリカで172万人と続く。この上位5カ国・地域で全体のおよそ3/4を占めている。6位以下は、タイ、オーストラリア、フィリピン、マレーシア、ベトナムと続く。

図5-2は、訪日外国人旅行者数上位10カ国・地域の3年間の推移を表したものである。中国の増加が著しい。この数年、旅行者数を増加させていた韓国が国の外交関係悪化を背景に減少しているが、それ以外は順調に増加していることが分かる。

アジア諸国の経済発展を背景に、アジア近隣諸国からの旅行者数が急増して

表5-1 訪日外国人旅行者数
（国別人数・シェア）（2019）（人）

国・地域		人数	シェア
総数		31,882,049	100.0%
アジア計		26,819,278	84.1%
	中国	9,594,394	30.1%
	韓国	5,584,597	17.5%
	台湾	4,890,602	15.3%
	香港	2,290,792	7.2%
	タイ	1,318,977	4.1%
	フィリピン	613,114	1.9%
	マレーシア	501,592	1.6%
	シンガポール	492,252	1.5%
	インドネシア	412,779	1.3%
	ベトナム	495,051	1.6%
	インド	175,896	0.6%
	マカオ	121,197	0.4%
ヨーロッパ計		1,986,529	6.2%
	イギリス	424,279	1.3%
	フランス	336,333	1.1%
	ドイツ	236,544	0.7%
	イタリア	162,769	0.5%
	スペイン	130,243	0.4%
	ロシア	120,043	0.4%
北アメリカ計		2,187,557	6.9%
	アメリカ	1,723,861	5.4%
	カナダ	375,262	1.2%
オセアニア計		721,718	2.3%
	オーストラリア	621,771	2.0%
南アメリカ計		111,200	0.3%
アフリカ計		55,039	0.2%

出典：日本政府観光局（JNTO）

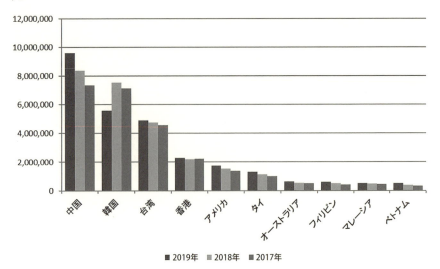

図5-2 訪日外国人旅行者数上位10カ国・地域の推移（2017-2019）（人）
出典：日本政府観光局（JNTO）

いる。また、米欧豪諸国からの旅行者数も堅調に伸びを示している。

（4）訪日外国人旅行者数増加の背景

　2018年、訪日外国人旅行者数が史上初めて3,000万人を突破した。なかでもアジア諸国からの伸びが大きい。この増加の背景、要因は次のようなことが複合的に影響している。

　国・地域共通の要因としては、円高の是正、円安傾向の定着による旅行費用の割安感の浸透である。

　大きなシェアを持つアジア諸国に関しては、各国の経済発展を背景とした中間所得者層の増加に伴い旅行需要が拡大していることである。一方で日本側の施策として、タイ、マレーシア、フィリピン、ベトナム、インドネシアといったアジアの国々に対するビザ発給要件の緩和やビザ免除措置が講じられたことによる効果が大きい。さらに、主に東アジアを中心としたLCC（格安航空会社）の新規就航などによる航空座席供給量の増加も大きな要因となった。大型クルーズ客船の寄港も大きな要素であった。

　また、官民一体となって2003年からスタートした「ビジット・ジャパン・キャ

ンペーン」から継続的に取り組んでいる「ビジット・ジャパン事業」による訪日プロモーション効果が現れてきている。アジア各国では、「日本観光ブーム」が起こっていると言われ、欧米においても、クールジャパン、和食などが話題となり日本への観光旅行が注目されている。

一方で、大きな市場である中国・韓国との外交関係悪化による交流の冷え込み、長引く原発問題、不安定な為替レート、自然災害の多発、疾病の流行などの懸念材料もある。

(5) 世界各国・地域の外国人訪問者数

世界の各国・地域の外国人訪問者数を見てみると、日本は外国人訪問者数が3,000万人を超え、上位にはいってきた。図5-3は、世界各国・地域への外国人訪問者数上位30（2018年）を表したものである。

観光大国フランスは8,900万人、スペインは8,300万人、アメリカは8,000万人もの旅行者を外国から呼び込んでいる。日本への外国人訪問者数は

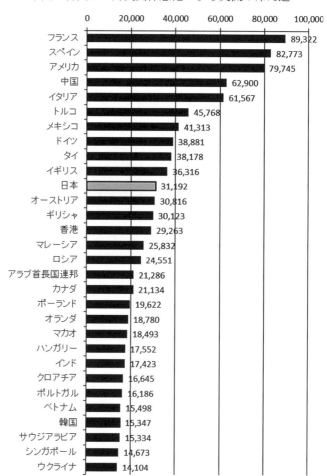

図5-3 世界各国・地域への外国人訪問者数上位30（2018）（千人）
出典：世界観光機関（UNWTO）、各国政府観光局 作成：日本政府観光局（JNTO）
外国人旅行者数は、各国・地域ごとに日本とは異なる統計基準により算出・公表されている場合がある

11位で、この数年で徐々に順位は上げてきた。アジアにおいても、中国（4位）やタイ（9位）に次ぐ、アジアで3位となった。

2. 訪日外国人旅行市場

増加する訪日外国人旅行者は、どのような目的で来訪し、日本国内をどのように旅をしているのだろうか。訪日外国人旅行の動向とその特徴を、観光庁「訪日外国人消費動向調査」（2019）から見ていく。

（1）外国人旅行者の来訪目的

図5-4は、外国人旅行者の主な来訪目的（国籍・地域別／全目的・2019）を

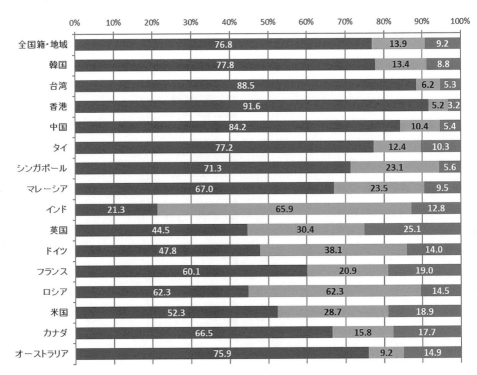

図5-4　外国人旅行者の主な来訪目的（国籍・地域別／全目的・2019）（%）
出典：「訪日外国人消費動向調査」観光庁（2019）

表したものである。訪日外国人旅行者の主な来訪目的は「観光（観光・レジャー）」が77％と大半を占める。特に香港と台湾で「観光」の割合が極めて高い。中国、韓国、タイ、シンガポール、オーストラリアも「観光」の割合が高い。

「業務（展示会・見本市／国際会議／社内会議／研修／商談等その他ビジネス）」目的は全体の14％を占める。特にインドで「業務」目的の割合が非常に高い。欧米諸国も「業務」の割合が比較的高い。

(2) 外国人旅行者の日本への来訪回数

図5-5は、外国人旅行者の日本への来訪回数（国籍・地域別／観光のみ・2019）を表したものである。観光を目的とした旅行者の日本への来訪回数を

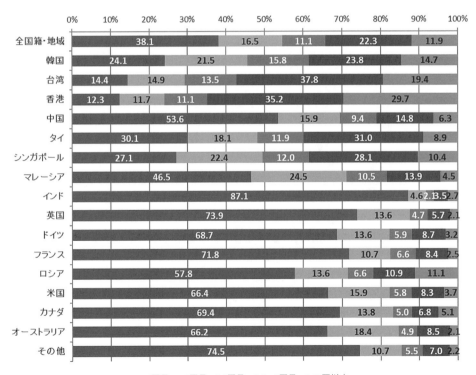

図5-5　外国人旅行者の日本への来訪回数（国籍・地域別／観光のみ・2019）（％）
出典：「訪日外国人消費動向調査」観光庁 (2019)

みると、「1回目」すなわち初来日の旅行者が4割弱を占め一番多い。しかし、「4〜9回」「10回以上」の合計は3割を超え、かなり高頻度のリピーターも多くいることが分かる。

香港や台湾では2回目以上の割合が高く、リピーター率は極めて高い。特に香港は、4回目以上が6割を大きく超えている。中国やマレーシアは「1回目」が半数程度ある。インドは9割近い。欧米の国々は「1回目」の割合が高く6割程度となっている。

(3) 外国人旅行者の宿泊数

図5-6は、外国人旅行者の平均泊数（国籍・地域別／全目的／観光・2019）を表したものである。全国籍・地域の回答者全体の平均泊数は8.8泊であった。

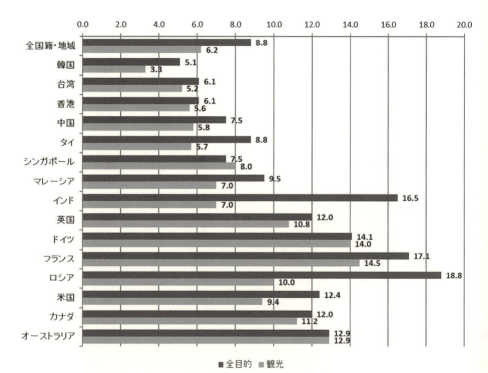

図5-6　外国人旅行者の平均泊数（国籍・地域別／全目的／観光・2019）（泊）
出典：「訪日外国人消費動向調査」観光庁 (2019)

そのうち、観光目的の旅行者の平均は 6.2 泊と 2 泊以上短くなる。業務目的の旅行者の宿泊数が多いことが分かる。

　全目的では、ロシア、フランス、インドで平均泊数が 16 泊超と長く、韓国、台湾、香港、中国、シンガポール、タイは 10 泊以下と短い。観光目的だけ見ていくと、フランスの 14.5 泊が最も多い泊数で、ドイツ、オーストラリア、カナダ、英国、ロシアが 10 泊を超えている。最も宿泊数が少ないのは韓国の 3.3 泊で、地理的に近い台湾、香港、中国、タイも 6 泊未満と少ない。

(4) 外国人旅行者の同行者

　図 5-7 は、外国人旅行者の同行者（複数回答 / 国籍・地域別 / 観光のみ・2019）を表したものである。観光を目的とした旅行者の同行者（複数回答）をみると、「家族・親族」が最も多く 4 割弱を占める。「友人」が 25% と続いている。「夫婦・パートナー」は 18% とやや少ない。日本人の海外旅行の同行者と比較すると、「夫婦・パートナー」が少なく、「家族、親族」「友人」の割合が多いのが特徴と言える。

　国・地域別では、アジアは「家族・親族」、欧米は「ひとり」「夫婦・パート

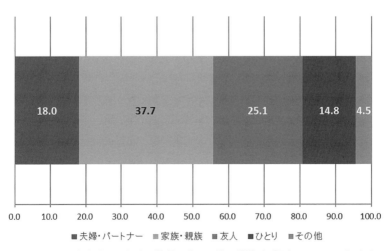

図 5-7　外国人旅行者の同行者（複数回答 / 国籍・地域別 / 観光のみ・2019）（%）
出典：「訪日外国人消費動向調査」観光庁 (2019)

ナー」の割合が高い傾向にある。

(5) 外国人旅行者の宿泊施設

図 5-8 は、外国人旅行者の宿泊施設（複数回答 / 国籍・地域別 / 観光のみ・2019）を表したものである。観光を目的とした旅行者の利用した宿泊施設タイプ（複数回答）は、圧倒的に洋室にベッドという形式の「ホテル」の利用が主流である。しかし、ほとんどの外国人旅行者には不慣れな、和室、畳という形式の「旅館」を 2 割が利用している。これは積極的に日本の伝統文化を体験したいとする旅行者行動の現れだと考えられる。「有料での住宅宿泊」いわゆる民泊の利用が 1 割を超えているのが最近の傾向である。

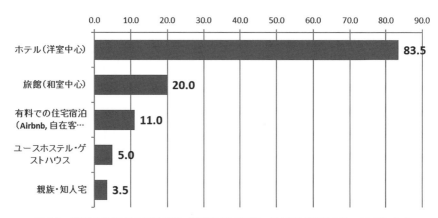

図 5-8　外国人旅行者の宿泊施設（複数回答 / 国籍・地域別 / 観光のみ・2019）（%）
出典：「訪日外国人消費動向調査」観光庁 (2019)

(6) 外国人旅行者の国・地域別旅行支出額

訪日外国人旅行消費額の年間値の推計では、訪日外国人が日本国内で支払った旅行中支出額に、パッケージツアー参加費に含まれる宿泊料金や飲食費、交通費などの国内収入額を加算する。2019 年における訪日外国人旅行者の旅行中支出額は 1 人当たり平均 137,948 円、パッケージツアー参加費に含まれる国内収入額は 1 人当たり平均 20,583 円とそれぞれ推計され、旅行支出額は、訪日外国人 1 人当たり平均で 158,531 円と推計される。

図5-9は、外国人旅行者の国・地域別旅行支出額（国籍・地域別/観光のみ・2019）を表したものである。旅行支出額を国・地域別にみると、オーストラリア（24.9万円）、英国（24.1万円）、フランス（23.7万円）、中国（21.3万円）の順で高い。欧米の国々が高く、アジア諸国は中国を除いて旅行支出額が比較的低い。韓国は7.6万円と10万円を下回っている。

図5-10は、外国人旅行者の費目別旅行支出額（主要国籍・地域別・2019）を表したものである。旅行支出額15.8万円のうち宿泊料金が4.7万円、買い物代が5.3万円と、ともに3割強と大きな割合を占めている。主要国の費目別構成費をみると、同様な傾向にはあるが、買物代は中国でその割合が高く旅行支出総額のおよそ5割を占めている。ショッピング好きな中国人旅行者の姿が現れている。アメリカは、宿泊料金の割合が大きく、買い物

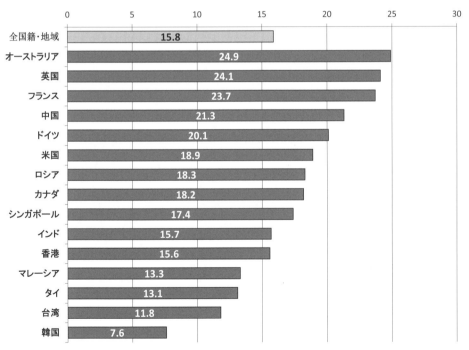

図5-9 外国人旅行者の国・地域別旅行支出額（国籍・地域別/観光のみ・2019）（万円）
（クルーズ客を除く・パッケージツアー参加費内訳を含む）
出典：「訪日外国人消費動向調査」観光庁 (2019)

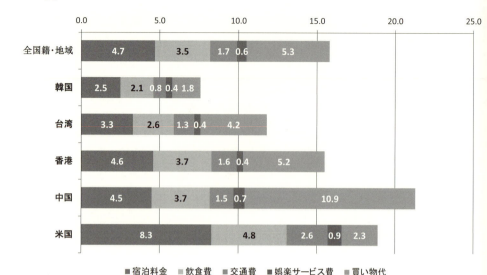

図 5-10　外国人旅行者の費目別旅行支出額（主要国籍・地域別・2019）（万円）
出典：「訪日外国人消費動向調査」観光庁 (2019)

代の割合は小さい。

（7）外国人旅行者の日本での活動

　図 5-11 は、外国人旅行者の今回実施した活動と次回実施したい活動（複数回答／全国籍・地域・2019）を表したものである。

　今回実施した活動は「日本食を食べること」が 97.6％でトップであった。続いて、「ショッピング」（77.1％）、「繁華街の街歩き」（70.0％）、「日本の酒を飲むこと」（59.8％）、「自然・景観地観光」（51.8％）、の順で多く、これらは半数の旅行者が体験している。

　次回の訪日時に実施したいことでは「日本食を食べること」（57.6％）や「温泉入浴」（49.2％）、「自然・景勝地観光」（45.0％）が上位に挙がった。「四季の体験」「日本の歴史・伝統文化体験」「日本の日常生活体験」など、日本らしさを味わう体験が、今回実施率より次回実施希望率が高い活動として挙がっている。

第 5 章　訪日外国人旅行

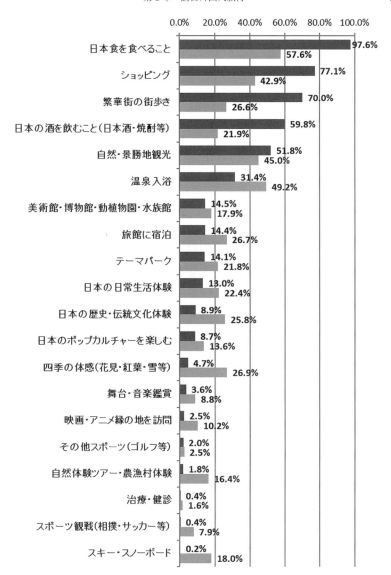

図 5-11　外国人旅行者の今回実施した活動と次回実施したい活動
　　　　（複数回答 / 全国籍・地域・2019）（%）
出典：「訪日外国人消費動向調査」観光庁 (2019)

(8) 外国人旅行者の満足度

図5-12は、外国人旅行者の満足度（主要国籍・地域別・2019）を表したものである。訪日旅行全体の満足度は「大変満足」56.4％、「満足」38.3％である。「満足」以上が9割超を占めており、この数年増加する傾向にある。この満足度は再訪に結び付く高い数値であると考えられる。

特に、アメリカは「大変満足」の割合が8割と極めて高い。逆に韓国は、「大変満足」が4割弱と低く、「満足」以上が9割程度と他と比べて厳しい評価となっている。

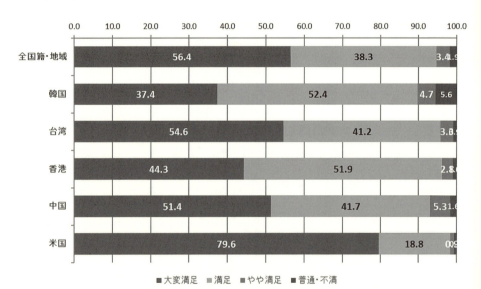

図5-12 外国人旅行者の満足度（主要国籍・地域別）(2019)（％）
出典：「訪日外国人消費動向調査」観光庁(2019)

3. 訪日外国人旅行のデスティネーション

日本を訪れた外国人旅行者はどこに訪れているのだろう。また、どのような体験をしたいのだろう。国・地域、性年齢層、同行者、訪日回数などにより大きな違いがあるインバウンドのデスティネーションを見てみる。

（1）ゴールデンルート

訪日外国人旅行には、「ゴールデンルート」と呼ばれる定番の人気ルートがある。成田空港から入国し、東京および東京周辺の観光スポットを巡ってから、箱根、富士山、名古屋を経由し京都観光を楽しみ、大阪の街を観光し関西国際空港から帰国するというルートである。初めて訪日するアジアの国々の旅行者、特に中国人旅行者のお気に入りのルートで、今日でも主流の観光ルートである。

一方で、欧米からの旅行者やアジアでも訪日経験回数が多い旅行者は、北海道や沖縄などの観光地のほか、さまざまな地域に足を延ばし始め、日本人が意外に思うような場所まで訪れていることもある。受け入れ側である地域が気づいていない外国人旅行者にとって魅力のある観光資源が数多く隠されている可能性がある。

（2）外国人旅行者の都道府県別訪問率

表 5-2 外国人旅行者の都道府県別訪問率（全国・地域／観光のみ・2019）を表したものである。観光を目的とした旅行者の都道府県別の訪問率をみると、首都であり日本の旅行の玄関口となる東京都と、もう一つの玄関口となる大阪府が 4 割を超えている。ともに、日本を代表する大都市であり異なる都市観光を味わうことができる。3 位は、日本を代表する観光都市、多くの世界遺産を有する京都府である。特に、欧米の旅行者の訪問率が高い。4 位が、東京でディズニーリゾートと成田空港がある千葉県で、ともに 3 割を超えている。

以下、奈良県は、古都奈良、法隆寺などの遺産巡りの欧米人が多い。北海道は、東南アジアの雪の降らない国々から雪の北海

表5-2　外国人旅行者の都道府県別訪問率（全国籍・地域／観光のみ・2019）

順位	都道府県	訪問率（％）
1	大阪府	43.4
2	東京都	42.4
3	京都府	32.8
4	千葉県	32.3
5	奈良県	14.3
6	北海道	9.7
7	愛知県	9.3
8	福岡県	9.0
9	沖縄県	7.5
10	神奈川県	6.6
11	山梨県	6.5
12	兵庫県	6.4
13	静岡県	5.2
14	大分県	3.9
15	岐阜県	3.6

出典：「訪日外国人の消費行動調査」観光庁（2019）

写真　外国人旅行者が散策する高山の街並み　筆者撮影

道を求めて訪れている。愛知県は、名古屋観光の中国人や日本のものづくりを視察観光する欧米人もいる。福岡県は、高速艇でも結ばれ交流の盛んな韓国の訪問率が高い。沖縄県は、日本を代表するマリンリゾート、香港の旅行者に人気がある。神奈川県は、箱根の温泉郷と横浜、鎌倉の人気が高い。山梨県は、富士山観光が大きな目的で河口湖・山中湖へ中国や東南アジアの旅行者が多く訪れている。兵庫県は、神戸観光、姫路城がある。静岡県は、富士山と伊豆の温泉が人気だ。大分県は、別府温泉、湯布院温泉などに韓国から多くの旅行者が訪れている。岐阜県は飛騨高山と温泉が人気で国・地域の偏りがない。

(3) 外国人に人気の日本の観光スポット

多くの外国人旅行者はインターネットなどの旅行情報を活用している。そこで新しい日本の観光スポットを見つけようとしている。表5-3は、世界最大の旅行サイトといわれるトリップアドバイザーが発表した「外国人に人気の日本の観光スポット2019」ベスト25を表したものである。同サイトに投稿された日本語以外の口コミを基に作られたものである。

トップの「伏見稲荷大社」は、赤い千本鳥居が魅力的のようだ。「広島平和

表 5-3　外国人に人気の日本の観光スポット 2019

順位	観光スポット	所在地
1	伏見稲荷大社	京都府 京都市
2	広島平和記念資料館	広島県 広島市
3	宮島（厳島神社含む）	広島県 廿日市市
4	東大寺	奈良県 奈良市
5	箱根彫刻の森美術館	神奈川県 箱根町
6	新宿御苑	東京都 新宿区
7	三十三間堂	京都府 京都市
8	高野山 奥之院	和歌山県 高野町
9	姫路城	兵庫県 姫路市
10	金閣寺	京都府 京都市
11	兼六園	石川県 金沢市
12	成田山新勝寺	千葉県 成田市
13	長谷寺	神奈川県 鎌倉市
14	奈良公園	奈良県 奈良市
15	日光東照宮	栃木県 日光市
16	縮景園	広島県 広島市
17	大本山 大聖院	広島県 廿日市市
18	河口湖	山梨県 富士河口湖町
19	白川郷合掌造り集落	岐阜県 白川村
20	書寫山圓教寺	兵庫県 姫路市
21	浅草寺	東京都 台東区
22	明治神宮	東京都 渋谷区
23	白谷雲水峡	鹿児島県 屋久島町
24	愛宕念仏寺	京都府 京都市
25	忠霊塔	山梨県 富士吉田市

出典：トリップアドバイザー
評価方法：2018年1月〜2018年12月の1年間にトリップアドバイザー上の日本の観光スポットに投稿された外国語の口コミの評価、投稿数などをもとに、独自のアルゴリズムで集計。

記念資料館」は、原爆ドームと平和記念公園、資料館に多くの人が興味を持っている。「宮島（厳島神社を含む）」の海の中に浮かぶ赤い大鳥居は日本の美として感じられているようだ。

　以下、日本の大観光地である古都京都の「金閣寺」「三十三間堂」「愛宕念仏寺」が、奈良の「東大寺」「奈良公園」、宿坊も体験できる「高野山」が入っ

ている。
　東京周辺の観光地では「箱根彫刻の森美術館」「成田山新勝寺」「長谷寺」がはいり、遠隔地では、「兼六園」「姫路城」「白川郷合掌造り集落」に加え、屋久島の「白谷雲水峡」が入っている。特に、欧米人に人気が高い。
　東京の「新宿御苑」「浅草寺」「明治神宮」が入っている。

4. 訪日外国人旅行の課題

　インバウンドをさらに拡大するためには多くの課題がある。多くの海外の国々から日本に来てもらうには日本が外国人旅行者にとって魅力的なデスティネーションにならなくてはならない。そのためには、もっと来やすい国になること、そして快適に旅することができる国になることが重要である。

(1) 訪日外国人旅行の来日環境整備
　まずは訪日し易い環境作りが大切である。国の取組みが重要となる。
　　①ビザ要件の緩和
　治安への十分な配慮を前提として、観光目的の旅行者へのビザ要件のさらなる緩和を図る。
　　②出入国手続の改善
　空港での出入国手続の迅速化を図るため、自動化ゲートの利用を促進する。クルーズ船入港時の入国審査手続の迅速化・円滑化を促進する。
　　③航空ネットワークの充実
　LCCを含めて新規就航、増便を図る。国際空港の機能強化と地方空港の活用。ビジネスジェット（数人から十数人程度を定員とする企業や個人が保有・使用する小型航空機）の利用環境を整備する。
　　④宿泊施設の周知
　ホテル・旅館等の宿泊施設について、施設・設備・各種サービスについての外国人旅行者向け情報提供の充実を図る。

(2) 訪日外国人旅行の受入改善

日本においての旅行者に対する「おもてなし」は定評があるが、言葉や言語表記の問題など早急に対応しなくてはならない課題が多くある。

①多言語対応の改善・強化

外国人旅行者の最大の不満と不安は言葉と言語表記の問題である。宿泊施設や飲食施設、交通機関、観光施設などにおける英語や中国語などの対応は不可欠である。外国人旅行者が接する場面での多言語表記を推進する必要がある。

②観光案内所（ツーリズム・インフォメーション・センター）

外国人旅行者にとって、観光都市・観光地におけるツーリズム・インフォメーション・センターは最も頼りになる存在である。多言語対応を前提に拡大、整備する。また、道の駅、サービスエリアなどへの案内所の設置。同時に WEB での情報提供を拡充する。

③免税制度の周知・拡大

外国人旅行者に対する消費税免税制度は改善されてきているが、地域の免税店の拡大、認知向上をはかる必要がある。

④交通機関の快適性

日本の交通網の充実、安全性は世界に誇れるものであるが、外国人旅行者にとっては利用しにくいと言われている。多言語表記や駅などでの英語対応、また滞在中利用可能な割安なフリーきっぷ、フリーパスの開発などの取組みが必要である。

⑤クレジットカードの利用環境拡大

日本においては、まだクレジットカードがどこでも利用できる環境にはない。外国人旅行者でも利用できるクレジットカードや電子マネーの利用可能な施設の拡大を促進する。

⑥両替環境の改善

日本においては、外貨から日本円へ両替する場所が極めて少ない。郵便局や銀行で両替することはできるが利便性は低い。市中両替店や ATM の設置拡大が急がれる。

⑦ WI-FI サービスの充実

外国人旅行者にとって無料公衆無線 LAN 環境は重要である。民間の協力も

必要だが、国、自治体が主体的に整備しなくてはならない。

⑧ムスリム旅行者への対応

増加しているムスリム（イスラム教徒）の旅行者に対応するために、ムスリム旅行者に配慮した食事や礼拝スペースの確保、さらに、ハラール認証の取得の拡大などの対応を進めていかなければならないだろう。

(3)「MICE」の推進

MICE（マイス）とは、Meeting（会議・研修・セミナー）、Incentive Travel（報奨・招待旅行）、Convention または Conference（大会・学会・国際会議）、Exhibition（展示会、見本市）または Event（文化・スポーツイベント）の頭文字をとった造語で、ビジネストラベルの一形態を指す。企業・組織が課題解決のために開催する会議、イベントなどを支援する集客ビジネスである。一度に大人数が動くだけでなく、一般の観光旅行に比べ参加者の消費額が大きいことなどから、日本においてもインバウンド振興の大きな柱に位置づけ、国や地域の自治体による海外向けの誘致活動が行われている。

観光庁は MICE の開催・誘致の推進の主要な効果として次の3つを挙げている。

①ビジネス・イノベーションの機会の創造

MICE 開催を通じて世界から企業や学会の主要メンバーが日本に集うことは、新しいビジネスやイノベーションの機会を呼び込むことにつながる。

②地域への経済効果

MICE は会議開催、宿泊、飲食、観光など消費活動の裾野が広く、また滞在期間が比較的長く、一般の観光旅行者以上に周辺地域への経済効果を生み出す。

③国・都市の競争力向上

MICE 開催を通じた国際・国内相互の人や情報の流通、ネットワークの構築、集客力などはビジネスや研究環境の向上につながり、都市の競争力、ひいては、国の競争力向上につながる。

(4)「日本ブランド」の発信

インバウンドを考えるとき、日本のコンペチターとなるのはアジア諸国であ

ろう。アジアの国々は特徴ある歴史と文化を持ち、個性あふれるさまざまな観光資源を有している。日本もそれに負けない、魅力ある「日本ブランド」を創出し海外に発信していかなくてはならないだろう。

「日本ブランド」とは、他の国と明確に区別された今の日本の象徴するイメージの総体である。そこにはブランドとしての差別性、信頼性があり品質保証が必要である。そして、日本人の誇りであり自慢のモノ・コトでなくてはならない。

「日本ブランド」の要素は、

①従来からの日本らしい観光資源

富士山や満開の桜などの自然景観、古都京都、日光、鎌倉などの歴史的景観などすでに知名度の高い日本の宝はこれからも発信しなくてはならない要素である。

②クールジャパン

日本が生み出した新しいソフト文化である。マンガ、アニメ、ゲーム、ファッションなどのポップカルチャーである。

③日本の食

2013年、「和食」が世界無形文化遺産に登録され、日本の食文化が評価され世界的に注目された。寿司、刺身、天ぷら、すき焼きだけでなく、各地の郷土料理、そば、うどん、ラーメン、お好み焼きなど庶民食、また吟醸酒などの日本酒なども大きな要素である。

④伝統芸能

各地で繰り広げられる個性的な祭りや歌舞伎、能、相撲なども日本でしか見ることのできない特色のある文化である。

⑤ものづくり

日本固有の伝統工芸品などのものづくりの現場だけでなく、その精神を引き継いで生まれた自動車や新幹線、精密機器などの製造現場が要素となる。

⑥庶民の暮らし

靴を脱いで生活する家庭、混雑する電車での通勤通学、職場仲間との居酒屋での飲食、少なくなってしまった銭湯、今も残る花見や盆踊りなど日本らしい庶民の暮らしに外国人旅行者は興味を抱いている。

【調査概要】
「訪日外国人消費動向調査」観光庁(2019)
調査対象者：日本を出国する訪日外国人
調査場所：新千歳空港、函館空港、青森空港、仙台空港、茨城空港、東京国際空港（羽田空港）、成田国際空港、富山空港、小松空港、富士山静岡空港、中部国際空港、関西国際空港、岡山空港、広島空港、米子空港、高松空港、福岡空港、佐賀空港、宮崎空港、鹿児島空港、那覇空港、境港、関門（下関）港、博多港、厳原港
調査時期・調査標本数：2019年1-3月期（1/10-3/16）標本数8,594、4-6月期（4/11-6/18）標本数9,201、7-9月期（7/9-9/20）標本数8,678、10-12月期（10/9-12/16）標本数8,561
調査方法：言語対応のタブレット端末または紙調査票めしつつ、聞き取る方法(他計方式)

第6章　観光行政

1. 国の観光行政

　観光行政とは、国および地方自治体（都道府県・市町村）が決定した観光分野に係わる政策を実現するために具体的な施策を実施することである。また、その実施機関のことを指すこともある。国や地方自治体が主体となるため直接的な収益を目的としたものではないが、大きな意味では無償の観光サービスと位置づけることができる。もちろん、国や地方自治体は結果的には国や地域およびその住民の利益になることを目指している。

　現在、国の観光行政の基本となる方針は「観光立国」であり、それを法制化したものが「観光立国推進基本法」である。

(1) 観光立国

　観光立国とは、国内の特色ある自然景観、歴史的遺産、風土、都市、レジャー施設、食などさまざまな観光資源を整備して国内外の旅行者を誘致し、それによる経済効果を国の経済を支える基盤にすることである。

　すでに、多くの国が観光立国を謳い、観光省、観光局など専任機関を設置し、国民の旅行の促進、観光資源の開発・整備、観光ビジネスへの助成・規制、特に国に大きな経済効果を生み出す外国人旅行者の誘致に努めている。

　日本では長らく「観光」は国家的課題とみなされず、観光行政の位置付けは低かった。しかし、2003年、小泉純一郎内閣総理大臣のもと、日本国家として初めての「観光立国宣言」がなされた。国土交通大臣を観光立国担当大臣に任じたことによって、一挙に観光が国の大きな課題となりその推進に向けて動き出した。

2007年、それまで国の観光分野における基本の法律であった「観光基本法」（1963年制定）を全面改正し、「観光立国推進基本法」が制定された。さらに、2008年その推進を担う「観光庁」が国土交通省の外局として新設された。

(2) 観光立国推進基本法

　観光立国推進基本法は、2006年に議員立法により成立し、翌2007年より施行された。観光が日本の力強い経済を取り戻すための極めて重要な成長分野であることを明言し、観光は21世紀における日本の重要な政策の柱として初めて明確に位置付けられた。

　前文において、「観光は、国際平和と国民生活の安定を象徴するものであって、その持続的な発展は、恒久の平和と国際社会の相互理解の増進を念願し、健康で文化的な生活を享受しようとする我らの理想とするところである。また、観光は、地域経済の活性化、雇用の機会の増大等国民経済のあらゆる領域にわたりその発展に寄与するとともに、健康の増進、潤いのある豊かな生活環境の創造等を通じて国民生活の安定向上に貢献するものであることに加え、国際相互理解を増進するものである。」と観光の重要性を強調し、「観光立国を実現することは、二十一世紀の我が国経済社会の発展のために不可欠な重要課題である。」としている。

　この法律の目的は「観光立国の実現に関する施策を総合的かつ計画的に推進し、もって国民経済の発展、国民生活の安定向上及び国際相互理解の増進に寄与すること」と明記されている。

　また、基本理念はつぎの4つにまとめられている。

①地域における創意工夫を生かした主体的な取組を尊重しつつ、地域の住民が誇りと愛着を持つことのできる活力に満ちた地域社会の持続可能な発展を通じて国内外からの観光旅行を促進することが、将来にわたる豊かな国民生活の実現のため特に重要であるという認識の下に講ぜられなければならない。

②観光が健康的でゆとりのある生活を実現する上で果たす役割の重要性にかんがみ、国民の観光旅行の促進が図られるよう講ぜられなければならない。

③観光が国際相互理解の増進とこれを通じた国際平和のために果たす役割の重要性にかんがみ、国際的視点に立って講ぜられなければならない。

④観光産業が、多様な事業の分野における特色ある事業活動から構成され、多様な就業の機会を提供すること等により我が国及び地域の経済社会において重要な役割を担っていることにかんがみ、国、地方公共団体、住民、事業者等による相互の連携が確保されるよう配慮されなければならない。

　上記の基本理念を簡単に言うと、①魅力的な地域づくりの認識の重要性、②国民の観光旅行促進の重要性、③国際的視点に立った観光の重要性、④観光ビジネスにおける関係者相互の連携の確保の必要性、である。

　また関係者のそれぞれの責務、役割を明確にしている。

①国の責務については、観光立国の実現に関する施策を総合的に策定し実施する。
②地方公共団体の責務については、自主的かつ主体的に地域の特性を生かした施策を策定し実施、また、広域的な連携協力に努める。
③住民の役割については、観光立国の重要性を理解し、魅力ある観光地の形成に積極的な役割を果たす。
④観光事業者の役割については、住民の福祉に配慮するとともに、観光立国の実現に主体的に取り組むよう努める。

　さらに、政府は観光立国の推進に関する施策の総合的かつ計画的な推進を図るため、「観光立国推進基本計画」を作成することが明記されている。

(3) 観光立国推進基本計画

　2012年、観光立国推進基本法の規定に基づき、観光立国の実現に関する基本的な計画として新たな「観光立国推進基本計画」が発表された。観光をめぐる現在の課題を克服し、観光が日本の成長を牽引するため、基本計画の策定の方向性として「観光の裾野の拡大」と「観光の質の向上」を掲げた。また、観光が国の成長戦略の柱の一つであり、2011年に発生した東日本大震災からの復興にも大きく貢献するものであることも示した。観光政策の基本となる長期計画である。

　計画の基本的な方針として、
①震災からの復興―観光が、復興を支え、日本を元気づける―
②国民経済の発展―観光が、日本経済と地域を再生する―

③国際相互理解の増進―観光が、世界を惹きつける―
④国民生活の安定向上―観光が、人生を楽しく豊かにする―

このため、新たなスタイルの旅を開拓し、より観光を魅力的にするとともに、特に若者や高齢者が観光に関心を持ち、実際に旅に出られるような環境を整えるとしている。

計画期間を5年間とし、計画期間における具体的な目標を設定している。
①国内における旅行消費額―2016年までに、30兆円にする。
②訪日外国人旅行者数―2016年までに、1,800万人にする。
③訪日外国人旅行者の満足度―2016年までに、「大変満足」の割合を45％、「必ず再訪したい」の割合を60％とする。
④国際会議の開催件数―2016年までに、5割以上増やす。アジアにおける最大の開催国を目指す。
⑤海外旅行者数―2016年までに、2,000万人にする。
⑥国内観光旅行による1人当たりの宿泊数―2016年までに、年間2.5泊とする。
⑦観光地域の旅行者満足度―2016年までに、満足度「大変満足」、再来訪意向「大変そう思う」の割合を25％程度にする。

具体的な施策として、観光庁が主導的な役割を果たすべき主な施策として次の4点を挙げている。
①国内外から選好される魅力ある観光地域づくり
②オールジャパンによる訪日プロモーションの実施
③国際会議等のMICE分野の国際競争力強化
④休暇改革の推進

(4) 観光立国実現に向けたアクション・プログラム

観光は、急速な成長を遂げるアジアをはじめとする世界の需要を取り込むことによって、日本の力強い経済を取り戻すための柱である。加えて、人口減少・少子高齢化が進展する中、国内外からの交流人口の拡大によって地域の活力を維持し、社会を発展させるとともに、諸外国との双方向の交流により、国際相互理解を深め、国際社会での日本の地位を確固たるものとするためにも極めて

重要な分野である。

　上記の国の認識のなかで、2013年の訪日外国人旅行者数年間1,000万人の達成、「2020年オリンピック・パラリンピック東京大会」の開催の決定を絶好の機会を捉え、国はインバウンドの拡大を明確にし「観光立国実現に向けたアクション・プログラム2014」を発表した。具体的目標は、東京オリンピックが開催される2020年に訪日外国人旅行者数2,000万人の達成である。

　そのため、次のような施策を政府一丸、官民一体となって取り組みを強力に進めていくとしている。

　　①「2020年オリンピック・パラリンピック」を見据えた観光振興
　　②インバウンドの飛躍的拡大に向けた取組
　　③ビザ要件の緩和など訪日旅行の容易化
　　④世界に通用する魅力ある観光地域づくり
　　⑤外国人旅行者の受入環境整備
　　⑥MICEの誘致・開催促進と外国人ビジネス客の取り込み

2. 国の観光行政機関

　国の観光に係わる行政は、主に国土交通省の外局である「観光庁」が担っている。しかし、観光庁以外にも様々な省庁が係わっているのが観光行政の大きな特徴である。

(1) 観光庁

　国により観光立国が宣言され、観光が国家的戦略として位置付けられ、国の観光行政を担う専管部署として、2008年、国土交通省の外局として観光庁が設置された。

　組織は、観光庁長官を長として、内部部局として総務課、観光戦略課、観光産業課、国際観光課、観光地域振興部の4課1部が置かれていた。現在は図6-1のように、総務課、観光戦略課、観光産業課、国際観光部、観光地域振興部の3課2部体制になっている（2020）。観光立国の実現に関する施策を総合的に策定し実施する機関である。

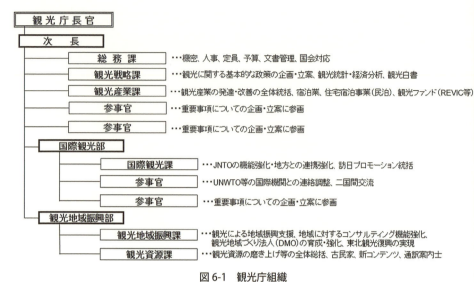

図 6-1　観光庁組織
出典：観光庁ホームページより（2020）

　観光庁は、「開かれた観光庁」を標榜し、次のような「観光庁ビジョン」を発表している。
　「私たちは、『観光立国の実現』を通じて、我が国経済社会の活性化、活力に満ちた地域社会の実現の促進、国際相互理解の増進や国際平和の実現、健康で文化的な生活の実現などに貢献します。このため、具体的な目標を定めて、以下のとおり『住んでよし、訪れてよしの国づくり』に取り組みます。」
　具体的な取り組みとして、
①我が国の魅力を内外に発信します。
②国内外の交流人口を拡大し、我が国や地域を元気にします。
③地域の自律的な観光地づくりを応援します。
④観光関連産業を活性化します。
⑤すべての人が旅行しやすい環境を整備します。
を掲げている。
　また、観光立国の実現に関する施策を総合的に策定し実施することが主な役割であるが、それに伴い次の項目が観光庁の具体的な所掌業務となる。
①観光地および観光施設の改善その他の観光の振興。

写真　観光庁発足除幕式（2008年）国土交通省ホームページより

②旅行業、旅行業者代理業その他の所掌に係る観光事業の発達、改善および調整。
③通訳案内士、地域限定通訳案内士などの登録。
④ホテルおよび旅館の登録。

(2) 日本政府観光局

「日本政府観光局（JNTO）」は観光庁が所管する訪日外国人旅行者を誘致する機関である。正式名称は「独立行政法人 国際観光振興機構」である。

日本政府観光局（JNTO）は、日本の正式な政府観光局として、地方自治体、旅行関連企業・団体などと連携しながら海外における観光宣伝、外国人旅行者に対する観光案内、その他外国人旅行者の来訪の促進に必要な業務を行っている。また、外国人旅行者が快適に日本を旅行できるよう、受け入れ環境の改善にも取り組んでいる。さらに、国際会議などの誘致促進、開催の円滑化にも大きな役割を担っている。

主要な訪日旅行市場22都市に海外事務所を設置し、各事務所は訪日旅行の促進に係る日本の現地事務所として、旅行会社・メディアとの日常的な連携、現地市場のマーケティング情報の収集・分析などを行うとともに、現地消費者に対する情報発信をしている。22都市とは、ソウル、北京、広州、上海、香港、

デリー、ジャカルタ、シンガポール、バンコク、マニラ、ハノイ、クアラルンプール、シドニー、ニューヨーク、ロサンゼルス、トロント、ローマ、ロンドン、マドリード、フランクフルト、パリ、モスクワである。

(3) 観光に係わる省庁

　観光行政には観光庁以外にも多くの省庁が係わっている。それは観光行政の大きな特徴であるが、観光そのものの幅の広さを表しているともいえよう。

①国土交通省
　都市計画・まちづくり・離島振興・道路・鉄道・自動車交通・船舶・港湾・航空・空港など。

②法務省
　出入国審査体制など。

③外務省
　在外公館を通じた広報、査証発給手続きなど。

④文部科学省
　文化財の保全・活用、文化の振興、留学生交流、教育旅行、世界遺産、無形文化遺産、世界ジオパーク、スポーツツーリズムなど。

⑤厚生労働省
　勤労者の休暇の取得促進、旅館施設の環境衛生管理、ヘルスツーリズムなど。

⑥農林水産省
　都市と農山漁村の交流、地産地消、グリーンツーリズムなど。

⑦経済産業省
　サービス産業の創出、コンテンツ産業の育成、地域経済の活性化、産業ツーリズム、コンテンツツーリズムなど。

⑧環境省
　国立公園、自然公園、世界自然遺産、エコツーリズムなど。

3. 観光に係わる法律

　観光政策に基づき、国や地方自治体が観光行政に取り組む際の根拠となるの

(1) 観光に係わるさまざまな法律

①観光行政の基本
観光立国推進基本法

②訪日外国人旅行
旅券法・出入国管理及び難民認定法・関税法・外国為替及び外国貿易法・通訳案内士法・国際観光事業の助成に関する法律・国際会議等の誘致の促進及び開催の円滑化等による国際観光の振興に関する法律（コンベンション法）・外国人観光旅客の来訪地域の多様化の促進による国際観光の振興に関する法律・外国人観光旅客の旅行の容易化等の促進による国際観光の振興に関する法律など

③海外旅行
旅券法・出入国管理及び難民認定法・関税法など

④観光資源
自然公園法・自然環境保全法・森林法・海岸法・河川法・温泉法・文化財保護法・古都保存法・景観法・国土利用計画法・国土形成計画法・総合保養地域整備法（リゾート法）・都市公園法・農山漁村余暇法・エコツーリズム推進法・観光圏整備法など

⑤旅行取引
旅行業法・景品表示法など

⑥宿泊施設
国際観光ホテル整備法・旅館業法・食品衛生法・建築基準法・公衆浴場法・消防法など

⑦交通機関
鉄道事業法・港湾法・道路法・道路運送法・航空法など

⑧休日・休暇
国民の休日に関する法律・労働基準法など

(2) 旅行業法

　旅行業法とは、旅行業者について登録制度を実施し、旅行業者の業務の適正な運営を確保するとともに、旅行業協会などの団体の適正な活動を促進することにより、旅行業務に関する取引の公正の維持、旅行の安全の確保、旅行者の利便の増進を図ることを目的とする法律である。消費者、すなわち旅行者の保護が大きな要素となっている。

　旅行業者の観光庁（都道府県知事）への登録、営業保証金の供託、旅行者との取引額の報告、旅行業務取扱管理者の選任、旅行業約款の決定、誇大広告の禁止、罰則規定などが設けられている。なお、旅行業者は、業務の範囲により、第一種旅行業者、第二種旅行業者、第三種旅行業者、地域限定旅行業者、旅行業者代理業者に区分されている。2018年の改正により、旅行サービス手配業が規定された。

(3) エコツーリズム推進法

　エコツーリズム推進法は、2007年に制定施行されたエコツーリズムを推進するための枠組みを定めた法律である。

　地域の自然環境の保全に配慮をし、地域ごとの創意工夫を生かしたエコツーリズムを通じながら、自然環境の保全、観光振興への寄与、地域振興への寄与、環境教育への活用を推進するものである。この法律において、いわゆる自然環境だけではなく、それらの自然環境と密接に関係する風俗慣習などの伝統的な生活文化も自然観光資源として認めている。

　エコツーリズムのみを対象とした単独法は世界的にも珍しい先進事例となった。また、この法律によりエコツーリズムという観光やその考え方が一般に拡がり市民権を得た。

　エコツーリズム推進に取り組む地域（市町村）は、協議会を組織しエコツーリズムの実施方法や自然観光資源の保護などについての全体構想を主務大臣（環境・国土交通・農林水産・文部科学）に対して認定を申請する。認定を受けると、国は認定を受けた市町村への広報支援を行うなど、その地域のエコツーリズム実現に関する施策を講ずる。

（4）コンベンション法

　コンベンション法とは、1994年に制定された、国際観光交流を拡大する方策として、国際コンベンションを振興するための法律。正式名は、「国際会議等の誘致の促進及び開催の円滑化等による国際観光の振興に関する法律」。

　コンベンション法の目的は、日本国内における国際会議などの開催を増加させるため国際会議などの誘致促進を図り、それにともなう観光その他の交流の機会を充実させることによって国際観光の振興を図り、国際理解の増進に寄与することにある。もちろん、大きな目的はMICEの振興、外国人の会議参加者およびその同伴者による観光経済効果である。

　国際会議などの誘致を促進するための活動は、日本政府観光局（JNTO）が担い、
①国際会議観光都市に対する国際会議などの誘致に関する情報の提供。
②海外における国際会議観光都市の宣伝。
③市町村が行う国際会議などの誘致に関する活動支援。
などを行うとしている。

（5）観光圏整備法

　観光圏整備法とは、2008年に施行した、観光地が広域的に連携した「観光圏」の整備に関する法律。正式名は「観光圏の整備による観光旅客の来訪及び滞在の促進に関する法律」。

　観光圏とは、都道府県または複数の都道府県にまたがった地域を観光のためにまとめた地域のことを指し、それら観光地が広域的に連携した観光圏の整備を行うことで、国内外の旅行者が2泊3日以上滞在できるエリアの形成を目指す。国際競争力の高い魅力ある観光地づくりを推進することで、地域の幅広い産業の活性化や、交流人口の拡大による地域の発展を図るとしている。

　従来の観光地と呼ばれる狭い地域だけが取り組んだ観光振興では目指す目的の達成に限界があるとされ、このことから広域の地域の創意工夫を生かした主体的な取組を総合的かつ一体的に推進するため観光圏と呼ぶものを設定している。国によって基本方針を策定し、その地域の関係者との協議を行い地方自治体である市町村や都道府県による観光圏の整備計画の作成とそれらの整備事業

の実施に必要な事を関係する観光事業者とともに行い、観光圏への旅行者誘致と滞在促進を目指すものである。

(6) 古都保存法

　古都保存法の正式名を「古都における歴史的風土の保存に関する特別措置法」という。観光資源として大きな存在感を示している「古都」およびその「歴史的風土」を後世に引き継ぐべき国民共有の文化的資産として適切に保存するため国などにおいて講ずべき措置を定めている。現在、10市町村が古都保存法に基づく「古都」に指定されている。「古都」とは、日本の往時の政治、文化の中心として歴史上重要な地位を有する市町村をいい、京都市、奈良市、鎌倉市、奈良県斑鳩町などが指定されている。

　「歴史的風土」とは、「わが国の歴史上意義を有する建造物、遺跡等が周囲の自然的環境と一体をなして古都における伝統と文化を具現し、及び形成している土地の状況」と定められており、歴史的な建造物や遺跡とそれらをとりまく樹林地などの自然的環境が一体となって古都らしさを醸し出している土地の状況を指す。

　これらの地域においては、歴史的風土保存区域や歴史的風土特別保存地区を指定し、区域内での開発行為を規制することにより、古都における歴史的風土の保存を図っている。

4. 観光に係わる国家資格

　観光に係わる国家資格は、観光庁が所管する「旅行業務取扱管理者」と「通訳案内士」である。また、国家資格ではないが、観光庁長官が認定する添乗員としての資格である「旅程管理主任者」がある。それぞれ、旅行者の安全、快適な旅行を確保するための旅行のプロとしての資格である。

(1) 旅行業務取扱管理者

　旅行業務取扱管理者とは、旅行業法に定められている旅行業者および旅行業者代理業者の営業所における顧客との旅行取引の責任者のことである。資格に

は国内の旅行業務のみ取り扱える「国内旅行業務取扱管理者」と、国内と海外の両方の旅行業務を取り扱える「総合旅行業務取扱管理者」の2種類がある。国内旅行のみ取り扱う営業所には国内旅行業務取扱管理者資格または総合旅行業務取扱管理者資格を持つ者、海外・国内の両方の旅行を取り扱う営業所には総合旅行業務取扱管理者資格を持つ者を選任しなくてはならない。なお、観光庁長官の指導により10名以上いる大規模営業所は2名以上選任することが求められている。

　旅行業務取扱管理者は、旅行者に対しての取引条件の説明、適切な書面の交付、適切な広告の実施、旅行に関する苦情の処理、料金の掲示、旅行計画の作成、旅行業約款の掲示、旅程管理措置などの業務についての管理・監督を行う。

　総合旅行業務取扱管理者試験は、日本旅行業協会（JATA）、国内旅行業務取扱管理者試験は、全国旅行業協会（ANTA）が実施している。

(2) 通訳案内士

　通訳案内士とは、報酬を受けて、外国人に付き添い、外国語を用いて旅行に関する案内をする外国人旅行者に対するプロの観光ガイドのことである。観光庁長官が実施する国家試験「通訳案内士試験」に合格して、通訳案内士として都道府県知事の登録を受けた者のみが従事できた。2018年の通訳案内士法の改正により、資格をもたない者でも有償で通訳案内業務をできるようになった。業務独占から名称独占となり、通訳案内士は「全国通訳案内士」へと資格名称が変更された。

　通訳案内士試験の外国語の種類は、英語の他、フランス語、スペイン語、ドイツ語、中国語、イタリア語、ポルトガル語、ロシア語、韓国語、タイ語となっている。ただ、通訳案内士は、単に語学力が優秀であるだけでなく、日本の地理・歴史、さらに産業、経済、政治および文化といった分野に至る幅広い知識、教養を持って日本を紹介するという重要な役割を負っている。

　なお、通訳案内士になるための国家試験は日本政府観光局（JNTO）が実施している。また、都道府県の区域を限定した「地域通訳案内士」資格もあり、都道府県ごとに試験が実施されている。

(3) 旅程管理主任者

旅程管理主任者とは、募集型企画旅行（パッケージツアー）または受注型企画旅行（修学旅行など）に同行して旅程を管理する添乗員の資格である。ガイドとは異なり、航空機・ホテルのチェックイン業務、宿泊・食事の確認など旅行中計画通りのサービスが受けられるよう手続きする業務である。接客力や調整力、折衝力、情報収集能力が求められる職種であり、海外旅行では語学力も必要となる。

旅程管理主任者の資格を得るためには、観光庁に登録された研修機関（日本旅行業協会、全国旅行業協会、日本添乗サービス協会など）の行う旅程管理研修を修了し、かつ所定の添乗実務経験をしなくてはならない。国内旅行のみに添乗可能な「国内旅程管理主任者資格」と海外旅行・国内旅行の両方に添乗可能な「総合旅程管理主任者資格」とがある。それぞれ研修修了や実務経験が資格取得の条件となっていることが特徴である。

添乗を専門職とするプロフェッショナルな添乗員を目指す者だけでなく、旅行会社の社員にとっても必要な資格である。

5. 地域の観光行政

地域における観光行政の目的は、観光の振興、すなわち旅行者の増大を通して、活力あるまちづくり、地域経済の活性化、地域文化の発展、さらに住民生活の向上にある。ただし、地域のそれぞれの状況の中で観光の比重には濃淡があり、活発に取り組む地域とそうでない地域がある。

(1) 地域の観光行政機関

地域の観光行政は、都道府県や市町村の観光局、観光部、観光課、観光係などで行われている。その地域にとっての観光行政の必要性、重要性によりそれぞれ位置付けが異なる。また、産業観光部や商工観光課、文化観光課など、異なる業務と併設している地域も多い。

また、都道府県や市町村が設置した「観光協会」が実質的な観光施策の推進主体となっている地域も多い。また、観光協会と同様な機能を持つ組織として、

「観光連盟」「観光コンベンション協会」「観光コンベンションビューロー」などの名称を使用している地域もある。

さらに、国土交通省の地方支分部局のひとつである「地方運輸局」も運輸・交通に関する業務のほか観光関連業務を行っている。全国を北海道、東北、関東、北陸信越、中部、近畿、中国、四国、九州の9運輸局が管轄している。

(2) 地域の観光施策

地域の抱える課題や観光の必要性、観光資源の種類などにより地域の観光施策は地域ごとに異なるが、多くの地域での施策は旅行者誘致と住民生活の向上につながる、他地域と差別化された観光の魅力づくりと、受入体制整備、誘客宣伝、都道府県や大きな市レベルではインバウンド促進を施策として謳っている。

次のような項目が観光施策として挙げられている。

①魅力ある個性的な観光まちづくり
都市観光・エコツーリズム・グリーンツーリズム・産業ツーリズム・個性的な街並み・温泉・祭り・イベント・食など

②観光資源の発掘・保護・保全
地域の宝探し・自然環境保護・景観保全・修景など

③外国人旅行者の誘致と受入体制整備
海外向け観光宣伝・海外での誘致活動・ツーリストインフォメーションセンター整備・多言語表記・クールジャパンのアピールなど

④着地型観光の取組み
着地型旅行商品・体験プログラム・オプショナルツアー・地場産業との連携・発地旅行会社との連携など

⑤ MICE 誘致の取組み
国際会議の誘致・イベントの誘致・会議場の整備・海外ネットワークづくりなど

⑥旅行者受入体制の整備
バリアフリー化推進・観光案内所・宿泊サービスの向上・二次交通の整備・WI-FI 環境の整備・ボランティアガイドなど

⑦観光人材の育成とホスピタリティ向上
観光プロデューサーの育成・観光ビジネス従事者のサービス教育・ガイドの育成・ホスピタリティ教育など

⑧観光情報の発信
インターネットの活用・ホームページの整備・スマートフォンへの情報提供、SNSの活用、メディアへの情報発信、旅行会社への情報提供など

⑨広域観光の連携・推進
都道府県内また都道府県・市町村のエリアを越えた地域との広域連携・観光圏の活用など

⑩観光統計の整備
観光入込客数・旅行者動向など観光統計データの整備

(3) 事例：京都府の観光行政

　国際的な観光地、観光スポットを数多く有する京都府は、京都観光の質と旅行者の満足度の向上のため、京都の持つあらゆる観光資源の再評価と一層の活用をはかるとともに、地域の活性化や産業振興に貢献する観光を目指して、「『生活共感・感動創造』京都観光戦略プラン」（京都府商工労働観光部観光課）を2008年に策定し、観光行政に取り組んでいる。

　まず京都観光の役割として、「世界有数の観光地である京都は、自らの持つ価値を再認識し、京都の新しい観光哲学を確立する必要があります。そのためにも、京都の強みを生かした、京都ならではの、新たな観光モデルの創造が必要です。」としている。

　重点施策として、「京都府の観光ブランド確立に向けたキャンペーンの実施～人類共通の価値・「日本の心」にふれる京都～」をコンセプトとして、次の項目を挙げている。

①「日本の心にふれる旅」誘客プロジェクトの実施
・五感で味わう「本物」めぐり～日本の心を守り伝える老舗・料亭～
・日本の心を極める伝統工芸と先端技術～今に生きる「ものづくりの精神」体験～
・日本の心が息づく暮らしと技～自然と共生する思想の体感～

・日本の心の原風景〜丹後・丹波・山城 美の巡礼〜
  ②プロジェクト実施のための基盤づくり
・日本の心を発信する着地型観光の取り組みの強化
・日本の心にふれる機会を創出する取り組みの強化
  ③来訪者に優しい京都ならではの「おもてなし」の充実
・多様なニーズに対応する総合観光案内所の実現
・最新の情報通信技術を活用したサービスの提供とマーケットリサーチの強化

(4) 事例：札幌市の観光行政

　さまざまな顔を持つ国際観光都市札幌は、「年間1,300万人もの観光客が訪れる国内有数の観光都市であり、その観光客がもたらす『外貨』は、札幌の地域経済において欠かせないもの」との認識をもち、「札幌が今後も訪れたい・住みたい魅力的な『まち』であり続けるため、また、国内外からの集客交流人口の確保によって地域経済を維持していくために、今後は地域の魅力あふれるまちづくりと観光振興を一体的に進める『観光まちづくり』という考え方を取り入れていく必要がある」とし、10年間の観光に関する取組みの方向性などをまとめた「札幌市観光まちづくりプラン」（札幌市観光文化局観光コンベンション部）を2014年に策定、発表した。「住んで楽しい、訪れて楽しい札幌」を「さっぽろツーリズム」を通して実現していくことを目指している。

　10年間の「マスタープラン編」と5年間の「アクションプラン編」が策定されており、アクションプランの重点施策として次の項目が挙げられている。

  ①観光イベントの魅力アップ
・雪まつりの魅力アップ
・オータムフェストの魅力アップ
・さっぽろ広域観光圏の周遊促進
・国際的な文化・スポーツイベントを契機とした観光客誘致
  ②集客交流拠点の魅力アップ
・定山渓地区の魅力アップ
・夜のさっぽろの魅力アップ

- 観光都市にふさわしい都心のまちづくり
- 様々な観光資源の魅力アップ

   ③ MICE誘致の推進
- MICE誘致の基盤づくり
- MICE誘致を加速させる取組
- 海外ネットワークや大学連携を活用した取組

   ④インバウンドの推進
- 外国人受入環境の整備
- 有望市場の誘致強化
- インバウンドを加速させる取組

第7章　観光ビジネス

1. 観光ビジネスの定義と役割

　旅行業や宿泊業、観光交通、飲食業など観光に関連する観光サービスを提供している産業が観光ビジネスである。人々が旅行する時、旅行前、旅行中、旅行後の各シーンで深く係わっている。

(1) 観光ビジネスの定義
　観光ビジネスとは、営利を目的として人々の観光行動におけるさまざまな消費活動に対し財やサービスを提供するビジネスの総称である。
　観光ビジネスは民間の営利企業として、観光の中で極めて大きな役割を果たしている。観光の歴史や今日の観光の発展と深く係わってきた。観光ビジネスは日本の観光の土台を支える大きな存在となっている。
　しかし、観光ビジネスはその財やサービスの全てを「観光」のみに提供しているわけではない。例えば、観光ビジネスの代表ともいえる旅行会社は、観光目的の旅行者に旅行商品などさまざまなサービスを提供しているが、同時に観光目的でない業務目的の旅行者に対してもチケットやホテルの手配をしている。
　シティホテルにおいても、海外や地方からの旅行者を受け入れ、宿泊や飲食を提供しているが、業務目的の旅行者も受け入れているし、レストランには地元の人のレジャーとしての食事や企業の接待にも対応している。さらに、地元の人の結婚式・結婚披露宴などの宴会も大きな業務である。
　航空会社も多くの観光を目的とした旅行者を運んでいるが、同時に業務や日常生活に利用している人も多い。旅行ガイドブックや旅行情報誌などで旅行情

報を提供する出版社も旅行関連図書だけを扱っているところは稀である。
　このように、対象とする顧客が地元客やビジネス旅行者、観光とは縁のない人までが含まれているものの、主要な顧客が観光目的の旅行者である産業が観光ビジネスである。

(2) 観光ビジネスの役割
　観光ビジネスは、旅行者が安全で快適な、楽しい旅ができるようにさまざまな財やサービスを提供し、旅行者にとって不可欠な存在であり、大きな役割を果たしている。旅行者だけではなく、国や地域に対しても有形無形の役割を果たしている。

①人々の豊かな時間を作る
　観光ビジネスは人々が旅をする準備段階から、旅先、旅行後において、楽しい体験や思い出づくり、健康づくり、ストレスの解消、同行者や旅先での人々との交流など、豊かな時間を作るサポートをしている。

②国や地域に大きな経済効果を生み出す
　観光に直接に係わる観光ビジネスだけでなく、観光ビジネスは「裾野の広い産業」と言われさまざまな産業に波及する。国や地域に大きな経済波及効果を生み出す。国家間においては、観光は「見えざる貿易」とも称され、観光ビジネスは国際貿易の一翼を担っている。

③地域に大きな雇用を創出する
　観光ビジネスは、人的サービスが不可欠なビジネスである。その発展は地域に大きな雇用をもたらす。若者のUターンやIターンを促進し、地域のことを最も知る高年齢層の雇用も作り出す。

④都市と地域、国と国との人々の相互理解を深める
　観光ビジネスは、国内においては都市と地域の交流をサポートし相互理解を深める。国際観光においては国と国との人的交流をサポートし国際的な相互理解を増進し、「観光は平和へのパスポート」と言われるように、世界平和にも貢献する。

⑤国や地域の誇りと愛着を生み出す
　観光ビジネスは、国や地域の自慢の魅力ある観光資源を地域外、海外の人々

に紹介、体験してもらうサポートをしている。その観光資源が高く評価されることにより、国民や地域の人々の大きな誇りとなり郷土愛を生み出す。

2. 観光ビジネスの種類

観光ビジネスは、観光行動のプロセスである「旅行出発前」「旅行中」「旅行帰着後」における財やサービスの提供のシーンで分類することができる。また、財やサービスを提供する場所、立地によっても分類することができる。

(1) 観光ビジネスの立地

観光ビジネスは、その財やサービスを提供する場所、立地から、図7-1のように「市場（発地）」「移動空間」「観光地（着地）」に分類することができる。

「市場（発地）」は、旅行者となる消費者が居住する地域であり、主に都市部となる。旅行出発前の準備に係わる財やサービスを提供している観光ビジネスである。「移動空間」は、市場と観光地を結ぶ空間に位置し、旅行者を安全かつ快適に観光目的地まで運ぶ観光交通やそれに伴う財やサービスを提供する観光ビジネスである。「観光地（着地）」は、旅行者が観光を楽しむシーンで財やサービスを提供する観光ビジネスでその種類は多岐にわたる。

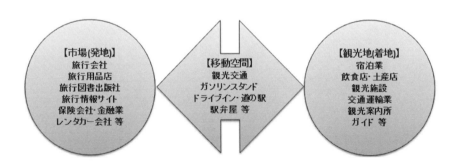

図7-1　観光ビジネスの立地

(2) 市場（発地）の観光ビジネス

①旅行会社
　市場側の観光ビジネスの中心となる存在。旅行者に対して旅行商品を販売したり、交通機関や宿泊施設を予約手配したり、旅行情報を提供する。また、潜在的な旅行者に対し旅行需要喚起もする。

②旅行用品店
　スーツケースやキャリーバッグを始めとした旅行グッズやアウトドア用品など旅行に必要な用品を販売している。旅行用品のレンタルもしている。

③旅行図書出版社
　ガイドブックや旅行情報誌、旅行会話集など、旅行前、旅行中に必要な情報を図書にして出版している。

④旅行情報サイト
　旅行情報、現地情報、海外情報などをインターネットのホームページ上で紹介している。また、スマートフォンなどで検索することができる。

⑤保険会社
　海外旅行保険の他、国内旅行保険、航空傷害保険、ゴルファー保険、イベント保険など旅行と係わる保険を取り扱っている。マイカー旅行やレンタカー利用にとって自動車保険は欠かすことができない。

⑥クレジットカード会社
　旅先での利用の多い、特に海外旅行では必携となるクレジットカードを発行している。ほとんどのクレジットカードには旅行に関する付帯サービスがある。

⑦金融業
　銀行、郵便局、両替店などの金融業は、外貨両替やトラベラーズチェックの発行などを行っている。

⑧レンタカー会社
　自宅周辺からレンタカーを借りて旅行をする旅行者は多い。希望の車種が用意され、カーナビも搭載されている。

⑨その他
　旅行用品だけでなく旅行に着ていく衣類、水着、防寒具や化粧品、医薬品、食品などの販売店、旅行の移動に使用する自動車、オートバイ、自転車などの

第7章　観光ビジネス

販売店、スキー、スノーボード、ゴルフ用品、テニス用品などのスポーツ用品販売店などの小売業。観光の宣伝・販売促進に係わる広告業や観光に係わるリサーチをする調査会社なども観光ビジネスである。

(3) 移動空間の観光ビジネス

①鉄道会社

JR、私鉄、モノレール、第三セクターなど、旅行者が居住する都市から観光地まで旅行者を鉄路で運んでいる。

②航空会社

国内路線、国際路線があり、空路にて旅行者を運んでいる。LCC（格安航空会社）やコミューター航空会社なども含まれる。付帯する空港施設も観光ビジネスである。

③バス会社

高速バス、空港連絡バス、定期観光バス、貸切観光バスなど、陸路にて旅行者を運んでいる。観光バスはバスガイドによる観光案内などがある。

④船会社

国内航路と数少ないが国際航路があり、フェリー、旅客船、高速艇などで海路にて旅行者を運んでいる。国内周遊や海外周遊などを楽しむクルーズ客船もある。

⑤高速道路会社

高速道路など自動車専用道路を維持・管理する会社。マイカー旅行やレンタカー、バス旅行には欠かすことができない。休憩施設であるサービスエリア（SA）やパーキングエリア（PA）も観光ビジネスである。

⑥ガソリンスタンド

自動車燃料となるガソリンや軽油を販売する施設。サービスステーション（SS）と呼ぶこともある。全国でおよそ29,000店ある。（2019年）

⑦ドライブイン・道の駅

ドライブインとは道路沿いにつくられた、自動車に乗車したまま乗り入れることのできる休憩・飲食・商業施設。道の駅とは、国土交通省により登録された、休憩施設と地域振興施設が一体となった道路施設、全国に1,100箇所以

上（2019年）設置されている。

⑧駅弁屋

駅弁とは、鉄道駅や列車内で販売されている鉄道旅客向け弁当のこと。日本人の旅行には欠かせないアイテムである。空港で販売されている「空弁（そらべん）」、高速道路のサービスエリアで販売されている「速弁（はやべん）」もある。

(4) 観光地（着地）の観光ビジネス

①宿泊業

観光地（着地）の観光ビジネスの中心となる存在。旅行者に宿泊サービスや飲食サービスを提供する。旅館、ホテル、民宿、ペンション、公共の宿などがある。

②飲食店

旅行者に郷土料理などを提供するレストラン、食堂、料亭。主に酒類を提供する居酒屋、バー、ビアホールなどもある。

③土産店

地元の菓子、農水産物、加工品、民芸品などの特産物、特産品を主に扱い旅行者に販売する専門店。観光スポット周辺、鉄道駅、空港などに集中している。

④観光施設（歴史文化）

神社、仏閣、教会、城郭、庭園、武家屋敷、民俗村など文化や歴史を見学する施設。

⑤観光施設（教育）

博物館、美術館、動物園、植物園、水族館、資料館など教育的価値のある事物を観賞する施設。

⑥観光施設（娯楽）

テーマパーク、レジャーランド、遊園地、運動競技場、劇場など旅行者に娯楽を提供する施設。

⑦観光施設（レクリエーション）

スキー場、ゴルフ場、海水浴場、観光牧場など野外レクリエーション活動を提供する施設。

⑧観光施設（体験施設）

そば打ち体験、陶芸教室、農業体験施設、酪農体験施設などの体験を楽しむ施設。

⑨商業施設
アウトレットモール、観光市場などの商業施設。訪日外国人旅行者にとっては、デパート、家電量販店、ショッピングセンターなども観光ビジネスになる。

⑩地場産業
酒、味噌、醤油などの伝統的な製造現場、織物、陶器、和紙、漆器など伝統的な工芸品の工房などで見学や体験、ショッピングが楽しめる。

⑪交通運輸業
観光地内、観光地間での観光交通サービス。「二次交通」という。空港連絡バス、定期観光バス、タクシー、登山鉄道、ケーブルカー、ロープウェイ、スキーリフト、遊覧船、川下り船、観光馬車、人力車など、移動だけでなくそれ自体を楽しむものも含まれる。

⑫レンタル業
観光地についてから借りるレンタカーやレンタル自転車、レンタルバイクなどある。スキー場ではスキー・スノーボード用品のレンタル、海浜リゾートではマリンスポーツ用具のレンタルがある。

⑬旅行会社
観光地側にある旅行会社。現地発着の小旅行である着地型旅行商品やオプショナルツアー、体験プログラムなどを造成する。また、発地の旅行会社からの依頼による現地手配を行っている。

⑭観光案内所
主に観光協会などが運営しているが、民間の観光案内所もある。基本的には旅行者に対して無償で案内する。地域の情報をインターネットなどで発信している案内所もある。

⑮ガイドなど個人
観光ビジネスは企業・団体だけで行われているわけではない。専門性の高い観光サービスを提供する個人も少なくない。観光ガイド、これにはプロとボランティアがいる。さらに、通訳ガイド、登山ガイド、エコツアーのエコガイド（インタープリター）、野外活動を指導するインストラクターなどがいる。宴会

写真　ガイドの案内を聞く旅行者（出雲大社）筆者撮影

サービスを提供する芸者、コンパニオン、郷土芸能など披露するエンターテナーもいる。また、マッサージ師、エステティシャンなども観光地で活躍している。

3. 観光ビジネスの特徴

おもにサービスを提供している観光ビジネスは、さまざまな顔を持ち、他産業と異なる特徴を有している。

(1) ホスピタリティ産業

観光ビジネスは、「究極のホスピタリティ産業」だとよく言われる。そこで働く人々の接客サービスの質がビジネスの成否の決め手となる産業だからである。もちろん、機械化、IT化はあらゆる面で進められてはいるものの、旅の最終現場においては人が人にサービスを提供する「対人サービス業」という最大の特徴を持っている。

観光ビジネスである旅行業、宿泊業、飲食業、観光交通などは、主に人的接客サービスを提供する業種であり、サービスやおもてなし、ホスピタリティマインドなど目に見えない付加価値が旅行者の満足度を作り出している。

観光ビジネスは、このように質の高い労働力を多数必要とする「労働集約型産業」と言うこともできる。どの業種も人件費比率の高さが経営課題となっている。人手のかかる観光ビジネスは一方で地域での雇用効果が高いという側面もある。

(2) 平和産業

観光ビジネスに共通した特徴として、「平和産業」であることが挙げられる。この平和産業であるという意味には、ふたつの側面がある。

ひとつは、日本国内が、また世界が平和でなければ成立しないビジネスということである。人々は、戦争、紛争、テロなどが起きない平和な時に、観光を目的として旅行をする。実際、先の大戦中、経済的な問題もあるが日本人は観光を目的とした旅行はしていない。戦後、大きな意味では世界的な平和は続いているが、湾岸戦争、米国同時多発テロ、イラク戦争などが起こると、日本人の海外旅行は激減する。地域紛争や地域の治安の乱れに対しても敏感に反応し、その地域への旅行は減少する。観光ビジネスは平和な時だけに活躍するビジネスと言えよう。

ふたつ目は、国際観光においては、観光ビジネスが日本人の海外旅行や訪日外国人旅行を発展させることが、国と国との人的交流を促進し、国際的な相互理解を増進する。「観光は平和へのパスポート」と言われるように、世界平和にも貢献するビジネスであるという意味である。

(3) 国際的産業

観光ビジネスにおける、海外旅行や訪日外国人旅行は、物流ではなく人流を通しての輸入、輸出と言える。世界を舞台にしている総合商社と同様な「国際的産業」と言えよう。

大手旅行会社は海外に多くの拠点をもち、日本人の海外旅行を受入れ、海外の人々を日本に送り込んでいる。海外に拠点を持たない旅行会社も海外の旅行会社とネットワークし同様に国際ビジネスを展開している。

航空会社は海外の多くの都市への航空網を張り巡らし、日本人や外国人を運んでいる。国内のホテルはもちろん、旅館も外国人旅行者を日本特有なおもて

なしで迎えている。地域の観光地も外国人旅行者の受入整備を進めている。まさに、国際的なビジネスと言えよう。

（4）複合的産業

　観光ビジネスは、さまざまな業種・業態から成立している「複合的産業」である。この複合的産業という意味には、ふたつの側面がある。

　ひとつは、旅行者は旅行に行きたいと思い準備、出発し帰着するまで、さまざまな観光に係わる財やサービスを提供する業種に依存しなくてはならない。観光ビジネスは、多くの産業から成り立っている複合的なビジネスである。

　ふたつ目の側面は、ひとつの観光ビジネスにおいてもさまざまな業種・業態で成り立っているということである。例えば、あるリゾートホテルがある、客室での宿泊を提供するという宿泊業が本業ではあるが、レストラン、バーなどの飲食業、土産店、雑貨品など販売する小売業、プール、テニスコートなどの施設をレンタルするレンタル業、オプショナルツアーを販売する旅行業など複数業種が、宿泊客に快適に過ごしてもらうと言うコンセプトの中でひとつのビジネスとして成立している。観光施設である動物園にしても、入場料収入だけでなく飲食店、土産店、遊具施設などを併設している。

（5）立地依存型産業

　観光ビジネスである宿泊施設や飲食施設、観光施設、レクリエーション施設などは、立地条件によって競争力が決定づけられる。立地条件には大立地条件と小立地条件がある。

　大立地条件とは、観光地そのもの立地のことである。ある温泉旅館がある。その温泉旅館のある温泉地自体が、旅行者が多く居住する大都市に近いほど有利になる。また、遠くても新幹線で行けるなど、時間的な近さや利便性に優れていると有利になる。また、その温泉地に優れた観光資源、例えば風光明媚な海岸であれば、その海岸の観光的な価値が高ければ高いほど有利である。

　小立地条件とは、その観光地の中での観光ビジネスの所在地の立地のことである。その温泉旅館が風光明媚な海岸に立地している。あるいは、温泉街の中央に位置しているなどあれば有利である。その海岸から離れている、温泉街か

ら離れて行きづらいなどは不利になる。また、海岸に面していてどの部屋からも美しい海が見える。夕日が眺められる、大浴場からも海が見えるなどがあれば有利になる。

このように、宿泊施設だけでなく、観光ビジネスのほとんどは立地に依存するビジネスである。

(6) 需要変動型産業

観光ビジネスは、典型的な「需要変動型産業」でその需要の変動幅は大きい。需要変動の原因となるものは、「景気」と「季節・曜日」である。

観光ビジネスは、なによりも社会全体の景気・不景気の影響を受けやすい。旅行者となる消費者の可処分所得や休暇取得が直接影響するが、実際には社会全体の景気感が需要に強く影響する。

もう一つが観光ビジネスの最大の課題である「季節・曜日」による需要の変動である。旅行は一般的に季節のよい時期がシーズンと言われるが、ピーク期はゴールデンウィーク、夏休み、年末年始となる。働く人や小中学生が比較的長期に休みの取れる時期に集中している。寒く、雪も降る冬はいずれの地域にとっても需要が低下しオフシーズンとなる。

季節変動とともに深刻な現象が曜日変動である。サラリーマンの多くと小中学生が週末の土日が休日と定められていることから、旅行は週末および祝祭日とその前日（休前日）に集中し、観光ビジネスが多忙となるが、一方平日はガラガラの状態になる。対応する人の雇用、配置が極めて難しいのが観光ビジネスの実態である。

さらに時間帯によっても需要が変動する。観光交通にとっての課題となる。自宅からの出発に適した9〜10時は需要が高まり、復路となる観光地からは16〜17時前後に集中する。いずれも早朝や深夜は需要が下がる。

(7) 装置産業

観光ビジネスの中で、旅行者が最も多額の消費を行う、旅館・ホテルなどの宿泊業やテーマパーク、スキー場などの観光レクリエーション施設、さらに鉄道、航空などの観光交通は、サービスを提供するために巨大な装置が必要とす

る「装置産業」である。多額の初期投資を必要とすることから「資本集約型産業」と言うことができる。

　例えば、ホテルの場合、土地の取得費用、造成費用、建物の建築費用、家具調度品の購入費用、庭や駐車場などの環境整備費用など数十億円、数百億円の初期投資が必要である。それを毎日の宿泊費、飲食費から得た収益により、何十年もかけて回収する。観光ビジネスの一部は何十年分の商品を一度に仕入れてしまうという不動産業的側面を持つ。

4. 観光ビジネスの商品の特徴

　観光ビジネスの商品のほとんどは、「人的サービス」である。それゆえに、ホスピタリティ産業と言われている。人的サービスは形のある財の商品とは異なり次のような特徴がある。

①無形性
形がなく目に見えない、手に取れない、事前に体験できない。

②同時性
サービスの提供（生産）とサービスの享受（消費）が同時に行われる。したがって、生産と消費を切り離すことができない。

③消滅性
サービスは形がないので品物のように在庫することができない。また、返品、交換が不可能である。

④不均質性
マニュアルがあり教育されていてもサービスを提供する人や時、場面によりその質は均一にはならず異なる。

⑤評価の不安定性
旅行者のサービスに対する評価は、旅行者の属性、ライフスタイル、旅行経験や好き嫌いなどの感情も入り異なってくる。

⑥ホスピタリティの重要性
サービスを提供する人の行動・態度だけではなくホスピタリティマインドによって旅行者の満足度に大きな差がでる。

5. 観光ビジネスの需要変動対策

　観光ビジネスにとっての最も大きな課題は需要変動である。特に季節、曜日の需要変動の幅は大きく、それに対する対策が必要不可欠である。オフ期の集客を底上げし、オフ期そのものを解消し、年間を通じて安定的に旅行者を確保することが必要である。次のような対策が取り組まれているが、国民の休日・休暇制度と密接に関係しており、決定打といえるものはない。

(1) 価格対策

　オンシーズンとオフシーズン、週末と平日、それぞれの価格に差をつけ、需要を平準化させることである。宿泊業、観光交通、それらを旅行素材として造成された旅行会社のパッケージツアーなどすでにこの価格対策が採用されており、一定の効果が現れている。

　とくに観光地に立地する旅館は季節と曜日により何段階にも分け価格設定をしている。航空会社なども季節と曜日に対応し便ごとの運賃を設定している。国内旅行だけでなく、海外旅行においても、例えば、日本人だけでなく世界的に需要が高まる夏休みなどはパッケージツアー代金が高額になる。逆にオフ期には極端な低価格設定、割引、特典の付与なども行われている。

(2) ターゲット対策

　一般のサラリーマンは夏休み、ゴールデンウィーク、年末年始以外での長期取得は難しく、曜日的にも平日を利用した旅行は困難である。小中学校などに通う子供がいる家庭での家族旅行は学校の休みと合わせざるを得ない。そこで、オフシーズンや平日でも旅行を出来る層をターゲットとして誘客をすることが考えられる。

　この最大のターゲットは、人口のボリュームが大きなリタイヤした高年齢層である。いわゆる「団塊の世代」である。時間と経済的な余裕もあり、何よりも元気で旅行好きな人が多い世代でもある。実際に夫婦旅行が多く、今日の観光市場をリードしている。子育ての終わった中高年の専業主婦も友人たちやサークル活動の仲間たちとのグループ旅行など、オフシーズンや平日の誘客が

可能であろう。

　旅行費用が高くなる時期を避ける傾向にある大学生も学業があるものの休暇期間が長く、夏休み期間中である9月や冬休み、春休みに旅行に出かけている。また、農業従事者は農閑期がある。農閑期は一般的には観光のオフシーズンとなる冬季である。農閑期に温泉旅行や海外旅行などを勧めると効果がある。

　このように、ライフスタイルや職業などにより、必ずしもオンシーズンや週末の旅行にこだわらない層もある。これらのターゲットを探し、彼らのニーズに合わせた商品・サービスを工夫し、的確にアプローチする必要があるだろう。

(3) インバウンド対策

　確実に増加する訪日外国人旅行者を誘客することはそもそも大きな課題であるが、季節や曜日による需要変動の対策としても期待が寄せられている。

　世界的に観光シーズンとなる夏休みに訪日外国人旅行者は多くなるが、季節変動は少なく年間を通して訪日している。しかも、来日してからの観光行動は週末、平日の曜日には全くとらわれない。つまり、来日した外国人旅行者にとっては週末の混雑よりゆっくりと楽しめる平日が好まれる。

　台湾や中国などでは旧正月が祭日で長期休暇がとられている。旧正月は1月下旬から2月上旬で毎年移動し、国によっても違うが、この時期、日本の観光にとってはオフシーズンである。この旧正月は東アジア、東南アジアの多くの国が休日にしている。実際にこの時期に数多くの中華系アジア人が日本を訪れている。

　雪を見たことのない南の国の人々にとって雪は憧れのようである。オフシーズンである冬季に台湾や香港、タイさらにハワイなどから北海道などに雪を求めて訪れている。季節の逆転する南半球のオーストラリアからは、日本の冬のスキーを楽しみに彼らの夏休みに訪れてくれる。

　このように、季節や休日・休暇制度の異なる外国から日本のオフシーズンに旅行者を誘致することは重要な要素となる。魅力ある受入体制を用意する必要がある。

(4) イベント対策

昔、寒く雪の多い北海道の冬はオフシーズンで訪れる人は少なかった。しかし、そこに登場したのが「さっぽろ雪まつり」であった。最大の弊害であった雪を最高の観光資源としたのである。現在では、多くの海外からの旅行者を含め240万人（2014年）の来場者を得ている。このイベントをきっかけに、食も美味しくなる冬も北海道旅行のシーズンとなった。

イベントにはこのような集客効果がある。スキー場で夏季に開催されるジャズフェスティバルや、温泉地で平日に開催する映画祭、島でオフシーズンに開催するスポーツ大会などすでに多くの実践例がある。

さらに国際大会や学会、展示会、見本市なども季節、曜日を必ずしも選ばない。日本全体の観光需要の平準化を考えるとそれらの開催、誘致は大きなポイントと言えよう。

(5) 観光資源対策

すでに「さっぽろ雪まつり」の事例を挙げたが、オフシーズンにその地にある観光資源を工夫してアピールすることにより、オフシーズンの来訪を拡大する可能性がある。

寒冷地での観光のマイナス要素であった雪や氷を新たな観光資源にした例は多い。横手（秋田県）の雪を使った伝統的な行事「かまくら」や知床（北海道）の「流氷ウォーク」さらに、津軽地方（青森県）での「地吹雪体験ツアー」など、国内だけでなく雪が珍しい海外からも旅行者を集めている。

もともと、多くの日本人の好物であるカニ料理は旬が冬である。北陸や山陰などはオフシーズンであった冬季にカニ料理や冬ならではの旬の魚介類で集客に成功している。日本の食、とくに魚介類は冬に旬を迎えるものが多い。カニの他、フグ、アンコウ、寒ブリ、ノドグロなどである。また、郷土料理に多い鍋料理も冬がよい。

今まで観光資源と考えられなかった地域資源も、工夫することによりオフシーズンの観光資源として評価され新たなる旅行者を呼ぶ可能性が十分にある。

6. 観光ビジネスと地域

観光ビジネスの多くは、旅行者が観光行動を実際にする観光地である地域に立地している。観光ビジネスと地域との係わりは深く、地域への経済や地域の自立に大きな役割を果たしている。

(1) 観光ビジネスの地域経済効果

観光ビジネスの多くは観光地側に立地している。旅館・ホテルなどの宿泊業や飲食業、土産品店、観光施設などからの収入がその地域の経済や雇用に大きな影響を及ぼしている。特に、宿泊業は観光消費に大きな比率を占めており、宿泊業を振興することは地域の経済や雇用にとって大きな効果がある。

宿泊業である旅館・ホテルでは、宿泊に伴う家具、調度品の調達、清掃、クリーニング、飲食に伴う調理器具、食器、食材、加工品、飲料、さらに菓子、民芸品などの土産品、それらの生産、輸送など多くの地域産業が日常的に係わっており、これらの産業の収益も観光旅行が生み出す経済効果である。特に、朝夕の食事に使用される食材はその地域で生産されるものが多く、第一次産業への波及効果は無視ができない。経済効果は地域内で生産される農産物、水産物、加工品や卸売り、流通、保険など事業者間の取引にも大きな波及効果をあたえる。

また、飲食業や土産品販売業においても、地元の食材や地元の原材料から加工される菓子、食料加工品、民芸品などの土産品の仕入れを通して、その土地の農業、漁業、林業、加工業、地場産業などと深く関係している。観光ビジネスが経済波及効果の大きい「裾野が広い産業」と言われる所以である。

(2) 観光ビジネスと地域の第1次・第2次産業

以前は地域の農業、漁業、林業などの第1次産業や製造業などの第2次産業は、観光とは縁の遠い存在で、地域観光との係わりは消極的であった。

しかし、例えば地域の農産物や海産物などは、旅行者が旅館・ホテルや飲食店でそれを味わい、気に入り、地域で土産として購入するばかりでなく、旅行後も自宅から取り寄せるという購買スタイルが定着してきた。そのなかには、

強力な地域ブランド商品となるものも生まれてきた。

　第1次産業者も積極的に観光に係わり始めている。農業公園や観光農園での体験プログラム、市場の旅行者への開放、産地直売所の設置などである。さらに、農村民泊、漁村民泊など宿泊を提供することも始めている。

　第2次産業も同様に観光に係わり始めている。農産物や海産物の加工工場は工場見学と飲食サービスの提供により集客するとともに製品のPRをしている。地場産業もその現場を旅行者に開放し、工場見学だけではなくものづくり体験などにより旅行者を迎え入れている。

　第1次・第2次産業の従事者や団体組織が観光ビジネスの主体として登場してきたのである。そして、観光行政や観光事業者と連携をはじめ地域の観光振興に取り組み始めている。

(3) 観光ビジネスと地域文化

　地域の観光ビジネスの活発化は、地域において観光ビジネスに係わる人々の底辺を広げる。その結果、地域住民と旅行者との交流による相互理解の促進、地域住民の愛着と誇りの醸成、地域の魅力、観光資源の再評価などが実現していく。

　観光ビジネスは、地域経済を元気にするだけでなく、地域文化を再生、活性化させる。例えば、地域の観光ビジネスが地域の祭りや芸能を大きな観光資源に育て、地域外の旅行者の評価が向上していき、その拡大定着の中で人手が必要となる。そんな状況の中で、伝統を熟知している高齢者の役割ができる、またその地域文化で育った若者のUターンが起こる。高齢者の知恵が地域文化を再生させ、その若者たちが地域の文化の継承者となる。観光ビジネスは、地域の自立と地域アイデンティティの確立のための大きな役割を果たす可能性がある。

第8章　旅行業ビジネス

1. 旅行会社

　観光ビジネスの中で旅行者に近い市場に立地し、旅行者の旅に係わるさまざまな便宜をはかるビジネスをしているのが旅行業であり、一般的には旅行会社と言われる。旅行会社とその役割を解説する。

(1) 旅行会社とは

　旅行会社とは、旅行に出かけようとしている消費者に代わって事前に交通運輸機関、宿泊施設、観光施設などの予約・手配の仲介、また自社で企画造成した旅行商品を販売する会社のことである。以前は「旅行代理店」「トラベルエージェント」と呼ばれていたが、今日では「旅行会社」が一般的である。

　旅行会社には、大きく分けてふたつの役割がある。ひとつは消費者に代わって事前に交通運輸機関、宿泊施設、観光施設などの予約・手配をする仲介業である。いわゆる代理店業であり、そのことから旅行代理店と呼ばれていた。しかし、今日ではもうひとつ大きな役割を果たしている。自社で企画造成した旅行商品、すなわちパッケージツアーを販売することである。1970年代頃よりパッケージツアーは国内旅行、海外旅行問わず旅行会社の主力商品となっている。自社で作られた旅行商品を販売する比重が高まり、旅行会社という呼び方が定着していった。

　また、今日では旅行商品の仲介や販売だけでなく、旅行に係わる全てのサービスやサポートを提供している。例えば、旅行の相談、旅行保険の販売、旅行図書の販売、旅行積立、パスポートやビザ取得のための申請手続き代行など多岐にわたっている。

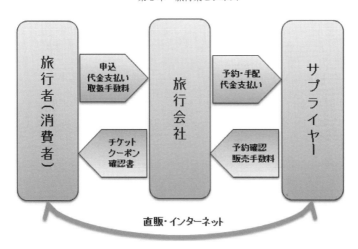

図8-1　旅行会社のポジショニングとサービス・お金の流れ（仲介）

(2) 旅行会社の基本ビジネスモデル

　図8-1は、旅行会社のポジショニングとサービス・お金の流れを表したものである。旅行会社は、旅行をする消費者とさまざまな観光サービスを提供する「サプライヤー」の中間に位置している。サプライヤーとは、観光サービスの供給者、すなわち交通運輸機関や宿泊施設、飲食施設、観光施設などのことである。

　旅行商品を仲介する基本的な流れは次のようになる。まず旅行者が旅行会社に、例えばあるホテルの予約を依頼し宿泊代金と定められた取扱手数料を支払う、旅行会社はホテルを予約しホテルに宿泊代金を支払う。ホテルは旅行会社に予約を確約し所定の販売手数料を支払う。旅行会社は旅行者に予約確認のためのクーポンなど（近年はクーポンレス化が進んでいる）が手交される。通常、この取引は専用の予約コンピューターを使って瞬時に行われている。

　この仲介業務のモデルは国内旅行でも海外旅行でも同様で、旅館・ホテルなどの宿泊施設、鉄道、航空、バス、船舶などの運輸交通機関、飲食施設、観光施設についても同じである。つまり、旅行会社は旅行者とサプライヤーの間に立ってそれぞれの便宜、つまり旅行者に対しては「代わりに予約してあげた」、

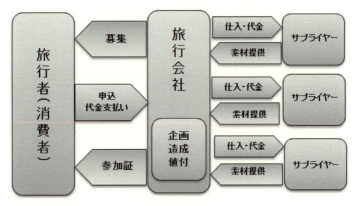

図8-2　旅行会社のポジショニングとサービス・お金の流れ（パッケージツアー）

サプライヤーに対しては「代わりに売ってあげた」という関係になり、旅行者からは取扱手数料、サプライヤーからは販売手数料をそれぞれ受け取り、これが旅行会社の収入となっている。

　しかし、近年インターネットが普及し、旅行に関する情報が容易に入手できるようになった。宿泊施設の予約や鉄道、航空の座席の予約もインターネットで簡単に確実にできるようになった。国内旅行に関しては、宿泊や鉄道、航空などの予約は旅行会社を通さなくても済む時代になり、その傾向は加速している。宿泊や鉄道、航空が旅行会社を通さずに旅行者に直接販売することを「直販」という。また、このように旅行会社が素通りされている現象を「バイパス現象」と呼ぶ。旅行会社にとって大きな課題となっている。また、国際航空会社は旅行会社への販売手数料を廃止し始めている。

　図8-2は、旅行会社の独自の商品であるパッケージツアーにおける、旅行会社のポジショニングとサービス・お金の流れを表したものである。旅行会社は、自ら旅行を企画しそれに必要な旅行素材を、宿泊施設、交通運輸機関、観光施設などのサプライヤーから仕入れる。その代金は仕入れの交渉により決まる。旅行会社はその旅行素材を組み合わせ、旅行商品を造成し、自らの収入を確保し値付けする。旅行会社は消費者に対して募集をかけ、消費者は気に入ったコース、納得いく価格のパッケージツアーに申込み、旅行代金を払い、参加証のようなものが手交され、旅行当日を迎える。

このようにパッケージツアーは旅行会社独自の商品であり、旅行会社が存続、発展するための大きな商品として今日も成長、進化している。しかし、すべての旅行会社がパッケージツアーを企画造成しているわけではない。

2. 旅行会社の必要性

インターネットの普及により旅行に係わる予約手配が容易になり、旅行会社の必要性が問われる時代になっている。しかし、今日においても旅行会社は数多くあり日本のさまざまな観光シーンで大きな存在感を示している。旅行会社は、旅行者にとって必要なものであり、サプライヤーにとってもその必要性は高い。

(1) 旅行会社の旅行者にとっての必要性
①安心感
旅行会社を使う最大のメリットは安心感であると多くの旅行者が言う。確かに、形がなく、手にとって見ることができず、事前に体験できない旅行商品には常に不安がつきまとう。旅行会社はプロとして旅行商品や旅行の素材を選んでくれ、当たり外れが少ない。また、利用者の評価情報もデータ化され、信頼度は高い。パッケージツアーにはさまざまな保証もついている。

②ワンストップ
宿泊、鉄道、航空、バス、レンタカーなど、それぞれ異なった会社や施設の予約・手配はインターネットの発達した今日でも、手間がかかり面倒なことである。その作業を旅行者が希望を伝えるだけで最適な予約・手配を旅行会社は対応してくれる。まさに、ワンストップ、1回の利用で完了することができる。

③経済性
個人が宿泊施設や交通運輸機関などを組み合わせて、個別に予約・手配し購入した旅行と比べると、旅行会社があらかじめ用意しているパッケージツアーの代金の方が一般的には安い。旅行会社の利用は経済性に優れているといえる。パッケージツアーの旅行代金が低価格になるのは、客室や座席などの大量仕入れ、安定的仕入れのメリットによるものである。

写真　旅行会社のカウンター　筆者撮影

④利便性

　旅行会社は店舗数が多く、駅前や商業施設内など立地の良いところにある。土日営業も行われており、仕事帰りや休日に立ち寄ることができる。また、電話での対応もあり、支払いもクレジットカードが利用できるなど、その利便性は高い。

⑤情報力

　インターネットの普及により、旅行情報や観光地情報などの入手は容易になったが、旅行会社にある情報は常に最新で信頼度が高い。とくに、入手が難しい詳細な海外情報については最も信頼できる。さらに、膨大な利用者アンケートがデータ化されており、宿泊施設などの評価情報は貴重である。

⑥人的サービス

　旅行会社のカウンタースタッフや営業マンは、旅行に関する専門的な知識を有し、きめ細かく相談にのってくれる。インターネットにはないコンサルタント機能である。また、旅先では添乗員がサービスを提供してくれ、海外旅行では現地スタッフがさまざまな現地情報を提供し、トラブルの対応もしてくれる。

⑦付帯サービス

　特に海外旅行においては、渡航手続きの書類作成、旅行保険の付保、外貨両替、クレジットカードの発行など、さらにスーツケースや携帯電話のレンタル、手荷物の宅配などの手配まで行ってくれる。

(2) 旅行会社のサプライヤーにとっての必要性

①販売チャネルの拡大

　旅行会社と契約することによって、サプライヤーは自社以外の販売窓口を持つことになる。鉄道会社は駅に販売窓口はあるが市中にはない、航空会社も大都市に店舗があるのみである。ほとんどの宿泊施設は販売窓口を持っていない。しかも、旅行会社は旅行者となる消費者の近くに立地している。サプライヤーにとって販売窓口が拡大されるメリットは大きい。

②予約の確実性

　宿泊施設など、直接電話やインターネットで予約した旅行者が当日連絡なく来ないことがある。これは「ノーショウ」と呼ばれ、宿泊施設の抱える大きな課題である。旅行会社を利用した予約のノーショウ率やキャンセル率は低い。また、旅行会社があらかじめ代金を収受しているので、キャンセルされた場合でもキャンセル料が補償される。

③旅行商品造成

　サプライヤーの提供するサービスは、旅行者から見ると旅行の一部である。サプライヤーは旅行全体を企画したり造成したりすることができない。例えば、高級な旅館はそれなりの交通機関、食事などが手配された優雅な旅を味わってもらいたい。そんなことを旅行会社はパッケージツアーという形で表現することができる。また、パッケージツアーが造成され初めて注目される宿泊施設などもある。

④需要喚起

　鉄道会社や航空会社など大企業は別にすると、宿泊施設などのサプライヤーは独自の広告宣伝、とくに大消費地に向けた広告宣伝はほとんどできない。旅行会社はサプライヤーの施設やサービスが掲載されたパンフレットなどにより各店舗でサプライヤーに代わってプロモーションを展開している。特に、特定地域のキャンペーンは効果を発揮する。また、例えば、旅行会社は学校という特定マーケットに対しては修学旅行を受け入れたい宿泊施設のアピールをする。

⑤需要変動緩和

　最もサプライヤーが旅行会社の必要性を感じ、期待しているのが、オフシー

ズン、平日の需要の喚起と送客である。ピーク期や週末は旅行会社の力を借りなくても良いが、オフシーズン、平日には助けが必要であるというサプライヤーは多い。逆に、旅行会社もピーク期や週末の客室、座席確保の意味もあり、サプライヤーの期待に応えようとしている。修学旅行や各種団体旅行を平日に送り込んだり、オフシーズンや平日の特典付きのパッケージツアーを企画したりしている。

3. 旅行会社の種類

旅行会社は全国に1万社以上あり、10万人以上の人が働いている。ひとくちに旅行会社といってもさまざまな位置付けや形態、業態がある。また、旅行会社を営むには、観光庁長官または都道府県庁の登録が必須であり、各営業所に1名以上の「総合旅行業務取扱管理者」「国内旅行業務取扱管理者」の資格を持つ者の選任と常駐が必要となる。

(1) 旅行業法による分類

旅行会社は、旅行業法上、取り扱い可能な業務の内容によって、5つに分類される。業務内容とはパッケージツアーの企画・実施の有無である。それぞれ、基準資産額、供託金（営業保証金）、登録先行政機関が定められている。表8-1のように旅行業者数は推移している。第2種旅行業者のみ増加傾向にあり、第1種旅行業者と旅行業代理業者の減少が続いている。全体の数は微減状態である。

表 8-1　旅行業者数の推移

	第1種旅行業者	第2種旅行業者	第3種旅行業者	地域限定旅行業者	旅行業者代理店業者	合計
2015年	697	2,776	5,524	77	810	9,884
2016年	708	2,827	2,668	118	779	7,100
2017年	704	2,914	5,789	144	750	10,301
2018年	688	2,980	5,816	200	706	10,390
2019年	691	3,022	5,803	267	675	10,458

出典：『数字が語る旅行業 2020』日本旅行業協会 (2020) 資料：観光庁

①第1種旅行業者
　海外・国内の募集型企画旅行（パッケージツアー）の企画・実施、海外・国内の受注型企画旅行の企画・実施、海外旅行・国内旅行の手配及び他社の募集型企画旅行の代売を行うこと。
②第2種旅行業者
　国内の募集型企画旅行の企画・実施、海外・国内の受注型企画旅行の企画・実施、海外旅行・国内旅行の手配及び他社の募集型企画旅行の代売を行うこと。
③第3種旅行業者
　国内・海外の受注型企画旅行の企画・実施、国内・海外旅行の手配及び他社の募集型企画旅行の代売を行うこと。また、実施する区域を限定（出発地、目的地、宿泊地および帰着地が営業所の存する市町村、それに隣接する市町村など）し、国内の募集型企画旅行の企画・実施が可能。
④地域限定旅行業者
　第3種旅行業者同様、実施する区域を限定し、国内の募集型企画旅行の企画・実施が可能。また、受注型企画旅行についても、募集型企画旅行が実施できる区域内で実施が可能で、手配旅行も同様の区域内の取り扱いが可能。
⑤旅行業者代理業者
　他社の旅行商品を他社のために代理して販売する旅行業者。企画旅行を実施することはできない。業務範囲は、所属旅行業者と締結した旅行業者の範囲内となる。
　①の第1種旅行業は観光庁長官の、②〜⑤は各都道府県知事の登録を受けなくてはならない。

(2) 営業形態による分類
　旅行会社は、その主な取扱業務によって次のように分類できる。なお、①〜⑤は、販売対象を一般消費者をとした旅行会社（BtoC）であり、⑥〜⑨は他の旅行会社をビジネスの対象とした旅行会社（BtoB）である。
①総合旅行会社
　パッケージツアーの企画・実施から、個人旅行手配、団体旅行、教育旅行、インバウンドなど、すべての旅行販売、旅行営業をしている旅行会社。広範な

地域に販売ネットワークを有する旅行会社が多い。JTBや近畿日本ツーリスト、H.I.S.などがこれにあたる。

②リテーラー

他社のパッケージツアーの販売や、個人手配旅行を主に取り扱う小売専門会社のことである。第3種旅行業者の多くはこのリテーラーである。広範囲に店舗ネットワークを持つものや、海外の特定地域のみを取り扱うものなどもある。

③メディア販売旅行会社

新聞広告や組織会員を通じて自社の企画実施する国内・海外のパッケージツアーをコールセンターと呼ばれる電話受付箇所にて販売する会社。

④インターネット販売旅行会社

国内旅行宿泊や海外旅行素材を中心に、インターネットの自社サイトのみで販売する会社。急速に取扱いを伸ばしている旅行会社である。楽天トラベルやじゃらん、一休などがこれにあたる。「オンライン・トラベル・エージェント」とも呼ばれる。

⑤インハウス

海外とのやり取りの多いメーカーや商社が、主に自社の社員の業務旅行の手配を業務とする会社。「インハウスエージェント」とも呼ばれる。

⑥ホールセラー

国内・海外のパッケージツアーを企画実施し、原則的には他の旅行会社に販売を委託する卸売専門会社。大手総合旅行会社や航空会社のホールセール部門として分社化された会社が多い。「ルックJTB」のJTBワールドバケーションズ、「ジャルパック」のジャルパックなどである。

⑦ランドオペレーター

海外旅行の地上手配を行う会社。地上手配とは、宿泊、食事、観光、送迎、ガイド手配などのことである。旅行会社の依頼を受けて行う。「ツアーオペレーター」とも呼ばれることもある。

⑧ディストリビューター

海外の航空座席や宿泊客室を旅行会社に卸売する会社。航空券と宿泊をセットしたユニット商品を販売するところもある。

⑨添乗員派遣会社

国内・海外のパッケージツアーや団体旅行の添乗員を旅行会社に派遣する会社。添乗員の多くは旅行会社の社員でなく、このような派遣会社に所属する「プロ添」とよばれる専門スタッフである。

(3) 系列による分類

旅行会社は、その資本系列や設立の背景から表8-2のように分類することができる。例えば、私鉄系であればもともとは私鉄沿線の観光地への送客が目的で設立された。航空系であれば自社航空利用のツアー商品の造成、流通系であれば顧客サービスのための品揃え、マスコミ系であれば自社媒体を活用した集客が目的であった。しかし今日では、設立当初の目的は希薄になり、一般の旅行者の獲得がメインとなり、それぞれの特色は薄れてきている。

表8-2 旅行会社の系列による分類

系列	代表的な旅行会社
旧国鉄系	JTB、日本旅行、びゅうワールド、JR東海ツアーズ
私鉄系	近畿日本ツーリスト、阪急交通社、西武トラベル、西鉄旅行
航空系	ジャルパック、ANAセールス
物流系	日通旅行、郵船トラベル、日新航空サービス
流通系	伊勢丹トラベル、三越トラベル
マスコミ系	朝日旅行、読売旅行、トラベル日本
その他系	農協観光、国際ロータリー旅行、エヌオーイー
インハウス系	エムオーツーリスト、日立トラベルビューロー、東芝ツーリスト
独立系	H.I.S.、ワールド航空サービス、ニッコウトラベル、沖縄ツーリスト
外資系	ダイナスティーホリデー、クラブメッド

4. 旅行会社の旅行商品

旅行業ビジネスを理解するためには旅行会社の位置づけと活動を理解するとともに、旅行会社が取り扱っている旅行商品について理解を深めなくてはならない。

(1) 旅行商品とは

旅行商品とは、最広義では旅行に際して必要となるモノやサービス全てを指す。広義では、パッケージツアー、JR・私鉄・バス・航空・宿泊・観光施設などのチケットやクーポン、また旅行用品、旅行保険、トラベラーズチェックなど、旅行会社が取り扱っている商品全てのことを言う。

狭義には旅行素材に企画性、旅程の保証、独自の付加価値を付け、自らが値付けした旅行会社独自の商品であるパッケージツアーのことを指す。

(2) 旅行業約款による分類

旅行者と旅行会社の取引については「標準旅行業約款」によって定められている。標準旅行業約款とは、登録行政庁が認可をするに当たり、認可基準を明確にし、また認可事務の簡素化を図るため望ましい約款の雛形として公示されたものである。この約款の中では旅行商品を次の5つとし、その取引を規定している。

①募集型企画旅行契約

旅行会社が旅行の目的地・日程・運送・宿泊などのサービス内容および旅行代金を定めた旅行計画を作成し、自らの計算において運送機関などのサービス提供者と契約を締結し、旅行商品を作成してパンフレットや新聞広告などで参加者を募集して実施する旅行商品のことを指す。いわゆる「パッケージツアー」のことである。旅行会社には「旅程保証」責任があり、旅行内容が変更になった場合には変更補償金が支払われる。また、不慮の事故などによる損害には「特別補償」が適用され補償金が支払われる。

②受注型企画旅行契約

旅行会社が旅行の目的地・日程・運送・宿泊などのサービス内容および旅行代金を定めた旅行計画を作成し、自らの計算において運送機関などのサービス提供者と契約を締結して旅行商品を作成して販売する旅行商品で、旅行会社が旅行者の依頼により旅行計画を作成して実施する旅行商品のことを指す。学校の修学旅行や企業の職場旅行やインセンティブツアーなどがこれにあたる。募集型企画旅行同様に「旅程保証」「特別補償」が適用される。

③手配旅行契約

旅行会社が旅行者の委託により、旅行者が運送・宿泊機関などのサービスの

提供を受けることができるように、旅行者のために手配する旅行商品。計画の意思決定は旅行者が行う「オーダーメイド旅行」である。

④渡航手続代行契約
パスポートやビザなどの取得に関する手続き、出入国書類などの作成の代行業務とその関連業務のこと。手続き代行業務は有料で行われるため旅行商品のひとつとされている。

⑤旅行相談契約
旅行者が旅行計画を作成するために必要な助言、旅行計画の作成、旅行費用の見積もり、旅行地に関する情報提供などのコンサルテーション業務のこと。基本的には有料であるため旅行商品のひとつとされているが、実際には無料のサービスで行われていることが多い。

(3) 旅行会社による分類
旅行会社が取り扱う旅行商品としては、一般的に旅行会社は次のように分類して販売することが多い。

①パッケージツアー
旅行業約款上は募集型企画旅行商品である。旅行会社が独自に企画造成し実施する主力商品である。また、ほとんどの旅行会社では他社のパッケージツアーも販売している。

②個人旅行
旅行者の依頼に基づいて手配する個人の旅行。航空や宿泊など単体の商品は「単品」と呼ばれ、鉄道、航空、宿泊などを組み合わせた旅行のことを「総合旅行」と呼ぶ。

③団体旅行
企業の実施する職場旅行、インセンティブ旅行、報奨旅行や組合やサークルの親睦旅行、宗教団体などの旅行である。旅行業約款上は受注型企画旅行商品となる。こうした団体を組織する企業などの顧客を「オーガナイザー」と呼んでいる。

④教育旅行
中学校や高校で実施される修学旅行の他、遠足、林間学校、臨海学校、語学

研修旅行、ホームステイ、海外フィールドワークなど教育機関で実施される旅行である。近年、海外修学旅行も増加している。

⑤業務旅行

国内・海外への業務出張旅行のことで「ビジネストリップ」とも言われる。商談や取引の他、会議出席、視察旅行、研修旅行などがある。近年、出張業務を包括的に請け負う「BTM（ビジネス・トラベル・マネージメント）」という業態ができている。

⑥インバウンド

訪日外国人旅行の日本国内の旅行を手配・実施する業務。海外の旅行会社から見ると「ランドオペレーター」業務である。外国人旅行者向けのパッケージツアーを企画実施している旅行会社もある。

⑦旅行関連商品

旅行保険、外貨両替、トラベラーズチェック、旅行積立、旅行図書、旅行土産品、旅行用品など旅行に関連するサービスやグッズのことである。JTBではこれら商品群を「TRS商品（Travel Related Services）」と社内で呼称している。

5. パッケージツアー

旅行商品とは、狭義の意味では旅行会社の独自商品であるパッケージツアーのことを指す。そのパッケージツアーの概要を見ていく。

(1) パッケージツアーとは

旅行会社が出発地（集合場所）から帰着地（解散場所）までの全旅程を管理する形態の旅行商品である。旅行会社自らが企画し、旅行素材を仕入れ造成、値付けし、パンフレットや新聞広告、インターネットなどで告知・宣伝し募集する旅行会社のオリジナル旅行商品である。旅行業約款上は募集型企画旅行となる。

品質管理され、販売の手間もかからず、収益性の高い商品なので、どの旅行会社も販売に力を入れている最主力商品である。

(2) パッケージツアーの商品特性

パッケージツアーには、旅行商品全体に見られる商品特性が顕著に現れている。次のような商品特性がある。

①無形商品

パッケージツアーは、そのほとんどがサービスで構成されている。形のない、目に見えない、事前に体験することのできない商品である。そのため、パンフレットなどでは美しい写真をふんだんに使い、その商品内容をアピールしている。

②在庫不可能

形のある商品と異なり、在庫ができない時間消費型の商品である。パンフレットには膨大な量のコース、出発日が記載されているが、企画造成されたパッケージツアーの多くは実施されずに終わっている。

③シーズナリティ

季節、曜日により同一内容の設定のツアーでも価格が大きく変動する商品である。それは、パッケージツアーの素材となる宿泊、交通の価格体系にシーズナリティが存在するからである。

④パテント不在

どんなに優れた独創的な旅行企画であっても特許が取れない。したがって、旅行者の支持を得て人気となったコースはすぐに他社が類似商品を企画し造成する。低価格競争に陥りやすい宿命を持つ商品である。

⑤ブランド価値

パッケージツアーの多くはブランド名を付けている。ブランド名は旅行者を惹きつけ、販売に寄与する効果を有している。ブランドが価値を持つ旅行商品である。

(3) パッケージツアーのメリット

パッケージツアーは実際多くの旅行者が利用している。海外旅行においては、FITが増えているもののパッケージツアーのシェアは極めて高い。国内旅行においても、旅行者は気がつかぬうちにパッケージツアーを利用している。宿泊のみの「宿泊プラン」も実は現地集合・現地解散型のパッケージツアーである。パッケージツアーが利用されるのは次のような多くの旅行者にとってのメリッ

トがあるからだ。

①利便性

　パッケージツアーの最大のメリットは、旅行に不可欠な交通、宿泊、観光、食事などがあらかじめ手配され、確実に予約されていることである。これは旅行者にとってのメリットであるが、販売する旅行会社スタッフにとっても簡単な操作で予約が完了するという大きなメリットとなっている。

②安心感

　旅行会社の専門チームの経験とマーケティング、高い情報収集から企画・造成されたパッケージツアーは当たり外れが少なく安心感がある。また、業法上の旅程保証、特別補償か適用される。

③経済性

　個人で個別手配するよりもパッケージツアーの代金の方が一般的には安い。パッケージツアーは経済性に優れていると言える。パッケージツアーの旅行代金が低価格になるのは、客室や座席などの大量仕入れ、安定的仕入れのメリットによるものである。

④快適性

　添乗員付きのパッケージツアーは人的サービスがあり快適性が確保されている。添乗員なしのパッケージツアーであっても現地ガイド、現地係員の対応がある。海外での多くの都市にはツアーデスクがあり日本語スタッフがいる。

⑤選択性

　以前のパッケージツアーには自由度が少なかったが、近年は、デスティネーション・価格・宿泊施設・食事など幅広い設定があり、選択性に優れている。

（4）パッケージツアーの構成要素による分類

　パッケージツアーは、旅行の構成要素により大きく、3つに分けることができる。

①フルパッケージ

　宿泊、交通、観光、食事などセットされているパッケージツアー。出発地（集合場所）から帰着地（解散場所）までの全旅程に添乗員が同行するのが基本形である。添乗員は同行しないが到着の空港から現地滞在中スルーエスコートや

現地ガイドが対応するツアーも含まれる。国内・海外ともに周遊旅行、熟年旅行などに多い。特殊なデスティネーションを訪れるSITはフルパッケージが多い。

　②スケルトンパッケージ

　往復航空や列車と宿泊、駅・空港送迎のみセットされたパッケージツアー。「フリープラン」と呼ばれることも多い。海外ではロンドン、パリ、ニューヨークなどの一都市滞在型ツアーに多い。国内旅行では沖縄や北海道ツアーに見られる。近年のパッケージツアーの主流である。

　③ダイナミックパッケージ

　上記のパッケージツアーとは全く異質な、Web上で完結する新しいタイプのパッケージツアーである。航空機をはじめとする交通手段とホテルなどの宿泊施設を、所定の範囲内で自由に選択でき、自由でダイナミックな旅程を可能にする旅行商品である。価格も毎日変動するシステムとなっている。

(5) パッケージツアーの販売方法による分類

　パッケージツアーは、旅行の販売方法により大きく、2つに分けることができる。

　①ホールセール商品

　ホールセラーや総合旅行会社のホールセール部門が企画・実施するパッケージツアーで、自社および他社に委託して販売するパッケージツアー商品。一般の旅行会社の主力商品である。海外パッケージツアーのジャルパック、ルックJTB、ホリデイ、マッハ、国内パッケージツアーのエースJTB、メイト、赤い風船などである。

　②ダイレクトセール商品

　企画・実施する旅行会社が自社のみで顧客に対して直接販売するパッケージツアー。通常、新聞広告や会員組織を通じて募集し企画実施する。他社での委託販売は原則的にない。「メディア販売商品」とも呼ばれる、トラピックス、クラブツーリズム、旅物語などである。

(6) パッケージツアーの販売方法

　パッケージツアーはどのような販売チャネルを通って旅行者に販売されているのであろうか。パッケージツアーのパンフレットが並ぶ旅行店舗のカウンターだけではない。

①カウンター営業

　最もイメージのしやすい販売方法である。各種パンフレットが並ぶ旅行店舗のカウンターでパンフレットや旅行資料の説明をしながらの販売で、予約の可否もその場で分かる。

②法人営業

　企業や学校、各種団体などを訪問セールスする営業マンによる販売である。営業マンは旅行経験が豊富で専門的な知識の高い人が多い。

③メディア販売

　新聞広告や会員誌を通じて募集したメディア販売商品といわれるパッケージツアーを専用コールセンターで電話受け付けする販売手法である。

④インターネット販売

　インターネットのホームページ上で販売する手法である。新たにダイナミックパッケージも各社からの販売が始まっている。

⑤提携販売

　契約リテーラー、つまり他の旅行会社での販売である。多くのリテーラーは多くのホールセラーと契約しており、小さな旅行店舗でも複数社のパッケージツアーのパンフレットが並び販売されている。

6. ツアーコンダクター

　ツアーコンダクターとは添乗員のことである。我が国の観光の発展において団体旅行やパッケージツアーのツアーコンダクターが果たしてきた役割は大きい。個人旅行志向が高まり添乗員付きツアーは減っているが、高品質な旅行を作るためにツアーコンダクターを重視する傾向も高まっている。

（1）ツアーコンダクターとは

　ツアーコンダクターとは、旅行会社のパッケージツアーや団体旅行に同行し、ツアーが計画通りに安全かつ円滑に実施されるように関係機関との調整や対応を行って旅程管理をする業務を行う者である。添乗員の他、「ツアーエスコート」「ツアーリーダー」とも呼ばれる。

　旅行商品であるパッケージツアーや団体旅行の良し悪しを決定づける極めて重い使命を担っている。旅行会社の社員が自分の担当した旅行の添乗することもあるが、パッケージツアーなどは、ほとんど添乗員派遣会社から派遣された「プロ添」と呼ばれるプロのツアーコンダクターが担う。なかには、多くの旅行者から毎回指名を受け高いパフォーマンスを示す「カリスマ添乗員」もいる。ツアーコンダクターには「旅程管理主任者資格」が必要である。

（2）ツアーコンダクターの役割と資質

　ツアーコンダクターの業務は、ツアーのスケジュール管理、観光地やホテル、レストランなどでの案内、現地の交通状況やイベントの確認、空港や駅などでの出迎えなどである。また、旅行中の病気や思わぬトラブルへの対応も求められるため、臨機応変な行動力と判断力、また海外ツアーの場合は語学力も必要となる。ツアーが安全かつ円滑に運行されるよう旅程を管理する、旅行中においてはたった一人の「旅行会社の責任者」の存在となる。旅行商品の良し悪し、旅の印象はツアーコンダクターによって大きく変わる。ツアーコンダクターは「旅の演出家」でもある。

　ツアーコンダクターは、健康で元気であることや、旅程管理の知識とスキル、旅行業務や現地情報に精通していることが前提であるが、次のような資質を備えている必要がある。

・目配り・気配り・心配りができる人
・明るく人と話すのが好きな人
・バランスのとれた公平感を持っている人
・参加者一人ひとりを知る力がある人
・トラブルに対応できる臨機応変な判断力、行動力がある人

第9章　宿泊業ビジネス

1. 宿泊業ビジネス

　日本の観光ビジネスの中で、観光交通ビジネスと並んで規模の大きいビジネスで、観光地側の中心的な存在である。宿泊ビジネスはさまざまな形態があるが、日本には日本独自の旅館があり、観光ビジネスの大きな役割を担っている。もう一方のホテルも宿泊だけでなく、食事・娯楽・癒し・社交の場として大きな位置を占めている。

(1) 旅館とホテルの定義

　日本の宿泊ビジネスは、日本の伝統的な宿である旅館と西洋から入ってきたホテルに大きく分類することができる。

　しかし、実際にはホテルと旅館と言う名称の区別をはっきりとしないまま利用していることが多い。旅館の洋風化も進んでいる。ホテルという言葉が宿泊施設全般を指す言葉としても使われている。

　旅館とホテルは、旅館業法によって定められていた。旅館は主に和式の構造・設備を持つ施設、ホテルは主に洋式の構造・設備を持つ施設と定義されていた。旅館は和室の部屋数が5室以上、1部屋あたりの広さが7㎡以上、ホテルは洋室の部屋数が10室以上、1部屋あたりの広さが9㎡以上と定められていた。

　しかし、2018年の旅館業法改正により、「ホテル営業」と「旅館営業」という種別が、「旅館・ホテル営業」に統合され、最低客室数や構造設備要件が廃止され、最低床面積などが緩和された。法律上は旅館とホテルの違いはなくなった。

本質的な違いは、歴史的背景から生まれた「和」と「洋」という文化表現の相違にある。ホテルは世界標準となっているが、日本の伝統文化を守る独自の宿泊形態である旅館が全国的に存在し多くの旅行者に利用されている現実は世界的に見ても稀有なことである。

(2) 旅館とホテルの相違

　旅館とホテルの違いは、ハード、ソフトどの観点からも極めて大きく、利用の仕方も異なっている。日本人の旅行者はこのふたつの宿泊施設を見事に使い分けている。

　表9-1は、旅館とホテルの相違を表にまとめたものである。

　立地については、旅館は主に観光地に、ホテルは主に都市にある。もちろん、観光地にもリゾートホテルなどがあり、都市部にも旅館は存在する。建物は、旅館は和風建築が多いが鉄筋コンクリートのホテルと変わらぬものもある。ホテルは洋風建築、ほとんどがいわいるビルである。

　客室に大きな相違がある。旅館は和室、つまり畳の部屋で靴を脱いで入る。

表9-1　旅館とホテルの相違

	旅館	ホテル
立地	主に観光地	主に都市
建物	主に和風建築	洋風建築
客室	和室（和洋室・洋室も一部ある）	洋室（ベッドルーム）
	靴は脱ぐ	靴のまま入る
	就寝は布団	就寝はベッド
	定員は4～6名が基本	定員は2名基本（1名・3～4名もある）
浴室	大浴場（客室内にも和式風呂ある）	原則客室内（洋式風呂）
パブリックスペース	原則宿泊者のみが利用	外来客も利用できる
	スリッパ・浴衣で利用できる	スリッパ・浴衣での利用はできない
食事	主に和食	主に洋食（和食も選択できるところもある）
食事場所	主に客室・館内食事処・和式宴会場	洋食レストラン・洋式宴会場
従業員	和装仲居（客室係り）	洋装（フロント・ベル・ウェイター・ウェイトレス）
販売形態	主に一泊二食料金制	主に室料制（一泊朝食料金制もある）
経営形態	小規模施設・地場事業者・家族経営	大規模施設・企業経営・ホテルチェーン
キーワード	おもてなし・伝統文化	ホスピタリティ・プライバシー・セキュリティ

就寝はその部屋に布団を敷く。部屋の大きさはさまざまだが、10～12畳程度で、2畳で1名が定員の考え方で、定員は4～6名が標準である。今日、日本家屋でも見られなくなった床の間がある。また、広縁や小さな次の間のついている部屋もある。浴室付きの部屋もあるが、それは日本家屋と同様の和式風呂である。（図9-1）それとは別に男女別に分かれた大浴場がある。温泉地では大浴場は温泉浴場で旅館の大きな売りとなる。

　ホテルの客室は洋室で靴のまま入る。日本のホテルにはスリッパが用意されている。就寝はベッドとなる。ふたつのベッドが並ぶツインルームが基本で定員は2名である。1名のシングルルーム、3名が利用できるトリプルルームもある。ベッドの他、椅子、テーブル、ライティングデスクがある。浴室は各部屋に洋式風呂があり、洋式トイレが併設されている。（図9-2）

　ホテルは客室を一歩出るとそこは外来者も利用できるパブリックスペースと考えられている。したがってロビーや廊下はスリッパや浴衣では利用できない。逆に旅館の館内は宿泊客のみが利用することからどこにでもスリッパや浴衣で行くことができる。

　食事については、旅館は原則夕食と朝食が付いており、主に和食である。部屋で食べる「部屋食」が主流であったが、今日では館内の食事処や和式宴会場で供されるところが多い。ホテルは館内の洋食レストランを利用するケースが多いが、大型ホテルになると和食、中華などの選択ができる。

　従業員については、旅館は女性が多く各部屋に客室係りとして和装の仲居（なかい）が付く。ホテルは比較的男性従業員が多く、男女とも洋装である。販売形態は今

図9-1　旅館の標準的な客室間取り例

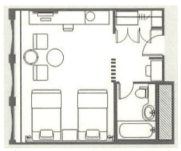

図9-2　ホテルの標準的な客室間取り例

日多様化しているが、旅館は夕食朝食がセットされた一泊二食料金で、ホテルは室料が基本となる。

経営形態はさまざまであるが、旅館は小規模施設が多く地場事業者の経営や家族経営が多い。ホテルは、大規模施設が多く企業が経営しており、ホテルチェーンとして経営展開しているところもある。

このように旅館とホテルでは見事なまでに相違がある。ともにホスピタリティが経営の基本になっていることが共通している。旅館はとくに人的な対応を密にしておもてなしを前面に打ち出し「和」の文化を強調している。一方、ホテルは宿泊客のプライバシーを大切にし、セキュリティの高さを謳っている。

(2) 旅館とホテルの現状

表9-2は旅館・ホテルの施設数と客室数を表したものである。施設数はおよそ5万軒で推移している。内訳は旧旅館営業が4万軒ほどで圧倒的に多い。この数年での施設数の減少は旧旅館営業の廃業に伴うものである。小規模、家族経営の多い旧旅館営業は減少傾向が続いている。客室数はおよそ160万室で、増加傾向にある。これは旧ホテル営業の増加によるもので、ホテルの平均客室数は旅館の数倍になる。日本人のライフスタイルの変化などから、旧旅館営業の施設数は減少傾向にあるが、ホテルは着実に増加している。旅行者への供給客室数は漸増している。

表9-2 旅館・ホテルの施設数・客室数の推移

	旅館・ホテル		
	施設数	客室数	平均客室数
2014年	51,778	1,544,607	29.8
2015年	50,628	1,547,988	30.6
2016年	49,590	1,561,772	31.5
2017年	49,024	1,595,842	32.6
2018年	49,502	1,646,065	33.3
2018/2014	▲2,276	101,458	-

出典:『数字化か語る旅行業2020』日本旅行業協会(2020) 資料:厚生労働省
(注) 旅館業法の改正(2018年6月15日施行)により「ホテル営業」「旅館営業」の営業種別が統合し「旅館・ホテル営業」となったため、2017年以前の数は「ホテル営業」と「旅館営業」を合計した数。

2. 宿泊業ビジネスの特徴

　宿泊業ビジネスは、前述した観光ビジネスの特徴をすべて持ち合わせている。とくに、人的サービスが中心のホスピタリティ産業の側面と、多額な初期投資が必要とする装置産業の側面を持つ、経営的にとても難しいビジネスである。

(1) 商品・サービス
　宿泊業ビジネスの商品・サービスは、基本的には宿泊サービスであるが、飲食サービスや土産品、温浴施設、リラクゼーション施設、スポーツ施設なども提供する複合的な商品・サービスである。そのほとんどは、人的サービスの提供で、おもてなしやホスピタリティマインドなど目に見えない付加価値が、旅行者の満足度を生み出す。「ホスピタリティ産業」であり、このように質の高い労働力を多数必要とする「労働集約型産業」ということができる。

(2) 施設
　宿泊業ビジネスには、ハードとなる施設がいる。サービスを提供するために巨大な装置が必要とする「装置産業」である。多額の初期投資を必要とすることから「資本集約型産業」ということができる。宿泊業ビジネスは多額の初期投資を毎日の宿泊費、飲食費から得た収益により、何十年もかけて回収する。何十年分の商品を一度に仕入れてしまうという「不動産業」の側面を持つ。

(3) ターゲット
　宿泊業ビジネスのターゲット、すなわち対象となる顧客は基本的には宿泊をする旅行者であるが、飲料部門、宴会部門では地元客、地元市場の取り込みが重要になってくる。そういう意味でふたつの異なるターゲットを持つ産業である。特にシティホテルでは近隣顧客のレストラン利用や結婚披露宴などの宴会利用が大きなウェイトを占めている。観光地の旅館においても、地元客の日帰り温泉入浴や食事・宴会の獲得が重要になっている。

(4) 立地

宿泊業ビジネスは典型的な「立地依存型産業」である。観光地の旅館であれば観光地自体が市場に対して良い立地か、旅館自体が観光地の中で良い立地なのか。都市のホテルであれば、その都市自体に旅行者が訪れるのか、ホテルは都市のどこに位置しているのか。宿泊業ビジネスは立地条件によって競争力が決定づけられる宿命を持つ。

(5) 需要

観光ビジネスはいずれも「需要変動型産業」であるが、宿泊業ビジネスのその需要の変動幅は大きく、従業員を多く抱えているためその影響は激しい。需要変動の原因となるものは、「景気」と「季節・曜日」である。特に冬季などのオフシーズンと平日の対策が不可欠となる。しかし、宿泊業ビジネスは価格対策をとり易いビジネスでもある。

3. 旅館

主に観光地に立地する旅館は観光地を支える中核となるビジネスである。世界でも例を見ない伝統的宿泊施設である旅館の存在は日本の観光の中で最も特色とすべきものである。

(1) 旅館の歴史

宿泊業ビジネスとしての旅館のルーツは江戸期の街道宿場町の「本陣」「旅籠」、社寺門前町の「社寺門前宿」、湯治場の「湯治場宿」、都市の「商人宿」「公事宿」、宿泊機能を持った「茶屋」「料亭」などである。今日の旅館は、これらの機能、すなわち本陣に許された建築様式、旅籠で考案された一泊二食制度、湯治場宿の温泉入浴、料亭の豪華な飲食などが凝縮されていると言える。

明治期になると、湯治が西洋医学の視点から再評価され、温泉旅行が大衆化され「温泉旅館」が生まれる。街道宿場町の本陣や旅籠は、開通された鉄道駅周辺に移動し「駅前旅館」となった。

旅館の大きな変化は第二次大戦後の高度経済成長期に起こる。慰安旅行とも

写真　外国人宿泊客の多い東京下町の「澤の屋旅館」　筆者撮影

いわれる企業が実施する社員旅行の興隆である。急増した宿泊需要に対応して、旅館の創業、大規模化が進む。団体客を効率よくこなす接客サービスが確立し、さらに館内に物販施設や娯楽施設がつくられる。

　1980年代になると、メディアによってもたらせた「温泉ブーム」「グルメブーム」が到来する。団体から個人へとシフトし、家族客、女性客が増加する。それに対応し、露天風呂を設置、地元の旬な食材を使った会席料理が採用される。この頃、接客サービスの象徴としての「女将(おかみ)」が注目を集めるようになった。

　1990年代に入ると、団体客用に大型化した旅館を中心に個人客対応ができず、独自色を出せなかった旅館の倒産、廃業も相次いだ。

(2) 旅館の種類

　旅館の分類方法は、立地や規模、業態、機能などからさまざまに分類されるが、一般的に次のようになる。

①温泉旅館

　温泉入浴を目的とした旅館である。主に観光旅行者が訪れ、温泉と食事を楽しむ。館内に温泉の大浴場があり、露天風呂を設置しているところも多い。客室に温泉をひいているところもある。以前は団体客中心であったところが多いが、今日ではきめ細かな個人客対応を進めている。

②観光旅館

観光地に立地している観光目的の旅行者を対象とした旅館。温泉はなくても大浴場を有している。団体客の宴会の受入れを中心にしてきた旅館だが、今日は個人客対応をしている。ホテルという名称で営業をしている旅館が多い。

③割烹旅館

料理、接待用の飲食に多く利用され、料理も一流の調理人を雇い、落ち着いた雰囲気を大切にしている旅館。割烹とは、伝統的な日本料理に対する総称である。料理旅館、料亭旅館もこの分類になる。

④ビジネス旅館

主にビジネス客が宿泊する旅館。近年、都市部に増加している。ビジネスホテルの旅館版でひとり客も気持ち良く宿泊できる。また、FITの外国人旅行者も利用する。商人宿、駅前旅館ともいわれる。

(3) 旅館の課題

団体旅行から個人旅行へのシフト、宿泊客の施設や食事へのこだわり、高齢者や外国人旅行者の増加など課題が山積している。旅館のある観光地自体の活性化と旅館の独自性がリピーター確保へとつながる。

①客室

旅館の客室は4〜6名利用を前提として作られているが、近年は個人旅行が主流となり2名が中心になっている。定員稼働率が下がり割高な宿泊料金を設定せざるを得なくなっている。施設面でも館内に大浴場、温泉などがあるものの、客室の風呂トイレ付を望む宿泊客が多い。また、バリアフリー化は進めなくてはならないものの旅館の客室は構造上難しい。

②食事

以前、食事は客室での「部屋食」が標準であったが、対応する部屋係りの人件費の問題、宿泊客が部屋に残る臭いを嫌う傾向などから、館内食事処への食事に切り替えるところが多い。食事内容面でも品数重視のいわゆる旅館会席が敬遠され始め、地元食材を活かした地域独特のメニューが求められている。また、連泊などで同じようなメニューが出されており、洋食、中華を含めた「メニュー選択性」も課題になっている。さらに、客室と食事を別々に販売する「泊食分離」の導入も大きな検討事項となっている。

③就寝

旅館での就寝は布団である。しかし、夕食時の布団敷き、朝の布団上げは人件費の問題もあるが、宿泊客のプライバシーを重視する傾向の中で見直され始めている。また、宿泊客の高齢化、外国人宿泊客に対応するためベッドの利用も検討しなくてはならない。「和洋室」の活用などもあるが、和の文化表現を壊さない畳の部屋に合った和室用ベッドの活用などの工夫も必要であろう。

④入浴

特に温泉地での旅館の楽しみは温泉浴である。大浴場での入浴は疲れを癒す。全国各地に温泉が氾濫している今、温泉の質や浴場の景観・快適性、独自の温泉文化などが求められている。温泉地では宿泊客の露天風呂の欲求は極めて高い。また、家族で貸し切りできる貸切露天風呂や客室での温泉浴、露天風呂を求める声も大きい。

⑤日本文化

現在、旅館はハード、ソフトの両面で日本文化の素晴らしさを味わえる数少ない空間である。どの旅館にも日本独特のおもてなしの心が根付いている。しかも、一般の人がいつでも訪れることができる。しかし、どの地域の旅館に行ってもあまり変わらないという現象があるのも事実である。「和」の文化表現だけでなく、これからは「地域」独自の文化表現が求められる。

4. ホテル

すでに客室数では旅館を超し、日本の観光を支える中心的存在となってきたホテルは、多様なタイプがある。都市を中心に立地しているが、観光地のリゾートホテルも注目されている。

(1) ホテルの歴史

日本における西洋式ホテルの歴史は明治期にはじまる。黒船来航により外国との貿易がはじまり、来日外国人のための宿泊施設として、1868年、築地に初の本格的西洋式ホテル、「築地ホテル館」が開業した。しかし、4年後に焼失し現在は残っていない。

明治政府は積極的な外客誘致を始め、外国人旅行者が徐々に増加してくる。各地に外国人向けの西洋式ホテルが誕生する。神戸の「オリエンタルホテル」（1870年）、東京の「帝国ホテル」（1890年）などである。並行して、日光の「金谷ホテル」（1873年）、箱根の「富士屋ホテル」（1878年）、軽井沢の「万平ホテル」（1891年）など、外国人が訪問する観光地、保養地にも開業する。現在、クラシックホテルと呼ばれる伝統的なホテルである。

1938年、中産階級も宿泊できる実用的な「第一ホテル」が東京新橋にオープンする。

1964年の東京オリンピックの開催、1970年の大阪万博の開催により、東京、関西でホテル建設ラッシュとなる。この頃オープンしたのが今日「帝国ホテル」ともに「御三家」と呼ばれる「ホテルオークラ」「ホテルニューオータニ」である。他にも東京の「羽田東急ホテル」「東京プリンスホテル」、大阪の「ホテルプラザ」「東洋ホテル」「大阪エアポートホテル」などが開業している。

1980年代「地方の時代」といわれ、マイカーの増加にともなって、各地域の県庁所在地などを中心にシティホテルやビジネスホテルが相次ぐ。また、都市の再開発にともないランドマーク的な存在としてホテルが建設された。この時期、異業種のホテル業界への参入も相次ぎ、電鉄会社、航空会社、不動産会社などが次々とホテル業へと進出した。「JALホテルズ」「ANAホテルズ」「ホテルパシフィック東京」「京王プラザホテル」「新阪急ホテル」などである。

1990年代、バブル経済の崩壊を機に、全国規模の大型リゾート開発で建てられた大型ホテルやシティホテルが破綻、廃業が目立った。2000年代になると、外資系ホテルが日本のホテル業界をリードし始める。「新御三家」といわれる「ウェスティンホテル東京」「フォーシーズンズホテル椿山荘東京」「パークハイアット東京」が創業する。

今日、国内のホテルは、宿泊に特化したビジネスホテルなどのジャンル、手厚いサービスを売りにする高級ラグジュアリーホテルなど両極化が進んでいる。

(2) ホテルの種類

ホテルについても、旅館の分類と同様に、立地や規模、業態、機能などから

さまざまに分類されるが、一般的に次のようになる。

①シティホテル

　都市部に立地する高級大型ホテル。部屋数も多く建築も豪華で設備も充実している。宿泊だけでなくレストランや宴会場、プール、スポーツジムなどの付帯施設を十分に備えたホテル。ブティック、美容院、フラワーショップ、ギフトショップなどのテナント店舗を有している。また、外国人旅行者にも快適に利用できるよう国際的な仕様となっている。いわゆる、有名一流ホテルが多い。欧米のホテルでは、第三者格付け組織により、そのホテルを総合的に評価して、「星の数」などで格付けされているが、日本においてはない。

②リゾートホテル

　主にビーチ、高原、湖畔、温泉など風光明媚な環境の一等地に立地するホテル。観光、保養、スポーツなどの目的の旅行者が主要な宿泊客となる。長期滞在向きのホテルで、家族向き、カップル向きのゆったりしたタイプの部屋が多い。プールやプライベートビーチ、テニスコート、ゴルフ場、スパ、エステなど多くの付帯施設を持つものもある。季節による需要の波動が大きい宿泊施設である。

③ビジネスホテル

　都市に中心部に立地、ビジネス客の出張利用に特化したホテル。企業の出張旅費の範囲内で宿泊料金を設定してあるホテルで、日本特有の形態である。シングルルームの比率が高く、レストランなどの料飲部門は重視しない傾向にある。ホテルチェーンとして全国に展開されているホテルも多い。

④カーホテル

　郊外に立地し、自動車でそのままルーム近くまで入ることができる、自動車で旅行をする人を想定して設置されたセルフサービスを基本とするホテル。モテル、モーターインとも呼ばれる。広大な国土をもち自動車や道路網が発達したアメリカでは一般的なホテルだが、日本にはまだ根付いていない。

⑤カプセルホテル

　都市の繁華街に立地し、カプセル状の簡易ベッドが提供される宿泊施設。日本独自の形態の宿泊施設である。旅館業法では簡易宿所営業になる。ビジネス

ホテルと比べても安価で宿泊できる。サウナ店に併設されるものもある。

(3) ホテルの組織とスタッフ

　ホテルの収入源は「宿泊部門」と「料飲部門」「宴会部門」である。ホテルの組織は、「総支配人」をトップにし「宿泊部門」「料飲部門」「宴会部門」とレストランや宴会の料理を担当する「調理部門」、さらに営業・企画を担当する「マーケティング部門」、人事・購買・経理などの「管理部門」に分かれる。西洋から導入されたホテルシステムであるためホテルスタッフの職種には英語名・フランス語名が使われている。その職種を見ていく。

①宿泊部門

・フロントクラーク

　ホテルの中枢ともいえるフロントデスクを担当するスタッフ。宿泊客を出迎え、チェックインの手続きを行い、宿泊客が出発する際、料金の精算などのチェックアウトの手続きをして送り出す。宿泊部門の司令塔的存在である。

・ベルボーイ・ベルガール

　ロビー周辺において、宿泊客に対しさまざまなサービスを提供するスタッフ。宿泊客の客室への案内、荷物の運搬・保管、館内施設案内など多岐にわたる。

・ドアマン

　ホテルの玄関において、ホテル利用客を最初に出迎え、最後に見送るスタッフ。全てのホテル利用客に対する送迎、車・タクシーなどの誘導を担当する。ホテルを頻繁に利用する顧客の顔や名前を記憶する優れたドアマンもいる。

・コンシェルジュ

　ロビーに特設デスクを設け、館内外の案内や予約の手配など、ホテル利用客のさまざまな要望に応えるスタッフ。顧客のどのような要望にも応じられる語学力、知識、人脈などが求められる。

・ハウスキーパー

　客室の清掃や整備、客室の什器・備品の管理、ランドリーサービスなどを担当するスタッフ。宿泊客が滞在する客室のレベルを維持する裏方の業務。近年は外部に委託するケースが多い。

②料飲部門

・グリーター

　レストランの入り口において、客を出迎え、席へと案内するスタッフ。レストラン内の稼働状況や予約状況、客の利用目的、嗜好などへの配慮が求められる。

・ウェイター・ウェイトレス

　各レストランのホールにおいて、レストラン利用客が飲食を楽しむために必要とされるサービスを提供するスタッフ。料理や飲料に関する知識、サービス方法の専門的技術を有することが求められる。

・ソムリエ

　主にワインに関する専門知識を有し、レストラン利用客の希望に応じワインを選択する手助けをするスタッフ。ワインなどの仕入れや管理も担当する。

・バーテンダー

　バーなどにおいて酒類を調合し提供するスタッフ。酒類を提供するだけでなく、会話や独特の雰囲気でもてなしをする。

　　③宴会部門

・宴会サービス

　宴会において、料理や飲料を提供し、宴会運営のサポートをするスタッフ。料理や飲料の知識、サービスの技術の他、宴会運営に関するノウハウが求められる。

・ウェディングプランナー

　結婚式や結婚披露宴のコーディネートを担当するスタッフ。宴会部門の中のウェディング専門の担当者。

　　④調理部門

・シェフ

　キッチンにおける責任者。キッチンのスタッフに調理の指示を与え、味や盛り付けを確認し、料理を完成させる役割を担う。料理の腕とマネージメント能力が求められる。

・パティシエ

　菓子・デザート専門の料理人。レストラン、宴会、館内ケーキショップで提供するケーキやクッキーを製造する。

・ブランジェ

　パン専門の料理人。レストラン、宴会、館内ベーカリーで提供するパンを製造する。ベイカーと呼ばれることもある。

(4) ホテルの課題

　シティホテル、リゾートホテル、ビジネスホテルなどの種類によって、ホテルの抱える課題は異なる。旅館同様、人的サービスが宿泊客の満足度を決定するが、安全、清潔、快適、利便性をどのように作り出すかが課題である。

①客室

・就寝機能

　ホテルの客室に求められる最大の機能は快適な睡眠である。その大きな要素はベッドである。幅の広いベッドや高品質のベッドの採用、選べる枕、自然素材のシーツなどの改善が課題となる。日本独特であるが着心地の良いパジャマの用意やバスローブなども重要な要素となる。

・リラックス機能

　風呂好きの日本人にとってはバスルームの快適さが大きなリラックスを生み出す。足をゆっくり伸ばすことのできる広い浴槽、バスタブとシャワーの分離、外の景色が楽しめる窓のあるバス、ジャグジーの採用などである。シャンプー、シャワーキャップ、化粧品などバスルームで快適に過ごすためのバスアメニティの充実も重要である。また、客室とは別に大浴場、サウナ施設なども日本人旅行者を喜ばせる。

・エンタテインメント機能

　客室での滞在時間を豊かにする機能である。テレビの大画面化、テレビの多チャンネル化、ゲームソフトや映像ソフト、音楽ソフトの充実などが考えられる。

・ビジネスサポート機能

　ホテルの客室は仕事場として利用されることも多い。ライティングデスクの大型化、インターネット接続やWI-FI環境の整備、照明機器の充実などが考えられる。

・バリアフリー化

すでに多くのホテルが取組みを進めているが、車いす対応の客室、視聴覚障害者向けの通信機器の設置、緊急対応システムなどである。客室だけでなくホテル館内全体のバリアフリー化を進めなくてはならない。

②食事

・レストランの24時間化

　館内コーヒーショップなど24時間営業をしているところも多いが。外食産業が発達し24時間眠ることのない都市部のシティホテルでは、早朝や深夜でもホテルの品質の高い食事ができる体制が求められる。

・ルームサービスの充実

　客室での飲食を望む宿泊客は少なくない。自宅にいるようにプライベートの空間でくつろいで食事ができるのがホテル客室である。レストランと同様に選択できる食事が望まれる。

・メニューの国際化

　ホテルのレストランには英語メニューが用意されているが、アジアからの訪日旅行者の増加しており、簡体字、繁体字の中国語、韓国語のメニューが必要である。また、ムスリム（イスラム教徒）の旅行者に配慮したメニューづくり、ハラール認証の取得なども必要である。

③宴会

・個人利用の拡大

　個人利用の中心であった結婚式・結婚披露宴のホテル需要が減少傾向にある中、結婚記念、退職記念、長寿記念、同窓会、忘年会、新年会、就任祝い、法事など個人の新規需要を確保し拡大していく必要がある。

・法人需要の確保

　全体的に低迷傾向のある法人需要を安定的に確保しなくてはならない。企業招待会、各種大会、会議、展示会、発表会などである。大都市においては国際会議、国際学会なども発生する。

5. その他宿泊業ビジネス

　日本の観光を支える宿泊業ビジネスには次のようなものがある。比較的安価

で宿泊することができる経済的な宿泊施設である。

①民宿

　民宿は、主に海水浴場、スキー場、観光地に立地する小規模で客室が和室の宿泊施設のことである。レジャーや観光目的の旅行者を対象としている。多くは家族単位での経営である。旅館業法の分類では施設基準により、簡易宿所営業の許可を取得していることが多い。

　寝室を除き、廊下・風呂・トイレなどの宿泊客の利用する共有部分は、経営者家族との共有施設となっていたが、現在では経営者家族の住居部分と分離されている施設がほとんどである。農家や漁師などの兼業が多く、食事で供する料理に用いる野菜や山菜、魚などの食材が経営者自ら調達している場合が多く、それがセールスポイントとなっている民宿もある。

②ペンション

　民宿のうち、建物が西洋風の外観・内装で、客室はベッドとフローリングの床などを備えた洋室で、食事も主に西洋料理を提供する宿泊施設のことである。主に高原リゾートや山岳リゾート、スキー場、海水浴場、離島などに立地する。民宿同様、家族経営であることが多く、小規模である。レジャーや観光目的の旅行者を対象とし、一泊二食付きの宿泊料金を基本としている。高原リゾートやスキーリゾートなどでは、複数のペンションが集合して営業していることが少なくない。これは「ペンション村」と呼ばれる。経営者が首都圏や関西圏など大都市から転入して営業しているペンションも多い。

③公共の宿

　公共の宿とは、国、地方公共団体、厚生年金、国民年金など公の機関が出資設立、運営している宿泊施設のこと。宿泊料金は低価格であるが、設備、食事、サービスも旅館やホテルと遜色のない宿も多い。ほとんどの施設が基本的には誰でも利用できる。

　「公営国民宿舎」は、日本を代表するような観光地・景勝地に立地、全国に79施設（2020年）ある。「休暇村」（財団法人休暇村協会）は、国立・国定公園の中にある宿泊のできるリゾート施設で全国の37施設（2020年）ある。その他、「かんぽの宿」（簡易保険加入者保養施設）、「ハイツ＆いこいの村」（厚生労働省出資設立・財団法人日本勤労福祉センター等運営）、「旅と宿」（全国

市町村職員共済組合連合会）などがある。

④民泊
　民泊とは、自宅の一部や全部、または空き別荘やマンションの一室などに有料で旅行者を宿泊させるこという。訪日外国人旅行者の増加により宿泊施設が不足する中で、インターネットを利用して部屋の貸し手と借り手を仲介する民泊ビジネスがある。民泊サービスの健全な普及を図るため、2018年、住宅宿泊事業法（民泊新法）が施行された。民泊が旅館業法の対象外となる条件は「人を宿泊させる日数が1年間で180日を超えないもの」とされている。

第10章　観光交通ビジネス

1. 観光交通ビジネス

　観光には移動が必要であり、移動のための交通手段が不可欠である。日本の観光ビジネスの大きな位置を占めるのが観光交通である。交通運輸機関はすべてが観光のための旅行者を対象としているわけではないが、観光ビジネスの核となる存在である。

(1) 観光交通とは

　観光を目的とした移動に利用する交通手段のことである。観光中の移動とは、旅行者の居住圏から観光地域までとその復路となる観光地域から旅行者の居住圏までの移動、観光地域間の移動、観光地域内の移動のことである。観光地域には旅行者を誘引する観光資源が存在する、観光交通は旅行者と観光資源を結びつける必要不可欠な手段である

　ただし、観光交通となる鉄道、自動車、航空機、船舶などは観光を目的とす

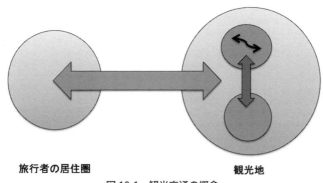

図 10-1　観光交通の概念

る旅行者だけではなく、ビジネス客や通勤、通学などでも利用される交通運輸機関である。

(2) 観光交通の発達

　江戸時代までの旅の主な移動手段は徒歩であった。乗り物としては籠、馬と船が一部では使用されていた。明治期になると、人力車や馬車鉄道、人車鉄道が登場する。1872年に日本初の鉄道が新橋―横浜間に開通し、鉄道の路線網は全国へと広がっていく。鉄道の動力は蒸気から電気に変わり高速化が進む。1964年には東海道新幹線が開通しスピードを増す。さらに、航空機が登場し、時間的に日本列島を小さなものにする。

　例えば、東京―大阪間は、徒歩が交通手段であった江戸時代には2〜3週間程度かかった。鉄道の開通によりその時間は一気に短縮する。1889年、東海道線全通時（新橋―神戸間）は約20時間であった。1930年、超特急と呼ばれた「燕（つばめ）」は東京―大阪間を約8時間に、1964年東海道新幹線が開通すると「ひかり」が約4時間に短縮された。今日、「のぞみ」は約2時間半である。航空機を利用すれば1時間程度である。

　交通の発達は移動の時間を短縮しかつ快適にした。大量輸送を可能にし、運賃の低廉化をもたらし、人々が豊かになるのと相まって多くの人が気軽に旅に出られるようになった。航空機の登場は、遠距離の旅を容易にするだけでなく、離島への距離を縮めた。また、島国である日本の海外旅行を身近なものにした。

　一方、戦後マイカーが普及し、それに伴い舗装道路、さらに高速道路網などの整備が進んだ。日本の経済成長を背景に、大量生産された自動車は一般庶民にも手が届く存在となりモータリゼーションの時代を迎える。マイカーは自らの運転によって自由に移動できる重要な旅の交通手段となっていった。

　船旅も大きく変化している。本州、九州、四国、北海道と海により隔てられていた日本列島は、トンネルや橋梁で結ばれそれぞれを結ぶ船は激減した。沖縄や離島に関しても航空路線が整備され船の需要は減った。船旅というと、自動車やトラックを積み込むことのできる長距離フェリーが中心になっているが、近年、移動のためだけではなく船旅自体を楽しむ大型クルーズ客船が注目されている。

観光交通の発達は、移動の所要時間を短縮し、移動にかかる費用も低廉化し、快適性を増した。これにより人々は遠隔地や僻地にでも旅することができ、旅する範囲の大幅な拡大につながった。日本の観光に大きな役割を果たした。一方、観光交通の高速化に伴い、これまで宿泊していた旅行者が日帰りになってしまったり、これまで宿泊観光地であったところが通過観光地になる、という現象が起きている。また、海外旅行が身近なものになり国内外の観光地が競争相手になり始めている。さらに、マイカー観光の拡大は、観光地の渋滞や交通事故、大気汚染、環境破壊を招くという事態も増やしている。

(3) 観光交通の役割

観光交通は、次のように移動の役割だけでなく、旅をさらに楽しくするための役割を担っている。

①居住地と観光地を移動する手段としての役割

主に、鉄道、航空、バス、フェリーなど長距離を運行、運航する観光交通である。

②観光地域間を移動する手段としての役割

例えば、東京を出発し、京都と奈良を観光する場合の、京都―奈良間の移動の手段である。鉄道、バス、タクシーなどが利用される。

③観光地域内を移動する手段としての役割

観光地内の駅・空港、観光スポット、観光施設、宿泊施設を結ぶ観光交通である。バス、地下鉄、市電、タクシー、ケーブルカー、ロープウェイなどが利用される。

④観光地を演出する役割

移動の目的よりもその交通手段が観光地をより魅力的なものにする役割を果たすもの。観光ガイドの付いた定期観光バス、レトロバス、観光馬車、観光牛車、人力車などである。

⑤観光対象としての役割

移動の目的よりそれを利用すること自体が観光の対象となるもの。蒸気機関車（SL）、トロッコ列車、登山電車、ロープウェイ、ケーブルカー、遊覧船、川下り船、気球、さらに観光列車、豪華寝台列車、豪華クルーズ客船などがある。

(4) 交通手段の分類

表10-1は、移動空間と供給形態からみた人々が移動に利用する交通手段を表したものである。

人々の移動空間は、陸・海（水）・空に分類される。陸路は道路と鉄路に分けられるので、移動空間は、道路・鉄路・水路（海路）・空路の4つに分類することができる。また、交通手段には、その供給形態から、交通運輸事業者が供給するものと、利用者自らが運転・操縦するものとがある。つまり交通手段は自給自足することが可能であり、このことが最大の特徴となる。

道路については、バス、タクシーなどがあり、旅行者自らが運転する、すなわち自給するマイカー、バイク、自転車などがある。鉄路については、鉄道や軌道をもつモノレール、ケーブルカー、ロープウェイ、リフトなどであり、自給はない。

水路（海路）については、旅客船やフェリー、高速艇、遊覧船、クルーズ客船などである。旅行者自らが保有・操縦するヨット、モーターボート、クルーザーなどのプレジャーボートがある。空路は、航空機やヘリコプターで、利用者が保有・操縦する自家用航空機やビジネスジェットも僅かだがある。

これらのうち、交通運輸事業者が供給するものが、観光交通ビジネスとなる。

表10-1 移動空間と供給形態からみた交通手段の分類

	道路	鉄路	水路（海路）	空路
交通運輸業者が供給	バス タクシー	鉄道	旅客船 フェリー 高速艇 クルーズ客船	航空機 ヘリコプター
旅行者が自給	マイカー バイク 自転車 （レンタカー）	―	プレジャーボート	自家用航空機 ビジネスジェット

(5) 観光交通の種類

観光交通には、次のような種類がある。

①鉄道会社

JR、私鉄、モノレールなどが旅行者の居住する都市から観光地まで旅行者を鉄路で運んでいる。観光地には地下鉄、市電、登山電車、ロープウェイ、ケー

ブルカーなどがある。

②航空会社
　国内路線、国際路線があり、空路にて旅行者を運んでいる。LCC（格安航空会社）やコミューター航空会社なども含まれる。

③バス・タクシー会社
　高速バス、空港連絡バス、定期観光バス、貸切観光バスなど、陸路にて旅行者を運んでいる。観光バスはバスガイドによる観光案内などがある。タクシーや観光タクシー、ハイヤーもある。

③船会社
　国内航路と数少ないが国際航路があり、旅客船、フェリー、高速艇など、海路にて旅行者を運んでいる。国内周遊や海外周遊などを楽しむクルーズ客船もある。

④観光地交通ビジネス
　レンタカー、レンタバイク、レンタサイクルなどの乗り物のレンタルビジネス。観光馬車、観光牛車、観光雪上車、人力車など観光案内を伴う乗り物。

（6）観光交通の特徴と特性

　観光交通の特徴としては、利用がビジネス、通勤、通学、買い物などの他の目的を満たすために利用されることがあること、需要変動が大きいこと、在庫が効かないこと、さらに利用者によるサービスの自給が可能なことなどが挙げられる。

　また、利用者から見てそれぞれの観光交通には表10-2のように、機能面の特性があり、旅行者は知らず知らずのうちに、それぞれの特性を利用時に比較検討し使い分けている。

　スピード、つまり所要時間が短時間になるのは、航空機が圧倒的である。急いでいるときは航空機利用がいいが、例えば東京―大阪間など考えると、最終目的地の空港からの距離、乗車待ち時間など考えると新幹線の方が早い場合もある。

　輸送力、すなわち一回で運べる人数は断然新幹線とフェリーであろう。新幹線の編成定員は1,000名以上であり、大型フェリーの旅客定員も1,000名近

表10-2　各観光交通の特性（比較の例）

	航空機	鉄道（新幹線）	鉄道（在来線）	自動車（バス）	自動車（マイカー）	船（高速艇）	船（フェリー）
スピード	◎	○	△	△	△	△	×
輸送力	○	◎	◎	△	×	○	◎
移動距離	◎	○	○	△	×	△	◎
経済性	×	△	○	◎	◎	△	○
定時性	△	◎	◎	△	×	○	○
居住性	×	△	△	×	×	△	◎
機動性	×	△	△	△	◎	×	×

◎：非常に優れている　○：優れている　△：普通　×：劣っている

くである。マイカーは通常4～5名で、ワンボックスカーでも8～10人である。移動距離、一度にどれだけ移動できるかという点では航空機、フェリーが群を抜く。経済性、すなわち運賃については、乗車人数を増やせば自ら運転する分マイカーが1人あたりは安くなる。運賃としては高速バスが割安である。

　定時性、つまり時間通りに運行・運航するかどうかは、新幹線や在来線の鉄道が強く、逆に渋滞などに巻き込まれる恐れのあるマイカーが弱い。居住性、居心地のよさについては、フェリーであろう。等級にもよるがホテル並みの居住空間があり、船内を自由に歩くことができ、レストランやシアターまである。逆に航空機は、ファーストクラスやビジネスクラスはかなり楽とはいえ窮屈な乗り物である。マイカーは他人への気遣いが必要ないのはいいがやはり窮屈である。

　機動性、つまり自由が利くかどうかについては、マイカーが群を抜く。好きな時間に、好きなルートで旅に出ることができ、好きな時に休憩し、場合によってはルート変更、旅の中止も自由にできる。航空機や船にはそのような自由はない。

2. 鉄道交通ビジネス

　観光の移動に関しては、マイカーを除くと最も利用されているのが鉄道である。日本は鉄道網が発達し、速度や快適さも確保され、特に日本の鉄道の安全

性、定時性は評価が高く、観光の行程に利用し易い。

(1) 鉄道交通の歴史

1825年、ジョージ・スチーブンソンが設計した蒸気機関を利用する鉄道が初めてイギリスで実用化された。この技術は1853年、日本の幕末に蒸気車の模型として到来した。

1872年に日本初の鉄道が新橋―横浜間に開通する。1880年代になると、各地で鉄道の建設が進み、北海道、四国、九州にも初の鉄道が敷設された。1889年には東海道線（新橋―神戸間）が全通した。

1914年の東京駅開業に合わせて、国鉄の主要幹線の電化が始まり、蒸気機関車から電車への移行が始まる。1930年までには、現在大手私鉄と呼ばれている鉄道会社の主要路線が開通している。大手私鉄は既に電化されていた。乗客誘致のため、沿線の宅地開発を行ったり、遊園地、ターミナルのデパートなどがつくられた。1927年に東京地下鉄道が開通する。都市内の交通機関としては路面電車が発達する。

戦後まもなく、修学旅行が復活し、1950年代になると「修学旅行専用列車」が運行される。1956年、東海道本線が全線電化され、1958年に東京―大阪間に特急「こだま」が運転開始され、東京―大阪間を6時間半で結んだ。

東京オリンピックが開催された1964年、東海道新幹線が開業、全線が超高速運転用の新幹線規格で建設され「ひかり」が約4時間で東京―新大阪間を結んだ。同年、日本初の空港連絡鉄道である東京モノレール羽田線が開業した。

1970年に大阪で万国博が開催され、日本全国から旅行者が訪れた。国鉄は、万博後の個人客の需要喚起のために「ディスカバー・ジャパン・キャンペーン」を始めた。この頃、蒸気機関車が減少するにつれてSLブームが全国的に起こる。1981年、新交通システムとして日本初の神戸新交通ポートアイランド線を開業する。

1987年に、国鉄は巨額債務を解消するために分割民営化され、JR各社が誕生した。JR各社はサービスや利便性の向上、スピードアップなどに取り組んだ。

2010年東北新幹線八戸駅―新青森駅間が開業し、2011年九州新幹線鹿児島ルート全線開業、2016年北海道新幹線新青森駅―新函館北斗駅間が開業し、

新幹線は北海道から鹿児島までつながった。また、2015年北陸新幹線が金沢駅まで延伸した。スピードだけでなく、JR九州の「ななつ星」のような九州全域をゆっくり巡る豪華観光列車も登場している。クルーズトレインと呼ばれ、JR東日本、JR西日本でも運行を開始した。

(2) 鉄道交通ビジネスの役割分担

観光交通としての鉄道交通ビジネスは、つぎのような役割が分担されている。

①都市間鉄道

東京、大阪を中心にして、全国の主要都市間の移動はJRが担う。特に、新幹線網が大きな役割を担っている。新幹線は東海・山陽・九州・上越・東北・北陸・北海道・秋田・山形（図10-2）である。新幹線未開通の主要都市はJR在来線が結ばれている。大阪―京都、大阪―名古屋、東京―横浜など一部区間

図10-2　日本の新幹線網
出典：wikipedia「新幹線」（2019）

は大手私鉄も主要都市を結んでいる。旅行者にとっては、居住圏から観光地に移動する最初に利用する鉄道となる。

②都市内鉄道

各地方中核都市、県庁所在都市などにおいては、JRの都市近郊線や私鉄・地下鉄・市電が都市内の移動を担っている。それぞれ都市観光に利用されている。また、都市部の大手私鉄は、特に沿線観光地への輸送に力を入れている。東武線の日光・鬼怒川、小田急線の箱根・江の島、近鉄線の奈良・伊勢などである。

③地域内鉄道

主に観光地が立地する地域においては、JRローカル線、地方公共団体と民間企業が運営する第三セクター鉄道が担っているケースが多い。また、観光目的の乗客がほとんどを占める登山鉄道・ロープウェイ・ケーブルカーなどがある。

(3) 観光対象としての鉄道交通

移動の目的よりそれを利用すること自体が観光の対象となる鉄道がある。鉄道自体が観光資源になっている事例である。新幹線は一般的には観光目的地までの移動手段と捉えられるが、アジア諸国からの旅行者は新幹線の乗車を観光の大きな目的とし、新大阪―京都などの短距離の乗車体験を楽しんでいる。そういう意味では、新幹線も観光対象になりうる。多くの旅行者が観光対象としている鉄道は次のようなものである。

① SL列車

1975年に全廃された蒸気機関車を観光用に運行している。北海道から九州まで各地のJR・私鉄で運行され人気を博している。産業遺産としての蒸気機関車を公開保存する意義もあり、蒸気機関の仕組みがよくわかるため、動く博物館の要素も持っている。

「SLばんえつ物語」(JR東日本・磐越西線)、「SLパレオエクスプレス号」(秩父鉄道)、「SL急行かわね路号」(大井川鐵道)、「やまぐち号」(JR西日本・山口線)、「SL人吉」(JR九州・鹿児島本線・肥薩線)などがある。

②トロッコ列車

トロッコ列車とは、観光用として無蓋貨車に座席を付けたもの、あるいは客

車の壁を取り払って外気に直接触れるようにした列車である。北海道から九州まで各地で運行され人気がある。窓がないため展望が素晴らしく、季節を肌で感じ、自然の香りを楽しむことができる。

「くしろ湿原ノロッコ」（JR北海道・釧網本線）、「トロッコわたらせ渓谷」（わたらせ渓谷鐵道）、「黒部峡谷鉄道」「嵯峨野観光鉄道」「ゆうすげ号」（南阿蘇鉄道）などがある。

③路面電車

主要都市に設置され、長く市民の足として利用されてきたが、1970年代頃からモータリゼーションの波に押されて多数の路線が廃止された。近年になって都市交通として見直されるようになり、都市の名物として観光資源化した路線もある。また、低床車両、低騒音・高速化などを実現し、利便性を高めた新しい路面電車のシステム、「ライトレールトランジット（LRT・light rail transit）」も注目されている。

「都電荒川線」（東京都交通局）、「江ノ電」（江ノ島電鉄）、「伊予鉄道」（「坊ちゃん列車」を運行）、「長崎電気軌道」、LRTでは、「富山ライトレール」「広島電鉄」などがある。

④クルーズトレイン

クルーズトレインとは、クルーズ客船のような贅沢な旅を鉄道で提供する豪華観光寝台列車のこと。JR各社の営業エリア内の観光地を数日間かけて巡るもので、座席指定ではなく旅行商品として販売される。高級感のある客室やダイニングルーム、ラウンジ、景色が楽しめる展望車などを備えている。2013年にJR九州が「ななつ星 in 九州」を運行開始し人気を博した。2017年には、JR東日本の「TRAIN SUITE 四季島」、JR西日本の「TWILIGHT EXPRESS 瑞風」が運行を開始した。

⑤観光列車

移動の目的よりも、乗車することそのものが目的の乗ること自体を楽しむ列車。「ジョイフルトレイン」「リゾート列車」「イベント列車」など呼ばれることもある。季節限定列車も多い。

「特急・旭山動物園号」（JR北海道）、「リゾートしらかみ」（JR東日本）、「ストーブ列車」（津軽鉄道）、「こたつ列車」（三陸鉄道）、「お席トロ展望列車・会

津浪漫号」(会津鉄道)、「箱根あじさい電車」(箱根登山鉄道)、「トーマスランド号」(富士急行)、「シアター・トレインゆめぞら」(北越急行ほくほく線)、「急行・大正ロマン号」(明知鉄道)、「たま電車」(和歌山電鐵)、「アンパンマン列車」(JR四国)、「特急・A列車で行こう」(JR九州)など数多い。

⑥ケーブルカー・ロープウェイ

　ケーブルカーとは、山岳の急斜面などをケーブル(鋼索)が繋がれた車両を巻上機などで巻き上げて運転する鉄道である。鋼索鉄道ともいう。ロープウェイは空中を渡したロープに吊り下げた輸送用機器に人を乗せて輸送を行うもので、索道ともいわれる。ともに、山岳の観光地に立地し、登山を容易にするとともに景観が楽しめる観光交通である。

　ケーブルカーには、高尾登山ケーブル、箱根登山ケーブルカー、黒部ケーブルカー、坂本ケーブル、六甲ケーブルなどがある。ロープウェイには、函館山ロープウェイ、蔵王ロープウェイ、箱根ロープウェイ、駒ヶ岳ロープウェイ、立山ロープウェイ、眉山ロープウェイ、阿蘇山ロープウェイなどがある。

3. 道路交通ビジネス

　道路交通ビジネスとして最も利用されるのがバスである。移動の目的と観光地巡りの目的とに利用される。タクシーも観光地での主要な交通手段となっている。

(1) 道路交通の歴史

　日本のバス事業は、1903年京都の二井商会による乗合自動車の運行が始まりとされる。まだライバルの乗合馬車が主流の時代であった。

　大正時代に入ると、自動車の信頼性も高まり、全国的にバス事業が拡大する。昭和に入ってその勢いを増し、地域の主要な交通手段となっていった。1925年、東京で初めての定期遊覧乗合バスが運行開始された。1928年、大分県の別府温泉において日本で最初の女性バスガイド付の遊覧バスが運行された。京都市の京都定期観光バスも同年の開業である。

　戦後の輸送需要拡大を迎えて、バス業界は国産ディーゼルバスの普及とその

大型化を進めた。戦時下運行を停止していた貸切バス事業も復活し、当時拡大する職場旅行などの団体旅行の担い手となる。1964年、東京オリンピックの開催の頃、バス事業も盛況を迎え、バスターミナルなどのプラットフォームも作られ、都市間長距離輸送にもバスが進出するようになる。貸切バスの伸張も著しく、外国人旅行者向けの専用貸切バスも登場する。1969年に全線開通した東名高速道路にも長距離高速バスの運行が始まる。渋滞が恒常化した大都市では、路面電車やトロリーバスが相次いで廃止され、代替バスの運行が開始される。

1987年に国鉄の分割民営化とともにJRバスが誕生し高速・都市間輸送を担い、国鉄の解体によって、鉄道事業の地方交通線はバスへの転換が図られる。

平成に入り、行政が運行に係る新しいバスサービス「コミュニティバス」が登場、乗降性に優れた「ノンステップバス」、高速道路を利用した「都市間ツアーバス」などが定着する。

一方、タクシーは、1912年東京の有楽町にタクシー自働車株式会社が設立され旅客営業を開始したのが日本の最初とされる。1924年大阪市内を1円均一で走るタクシーが登場し、「円タク」と呼ばれ、2年後東京にも登場した。戦後、タクシー会社は全国各地に設立される。観光地のタクシーは、旅行者の輸送だけでなく、乗務員が観光案内をして観光スポットを巡ることも始める。いわゆる「観光タクシー」である。

(2) バス・タクシーの種類

バスには、道路運送法上の「一般乗合旅客自動車運送事業」と「一般貸切旅客自動車運送事業」とがある、「乗合バス」と「貸切バス」である。また、「一般乗用旅客自動車運送事業」とは、「タクシー」「ハイヤー」のことである。次のようなものがある。

①乗合バス
・都市部の路線バス
・都市間の高速バス・深夜バス
・観光地の定期観光バス

②貸切バス

- オーダーメードの観光バス
- パッケージツアーの観光バス

　③タクシー・ハイヤー
- タクシー（乗務員が旅客の希望する任意の場所までの移動を引き受ける交通手段）
- ハイヤー（タクシーの一種、運送の引き受けを営業所のみで行う交通手段）
- 観光タクシー・観光ハイヤー（乗務員が観光名所を周りながら観光案内をするもの）

（3）観光地を演出する道路交通

　移動の目的よりもその交通手段が観光地をより魅力的なものにする役割を果たす道路交通としては、観光ガイドの付いた定期観光バス、観光タクシー・観光ハイヤーの他、観光スポット付近で営業をする観光馬車、観光牛車、人力車などがある。いずれもきめ細かな観光案内がある。

4. 航空交通ビジネス

　北海道、九州、沖縄などへの長距離の旅には欠かせない交通手段が航空機である。また、離島への旅も航空機利用により身近になった。そして何よりも、島国である日本においては、日本人の海外旅行、インバウンドには必要不可欠な観光ビジネスである。

（1）航空交通の歴史

　1903年、アメリカのライト兄弟が飛行機「ライトフライヤー号」による世界初の本格的な有人飛行に成功してから人類の飛行機の歴史が始まる。

　航空交通ビジネスは第2次世界大戦後、急速に発展した最も新しい、画期的な交通ビジネスであった。1951年、日本航空が設立され国内線の運航が開始された。1954年には、東京―ホノルル―サンフランシスコ間を運航し、日本における国際線の始まりとなる。

　航空機はジェット機へ、さらに1970年にはジャンボジェット機（B747型機）

が登場し、高速化、大型化する。当初は運賃も高額で利用できるのは一部の富裕層に限られていたが、国民の所得水準の向上や大型機の登場による運賃の低下などにより多くの人が利用できる交通手段となる。

　1970年代、国際線は日本航空のみの運航であったが、1980年代後半になると複数社体制になり全日空なども参入する。1987年日本航空は完全民営化される。1990年後半、スカイマークエアラインズやエア・ドゥなどが新規参入する。今日、国内海外のLCC（格安航空会社）が運航を開始している。

　その間、1978年に成田国際空港、1994年関西国際空港、2005年中部国際空港が開港し、2010年羽田空港（東京国際空港）が国際線ターミナルを開業した。

(2) 国際線と国内線

　国際線とは、ある国と他の国を結ぶ航空路線のことで、2カ国以上の空港間を運航する航空機のことである。

　成田国際空港、関西国際空港、中部国際空港、東京国際空港（羽田空港）および福岡空港、新千歳空港を中心に40以上の航空会社が海外都市へと運航している。日本の航空会社は日本航空（JAL）と全日空（ANA）がその役割を果たしている。海外の数多くの都市へ定期運航している。

　国内線とは、発着地がともに日本国内にある航空路線のことである。日本国内に90以上ある空港と空港を結んでいる。国内航空では、東京国際空港、成田国際空港、大阪国際空港（伊丹）、関西国際空港、新千歳空港、福岡空港、那覇空港を結ぶ路線を「幹線」と呼ぶ。この幹線を中心に地方空港や離島の空港へは、全日空グループと日本航空グループ、スカイマークエアラインズやエア・ドゥ、地域のコミューター航空会社が運航している。

(3) 航空交通ビジネスの用語
　①航空アライアンス

　アライアンスとは、航空会社間の国際的な連合組織のことで「航空連合」とも言われる。同一連合内においては、コードシェア便やマイレージサービスの相互乗り入れなど、旅客の利便性を図り、集客の向上を目指している。世界的

写真 コミューター（与論空港）筆者撮影

なアライアンスは3つある。全日空やユナイテッド航空を中心とした「スターアライアンス」、日本航空やアメリカン航空を中心とした「ワンワールド」、エールフランスや大韓航空の「スカイチーム」である。

②マイレージサービス

航空会社が行う顧客へのポイントサービスのこと。主なマイレージサービスは会員旅客に対する搭乗距離に応じたポイントを付加し、そのポイントに応じた無料航空券、割引航空券、座席グレードアップなどのサービス提供がある。

③コードシェア便

定期航空便に複数の航空会社の便名を付与して運航される便。「共同運航便」とも呼ばれる。複数社による座席の販売強化や運航効率の向上をはかる運航形態のことである。主に、同一アライアンス内の航空会社同士で行われている。

④オープンスカイ

国際航空における自由航行のこと。乗り入れ・便数・路線・運賃・以遠権（到着国を経由して第三国に運航する権利）などの完全自由化のことである。「航空自由化」とも呼ばれる。アメリカを始めEU諸国、アジアの国々などが相次いでオープンスカイ政策を掲げるなか、日本も基本的にはオープンスカイ政策

をとっている。

　⑤**国際線チャーター**

　主に旅行会社が航空機一機を貸切る運航形態のこと。定期航空路線がない路線や団体旅行客の需要に対処する場合に行われることが多い。国際線を持たない地方空港発着などからの運航が期待されている。

　⑥**ＬＣＣ（Low Cost Carrier）**

　効率化の向上によって低い運航費用を実現し低価格の運賃で運航する航空会社である。「格安航空会社」ともいわれる。運航コストの低減、人件費の節減、機内サービスの簡略化、航空券販売コストの低減による効率化である。ピーチ・アビエーション、ジェットスター・ジャパン、春秋航空などが運航している。

　⑦**コミューター航空会社**

　小型航空機で近距離の２つの地点を中心に結ぶ航空会社。「地域航空会社」ともいわれる。日本では離島への路線に多くあり、島民と島への観光旅行者を運んでいる。日本トランスオーシャン航空、日本エアコミューター、琉球エアーコミューター、北海道エアシステムなどがある。

　⑧**ビジネスジェット**

　個人や企業が旅客運送としてではなく個人の輸送をするための航空機。数人から十数人程度を定員とする小型機である。いわゆる社用機、自家用機である。少人数であるが富裕層やエグゼクティブがその旅客となるため、日本は積極的な受入れと体制作りを始めている。

5. 海上交通ビジネス

　島国の日本において船は最も歴史がある交通ビジネスである。特に、国際間の移動においては長い間主役を務めてきた。今日でも、船は観光にとって重要な観光交通ビジネスである。

(1) 海上交通の歴史

　古くは遣隋使、遣唐使の時代から、また、安土・桃山時代の御朱印船、江戸時代の廻船など、海洋国家日本の歴史の中で、船が果してきた役割の大きさは

はかり知れない。海外との交易や文化の交流を、また島国である国内の移動を支えてきた。

　明治以降も、優れた造船技術により海洋国家を築いてきた。戦後、1946年日本郵船は、貨客船「氷川丸」の太平洋定期航路を再開した。しかし、1964年の東京オリンピック以降は、航空機による海外渡航が一般化したため海上での旅客輸送需要は激減し、一部のクルーズ客船を除けば外航航路の客船は消滅していく。しかし、今日でも船舶を利用した海上交通が、近隣諸国や日本列島の各地を結んでいる。

(2) 国際航路と国内航路
①国際航路

　航空路線の発達で数は少なくなったが、海を隔てた隣国である、韓国、中国、ロシアとの間には定期便が運航されている。船旅では、国と国の距離、隣国とつながっている空気をはっきりと感じることができる。次の航路などがある。
- 関釜フェリー：下関（山口県）～釜山（韓国）
- カメリアライン：博多（福岡県）～釜山（韓国）
- ビートル（JR九州高速船）：博多（福岡県）～釜山（韓国）
- オリエントフェリー：下関（山口県）～青島（中国）
- 上海フェリー：大阪～上海（中国）

②国内航路

　国内においては、自動車を一緒に載せることのできる長距離フェリーや主要な港を繋ぐ客船、離島を結ぶ航路など、日本列島の近海を多くの船舶が旅行者などを乗せ運航している。

- 長距離フェリー
  関東・関西・日本海側の主要港―北海道・九州・四国・沖縄の主要港を結んでいる。
- 近距離航路
  北海道近海、本州―北海道・九州、本州近海、九州近海のフェリー・客船の航路。
- 瀬戸内海航路

本州─四国、本州・四国─瀬戸内海の島々を結ぶ航路。
・離島航路
　伊豆諸島、小笠原諸島、南西諸島、八重山諸島などの離島を結ぶ航路

(3) さまざまな海上交通

①フェリー

　フェリーとは、旅客と自動車ごと運搬できる構造を持つ貨客船のことで、「カーフェリー」とも呼ばれる。長距離を運航する大型のものから、距離の短い海峡などを運航する小型のものまである。片道300km以上の航路に就航しているフェリーは「長距離フェリー」と言われ、旅行者だけでなく陸上輸送の代替として物流の効率化に貢献している。

②クルーズ客船

　海上での移動だけではなく船旅自体を楽しめる客船。ホテル並みの宿泊設備やレストラン、バー、フィットネスクラブ、シアター、図書室、美容院、ショップ、プールなどの設備があり、医師・看護師なども乗船しており、長期間の船旅を楽しめるようになっている。

　日本には「飛鳥Ⅱ」（郵船クルーズ）、「にっぽん丸」（商船三井客船）、「ぱしふぃっくびいなす」（SHKライングループ）の大型クルーズ客船があり、世界一周・アジア周遊などの国際クルーズとさまざまなテーマでの国内クルーズを提供している。

③遊覧船

　川・湖・沼・港湾など景観の良好な観光地の水域で運航される旅客船。主に観光旅行者が利用する。外装は帆船や外輪船、動物を模したものなど凝った形状がある。一定規模の水域のある全国の観光地にあり、それ自体が観光対象となっているものが多い。観光路線を運航する「水上バス」や船頭の操る小舟に乗って景色を楽しむ「川下り船」も遊覧船の一種である。

④レストラン船

　出港地と帰港地が同一で、本格的なレストラン施設を備え、レストラン以外のキャビンを持たない旅客船のこと。洋上の眺望とレストランでの食事を楽しむという目的に特化した客船。パーティや船上ウエディングなどに利用される

こともある。小型和船で、船上での宴会や食事をして楽しむ「屋形船」も、日本古来のレストラン船と考えてもいい。

6. 観光交通の課題

　観光交通ビジネスにも、観光振興に係わるさまざまな課題がある。今日、次のようなテーマが注目されている。

(1) 観光交通と二次交通

　二次交通とは、観光地最寄りの鉄道の駅や空港から観光目的地までの交通のことを指す。また、観光地間、観光地内の交通手段も二次交通と考えていいだろう。

　自動車が生活の足となっている地域では公共交通機関が整備されていないケースが多く、鉄道や航空を利用して訪れる旅行者にとり大きな問題となっている。二次交通が整備されていることが旅行先を選ぶ重要な要素ともなってきている。

　鉄道の駅や空港から観光地までのシャトルバスや乗合タクシーの運行、レンタル自転車、観光地内の循環バス、コミュニティバス、さらに観光地内フリーきっぷなどの整備を行い、旅行者の利便性を高める努力が必要となっている。

(2) 観光交通と環境問題

　観光にとって環境問題は避けて通れない課題である。観光交通ビジネスにとって重要なのは、観光地の自然環境の保護・保全と地域住民の生活環境への配慮である。特に、マイカーの普及と道路整備により、旅行手段として広く定着しているマイカー旅行による環境破壊が問題となっている。

　マイカーに関する規制は多くの先進国の観光地ではすでに取組みが進んでいる。日本においても次のような取組みが始まっている。

①マイカー乗り入れ規制

　自然環境を守るため規制地域、規制時期をきめ、マイカーの乗り入れを禁止すること。上高地（長野）・尾瀬（福島・新潟・群馬）・乗鞍（長野）などで実

施している。

②パーク・アンド・ライド
　観光地に入る手前の駐車場にマイカーを駐車し、そこから鉄道やバスなどに乗り換えて観光地に行ってもらう方式。交通渋滞の激しい都市部でも行われているが、観光シーズンの観光地においても導入され始めている。

③環境にやさしい自動車利用
　観光地だけの問題でなく、地球温暖化の原因とされる二酸化炭素の排出量の削減が世界的な課題となっている中で、燃料電池車や電気自動車、ハイブリッドカーなどの活用への取組みも重要となる。

(3) 観光交通とバリアフリー
　本格的な高齢化が進展する中で、「交通バリアフリー法」（正式名称「高齢者、身体障害者等の公共交通機関を利用した移動の円滑化の促進に関する法律」）が制定され、鉄道の駅、空港、バスターミナルなどの旅客施設の新設と大規模な改築、あるいは新車両の導入などの際のバリアフリー化が義務付けられた。
　観光交通においても、高齢者や障害者をはじめ、全ての人々が安全・快適に旅行を楽しめる交通バリアフリーを早急に実現していかなくてはならない。
　また、バリアフリーの対象は、増加する外国人旅行者に対しても同様である。特に、観光交通においては利用が難しいなどの声が大きい。案内所の整備や多言語表記、フリーきっぷ、フリーパスの開発などが急がれる。

第11章　観光施設ビジネス

1. 観光施設ビジネス

　観光施設ビジネスとは、観光に関連したすべての施設を運営する事業を指す。本章では前述した宿泊ビジネス、観光交通ビジネス以外の代表的な観光施設ビジネスを解説する。

（1）観光施設とは
　観光施設とは、観光に関連したすべての施設のことを指す。したがって、観光の中で大きなウェイトを占める、宿泊施設や観光交通も観光施設ということができる。また、清水寺や伊勢神宮、姫路城、兼六園など歴史的な価値のある観光資源も、観光旅行者の利用に供されることから観光施設ということもできる。しかし、一般的には、観光施設は近代以降に観光やレクリエーションの旅行者を誘引する目的で作られたもの、また、観光旅行者に対するサービスを提供する施設のことを指す。

（2）観光施設ビジネスの種類
　観光施設ビジネスにはその施設自体が観光資源となっているものと、観光をサポートする施設とがある。
　　①近代的観光資源
　近代以降に人間がつくり旅行者を誘引する観光資源として定着している施設。動物園、水族館、植物園、博物館、美術館、近代公園、遊園地、テーマパーク、近代的建造物（ビル、タワー、橋、ダムなど）など。
　　②レクリエーション施設

スポーツやリラクゼーションや体験のための施設。ゴルフ場、スキー場、テニス場、海水浴場、ダイビング施設、温泉施設、エステ施設、農業公園、観光農園、観光牧場、農業体験施設、漁業体験施設など。

③観光サービス施設

旅行者の観光行動をサポートする施設。飲食施設、土産店、ショッピング施設、アウトレットモール、道の駅、休憩施設など。

2. テーマパーク

テーマパークの代表である「東京ディズニーリゾート（TDR）」は、今や日本最強の観光資源といって過言ではない。日本のさまざまなテーマパークを概観する。

(1) テーマパークとは

テーマパークとは、日本では特定のテーマをベースに全体が演出されたレジャー施設のことを指し、一般の遊園地とは区別している。ホテル、ショッピング施設、飲食施設などを併設することもある。なお、日本以外の国においてはテーマパークと遊園地は区別されず「アミューズメント・パーク」と言われている。

テーマパークという言葉は、1983年千葉県浦安市に開業した「東京ディズニーランド（TDL）」で用いられるようになってから一般化した。それ以前でも、ひとつの統一テーマで作られた、愛知県犬山市にある「博物館明治村」（1965年開園）や京都市の「東映太秦映画村」（1975年開園）などがあり、これらが日本のテーマパークの草分けとも言える。テーマパークのルーツは、1955年に建設されたアメリカのカリフォルニア州の「ディズニーランド」である。

1980年代後半から、全国各地にさまざまなテーマパークが誕生したが、集客が継続できず閉園に追い込まれたところも多数ある。その中で、「東京ディズニーランド」と「東京ディズニーシー（TDS）」を合わせた「東京ディズニーリゾート（TDR）」には年間およそ3,000万人（2019年）の入場者があり、誘客面から見れば日本最強の観光資源と言っていいだろう。大阪市にある「ユ

ニバーサル・スタジオ・ジャパン（USJ）」の来場者も年間 1,400 万人以上（2019年）と人気を博している。このふたつの施設に長崎県のハウステンボスを加え、日本三大テーマパークと言うことがある。

(2) 代表的なテーマパーク

テーマパークには統一テーマがあり、そのテーマにあった施設、演出、土産品、サービスなどが準備されている。テーマは、特定の国、時代、映画、物語、キャラクターなどである。表 11-1 は、旅行のデスティネーションとして欠かせない日本の代表的なテーマパークである。

表 11-1　日本の代表的なテーマパーク

テーマパーク施設	所在地	開園年	テーマ
東京ディズニーランド	千葉県浦安市	1983 年	夢・魔法
東京ディズニーシー	千葉県浦安市	2001 年	海
ユニバーサル・スタジオ・ジャパン	大阪府大阪市	2001 年	ハリウッド映画
ハウステンボス	長崎県佐世保市	1992 年	中世オランダ
志摩スペイン村	三重県志摩市	1994 年	スペイン
博物館明治村	愛知県犬山市	1965 年	明治時代
東映太秦映画村	京都府京都市	1975 年	時代劇
日光江戸村	栃木県日光市	1986 年	江戸時代
サンリオピューロランド	東京都多摩市	1990 年	キャラクター
レゴランド・ジャパン	愛知県名古屋市	2017年	レゴブロック

3. 動物園・水族館

動物園や水族館は家族のレクリエーションや子供たちへの教育上も欠かせないものである。多くの観光旅行者を集めている施設もある。

(1) 動物園

動物園とは、生きた動物を収集、飼育、保護、研究し、教育、観賞、レクリエーションなどの目的で公開している施設。通常、陸上に生息する比較的大型の哺乳類や鳥類といった動物を中心として扱っている。

日本で最も古い動物園は、1882年に開業した東京都台東区の上野恩賜公園内にある東京都立の「恩賜上野動物園」、通称「上野動物園」である。動物園は、現在日本全国に91施設（日本動物園水族館協会加盟・2020年）ある。1970年代まで、子供連れの家族を中心に親しまれてきたが、1980年代以降には余暇活動の多様化や少子化などの理由によって入場者が減り、閉園になる動物園も出た。もともと、公営が多く教育施設の一面があり入場者数の確保などの営業面には力を入れてこなかった動物園が多かったが、近年は自立を目指しさまざまな工夫をして集客している。

　希少な動物を集めるばかりではなく、展示面でも日本の動物園で一般的な、動物の姿形を見せることに主眼を置いた「形態展示」ではなく、動物本来の動きを引き出す「行動展示」や生息地の自然環境を再現した「生態展示」、また夜行性の動物の活動中の状態を観察できるようにするための夜間開園なども行われている。

　行動展示を実施するなどさまざまな工夫を試みた「旭川市旭山動物園」は、1990年代後半から入園者数が増加し、日本一の上野動物園と肩を並べるようになり、北海道を代表する観光スポットとなった。

　動物園の特殊な形態として人が車に乗って巡回するようにして動物を観察する「サファリパーク」や子供たちが動物たちと直接に触れることのできる「子ども動物園」、所有する動物を教育施設や公共施設に直接移送して展示する「移動動物園」、また「鳥類園」「昆虫館」などもある。単一の人気動物を扱う、クマ牧場やキタキツネ牧場なども人気がある。

(2) 水族館

　水族館とは、海や河川・湖沼などの水中や水辺で生活する生き物を収集、飼育、保護、研究し、教育、観賞、レクリエーションなどの目的で公開している施設のことである。水族館では魚類を中心に無脊椎動物、両生類、海獣類、爬虫類といった動物や水草などをガラスやプラスチックの透明な水槽に入れ公開されている。現在日本全国に52施設（日本動物園水族館協会加盟・2020年）ある。日本は人口あたりの水族館数が世界一と言われている。

　イルカ、アシカ、シャチなどの海獣によるショーなどを楽しめる水族館も多

く、これらのショーが水族館の目玉になっていて多くの旅行者を集めている施設もある。また、単独で存在する水族館以外に、動物園の中の1施設となっているところ、遊園地のような施設と併設されているところもある。

多くの旅行者を呼ぶ観光資源となっている水族館は各地にあるが、特に、2002年に現名称として開館した沖縄本島北西部にある「沖縄美ら海水族館」は大水槽を泳ぐジンベエザメやイルカショーが人気で、沖縄県の一大観光地となっている。

(3) 代表的な動物園・水族館

動物園・水族館は各地に数多くあり子どもたちの人気の施設である。観光目的地としても欠かすことのできない存在になっている。表11-2は観光資源となっている日本を代表する動物園と水族館である。

写真　人気の旭川市旭山動物園　筆者撮影

表11-2　日本の代表的な動物園・水族館

	施設名	所在地	開園年	特徴
動物園	旭山動物園	北海道旭川市	1967年	行動展示で一大観光地に
	多摩動物公園	東京都日野市	1968年	生息地域ごとの地理学展示
	アドベンチャーワールド	和歌山県白浜町	1978年	パンダが5頭いる人気パーク
	富士サファリパーク	静岡県裾野市	1980年	日本最大級のサファリパーク
	阿蘇カドリー・ドミニオン	熊本県阿蘇市	1973年	熊を中心とした動物園、動物ショーが人気
水族館	沖縄美ら海水族館	沖縄県本部町	2002年	世界最大級の大水槽「黒潮の海」が人気
	アクアマリンふくしま	福島県いわき市	2000年	展示数日本トップクラス
	鳥羽水族館	三重県鳥羽市	1955年	飼育種類数日本トップクラス
	海遊館	大阪府大阪市	1990年	日本2位の大水槽「太平洋水槽」が人気
	鴨川シーワールド	千葉県鴨川市	1970年	シャチのパフォーマンスが人気

4. 博物館・美術館

博物館や美術館は子どもへの教育のためやマニアの人のための施設という側面もあるが、多くの旅行者や外国人旅行者を魅了する施設が各地にある。

(1) 博物館

博物館とは、特定の分野に対して価値のある事物を収蔵し、研究すると同時に、来訪者に展示の形で開示している施設である。「ミュージアム」と呼ぶこともある。収蔵、展示する内容は幅広く自然史・歴史・民族・美術・文学・科学・技術・交通・海事・航空・平和など多岐にわたる。博物館は総合博物館と専門博物館に大別され、専門博物館はさらに内容に応じて歴史博物館、芸術博物館、産業博物館、科学博物館などに分けられる。

日本には近代以前から社寺の宝物殿や絵馬殿があったが、日本最古の博物館は 1872 年に創設された東京上野の「東京国立博物館」であり、今日も多くの人々が来館している。博物館という名称を付さない記念館、資料館、文学館、歴史館、科学館などの施設も含めると日本には 4,000 館以上の博物館がある。

世界には、「大英博物館」(イギリス・ロンドン)、「スミソニアン博物館」(アメリカ・ワシントン)、「故宮博物院」(台湾・台北)、「エジプト考古学博物館」(エジプト・カイロ) など世界中からの旅行者を集める博物館がある。

(2) 美術館

美術館とは、美術作品を中心とした文化遺産や現代の文化的所産を収集、保存し、それらに係わる教育、普及、研究を行なうとともに、一般に展示する施設である。博物館の一種である。美術館と博物館は欧米ではともにミュージアムであり区別はない。しかし日本では、美術品以外のものを収蔵、展示する施設を博物館、また美術品の中でも古いものは博物館、新しいものは美術館と称しているところが多い。

日本においては、明治後期に国立博物館で美術品展示が行われている。1930 年に倉敷市で民間が開設した「大原美術館」は西洋近代美術を展示する

日本初の美術館である。1952年開館の「東京国立近代美術館」は近代美術を展示する最初の国立の美術館である。

コレクションの性格により次のように分類される。地域・文化による分類「西洋美術」「東洋美術」「中国美術」「仏教美術」など、時代による分類「古代美術」「現代美術」「近代美術」など、芸術表現方法による分類「絵画」「彫刻」「陶磁器」「陶芸」「ガラス工芸」「工芸品」「人形」「デザイン」「絵本」「写真」「映像」などである。

世界には、「ルーブル美術館」（フランス・パリ）、「メトロポリタン美術館」（アメリカ・ニューヨーク）、「ボストン美術館」（アメリカ・ボストン）、「プラド美術館」（スペイン・マドリード）、「エルミタージュ美術館」（ロシア・サンクトペテルブルク）など世界中の人々を魅了する美術館がある。

(3) 代表的な博物館・美術館

日本に数多くの特徴ある博物館や美術館が全国各地域にあり、それらを目的に旅行に出かける人は多い。海外においても高い評価を得て、外国人旅行者が多く訪れるものも少なくない。表11-3は観光資源となっている日本を代表する博物館と美術館である。

表11-3　日本の代表的な博物館・美術館

	施設名	所在地	開館年	特徴
博物館	国立科学博物館	東京都台東区	1926年	日本の科学博物館の代表
	広島平和記念資料館	広島県広島市	1955年	「原爆資料館」とも呼ばれる平和博物館
	福井県立恐竜博物館	福井県勝山市	2000年	日本の恐竜博物館の代表
	鉄道博物館	埼玉県さいたま市	2007年	鉄道に関する博物館、愛称「てっぱく」
	カップヌードルミュージアム	神奈川県横浜市	2011年	人気のインスタントラーメンの博物館
美術館	大原美術館	岡山県倉敷市	1930年	倉敷美観地区にある日本最初の近代西洋美術館
	箱根彫刻の森美術館	神奈川県箱根町	1969年	日本最初の野外彫刻美術館
	足立美術館	島根県安来市	1970年	近代日本画の美術館、庭園が海外でも高い評価
	三鷹の森ジブリ美術館	東京都三鷹市	2001年	ジブリ作品をテーマにしたアニメーション美術館
	金沢21世紀美術館	石川県金沢市	2004年	開放的な新現代アートの美術館

5. タワー

　2012年、東京都墨田区に世界一高い電波塔である「東京スカイツリー」が開業した。開業とともに東京を代表する観光スポットとなり内外の旅行者を惹き付け、地元に大きな経済効果をもたらした。タワーは日本においても世界においても大きな観光資源となっている。

(1) タワー
　タワーとは、塔、塔状の高層建築物のことである。その用途は、主に、電波塔、灯台、展望台、商業施設、モニュメントなどである。特に、遮蔽物がなく360度の眺望を楽しめる展望台として多くの観光旅行者を呼ぶ観光施設となっている。日本全国、とくに大都市や港湾都市に立地し、その地のシンボル、ランドマークとなっている。観光の視点では、その特異な姿を見ることと、展望台に登り高所からの眺望を観賞することにある。
　塔という意味では、日本においては古くから仏教に係わる五重塔や多宝塔などがあった。明治期以降に西洋建築が導入され時計台や高層の楼閣などが建てられた。戦後、電波塔と展望台を兼ね備えたタワーとして1954年に「名古屋テレビ塔」が、1958年に「東京タワー」が開業した。
　世界では、「エッフェル塔」(フランス・パリ・1889年・324m)、「広州塔」(中国・広州市・2009年・600m)、「CNタワー」(カナダ・トロント・1976年・553m)、「クアラ・ルンプール・タワー」(マレーシア・クアラ・ルンプール・1994年・421m)、「Nソウルタワー」(韓国・ソウル・1971年・237m)などが世界の旅行者を惹きつけている。

(2) 代表的なタワー
　日本には、数多くの特徴あるタワーが全国各地にある。テレビやラジオの電波塔の役割を果たすものも多いが、観光用としての展望台がメインのものもある。「東京タワー」のような鉄骨構造の鉄塔が多いが、鉄筋コンクリート構造のものなどもある。ロウソクの形を模した「京都タワー」や全面ガラス張りの「ゴールドタワー」などユニークなタワーもある。表11-4は多くの旅行者が

表11-4 日本の代表的なタワー

タワー施設	所在地	開業年	高さ	用途
東京スカイツリー	東京都墨田区	2012年	634m	電波塔・展望台
東京タワー	東京都港区	1958年	333m	電波塔・展望台
名古屋テレビ塔	愛知県名古屋市	1954年	180m	電波塔・展望台
ゴールドタワー	香川県宇多津町	1988年	158m	展望台
さっぽろテレビ塔	北海道札幌市	1967年	147m	電波塔・展望台
京都タワー	京都府京都市	1964年	131m	展望台
神戸ポートタワー	兵庫県神戸市	1963年	108m	展望台
五稜郭タワー	北海道函館市	2006年	107m	展望台
通天閣	大阪府大阪市	1956年	100m	展望台・広告塔
東尋坊タワー	福井県三国町	1964年	55m	展望台

訪れる日本を代表するタワーである。

6. スキー場

　観光のオフシーズンとなる冬季の観光の大きな目玉はスキーである。かつて若者やファミリーで日本全国にあるスキー場は賑わいをみせた。スノーボードも普及したが、参加人口は減少傾向にある。そんな中で新しい動きもある。

(1) スキー場

　スキー場とは、スキーやスノーボードなど、雪の上を滑走するスポーツをするための場所や施設のことである。スキー場にはリフトやロープウェイ、ゴンドラリフトなどがあり、それらによって山頂付近まで上り、スキーやスノーボードでゲレンデを滑り降りるスポーツの場である。リフトやロープウェイ、ゴンドラリフトのことを「索道」といい、鉄道の一種であり、スキー場は鉄道事業が主体の事業とも言える。
　スキー場には、レストランや売店などの商業施設、スキー用具やスノーボード用具を貸すレンタル施設、スキースクール、スノーボードスクールといった滑り方を教える教育施設が併設されているところが多い。また、ゲレンデに隣接するホテルなどの宿泊施設や温泉施設を併設しているスキー場もある。ス

キー場は複合的な観光ビジネスと言うことができる。

　日本における最初のスキー場は1911年に開設された「五色温泉スキー場」（山形県）であり、民間用にリフトが最初に設けられたのは1948年開設の「草津国際スキー場」（群馬県）である。

　現在、スキー場は北海道から九州までの全国各地に点在し、良質な雪のある北海道や長野県、新潟県、山形県などの豪雪地帯に多くある。全国には約500のスキー場がある。冬はスキー、グリーン期と呼ばれる春、夏、秋は高原リゾート、ハイキング、スポーツ合宿、パラグライダーなどのアウトドアスポーツの拠点として利用されるスキー場もある。

　「志賀高原スキー場」（長野県）、「白馬スキー場」（長野県）、「苗場スキー場」（新潟県）、「ガーラ湯沢スキー場」（新潟県）、「山形蔵王温泉スキー場」（山形県）、「ニセコスキー場」（北海道）、「ルスツリゾート」（北海道）などが多くのスキーヤーやスノーボーダーに人気のあるスキー場である。

(2) スキー場ビジネス

　スキー場は、スキー・スノーボードともに長期的に参加人口は減少傾向にあり、したがって市場規模は縮小傾向にある。参加人口の減少で顧客の奪い合いが激しく、顧客獲得のために、イベントの開催や人工降雪機による開業期間の長期化、ナイター設備導入による営業時間の拡大などで顧客の利便性向上に努めているが、地球温暖化による降雪量の減少や雪質の低下などもあり、経営を圧迫しているスキー場も数多く存在し、閉鎖に追い込まれるスキー場も少なくない。

　スキー場の運営者は地方自治体、第3セクター、民間企業である。民間企業で経営規模の大きい企業のスキー場は大型の宿泊施設を一体運営することで大規模なスノーリゾートの展開を行い、高い集客力を示しているところもある。しかし、中小のスキー場は、複数のスキー場が連携し共同リフト券の販売やスキー場と宿泊施設が連携し宿泊料とリフト料の割引サービスを行うなど経営努力をしているものの、経営規模の大きなスキー場と比較して来場者の減少率が高くなっている。

　図11-1は、スキー人口とスノーボード人口の推移を表したものである。スキー人口のピークは1993年度の1,860万人。スキーブームに火をつけた映

第 11 章　観光施設ビジネス

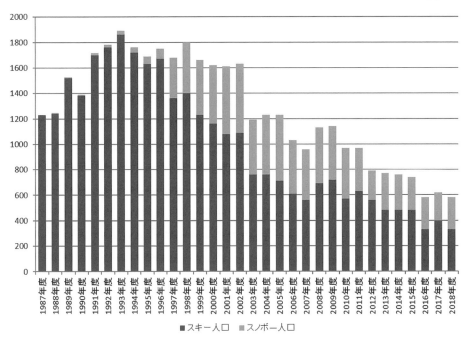

図 11-1　日本のスキー・スノーボード人口の推移（万人）
出典：『レジャー白書 2019』日本生産性本部

画『私をスキーに連れてって』（東宝）が公開されたのは 1987 年のことであった。スノーボードは 1990 年代後半から流行りはじめ、ピークは 2002 年度の 540 万人で、スキー人口の減少をスノーボードが補うほどのブームにはならなかったことがわかる。1997 年度に落ち込んだスキー人口が、1998 年度にやや復活したのは長野オリンピックの影響と考えられる。

2002 年度まではスキー・スノーボード人口は 1,500 万人を超えていたが、2003 年度に激減する。これは例年に比べて暖冬だったことが原因だと考えられている。しかも、この頃より 1 人あたりの平均参加回数も減少していく。

そんな中で、北海道のニセコスキー場が注目された。季節が逆の南半球からオーストラリア人スキーヤーがやってきた。オーストラリアのスキー場は降雪機に頼ることが多く、良質のパウダースノーのあるニセコが人気のデスティネーションとなった。町役場でも、標識の英語表記を増やし、外国人職員を採用するなど積極的に受け入れ体制を整えた。その後、香港、シンガポール、マ

レーシア、タイからのスキー・スノーボード客も増加する。オフシーズンの夏には急流をボートで下るラフティングや自転車、カヌーなどの新たなアクティビティーも用意している。

同様に、スキーリゾートとして知られる長野県白馬村は、国内スキー客が減少する中、オーストラリア人スキー客が急増し、地域経済に好影響を与えた。台湾、香港、韓国などのアジアの国々からも注目されている。雪質の良さ、長野オリンピックによる知名度の高さ、成田空港からのアクセスの良さ、旅館など日本文化があるなどが人気の理由とされている。

スキー・スノーボードの参加人口の中心は、20・30代の比較的若い層が中心だか、高齢化の進展により、スキーヤー・スノーボーダー年齢が上昇している。また、少子化の進展により、新たにスキー・スノーボードを始める若い世代の人口が減少している。高年齢層旅行者や外国人旅行者の受け入れなど新たな戦略が必要となっている。

7. 農業公園・観光農園・観光牧場

もともと観光とは距離を置いていた農業者をはじめとする第1次産業従事者やその団体組織などが、地域の活性化を目的として観光の世界に参入してきている。農業公園や観光農園、観光牧場などである。

(1) 農業公園

農業公園とは、農業振興を図る交流拠点として、自然とのふれあい、農業、園芸、造園への理解と環境、食の教育を目的として、農業体験機能、レクリエーション機能などを有する場として、農林水産省の主導により全国各地に整備された施設である。農業パーク、農業のテーマパークとも呼ばれる。

ドイツやデンマークなどの農村風景を模した農業公園が多く、ひとつのモデルとなっている。農業公園には、農場、農産物加工場、農業体験施設、多目的広場、レストラン、直売所などがあり、中には観覧車などのレジャー施設やホテルなどの宿泊施設を備えたものもある。都市と農村の交流をテーマにした施設が多く、農業のある生活の素晴らしさを表現している。日本の農村風景や暮

らしを見て感動するのは日本人だけではなく、外国人旅行者にも感動を与えられる可能性がある。これから成長する観光施設ビジネスである。

(2) 観光農園

　観光農園とは、農産物の収穫体験ができる個人農家や法人が経営する農園のことである。農産物の収穫体験とは「味覚狩り」のことで、日本では歴史のあるレクリエーションである。農園のほとんどは、本業を農業としており副業として観光農園を営んでいるが、観光農園を専業化しているところもある。

　最も容易に参加でき、体験者の多い「グリーンツーリズム」と言うことができる。子どもの教育として家族旅行で体験することが多い。開放された果樹園、農園で果実や野菜などの収穫とその場での食を楽しむことができる。1、2時間から半日程度の体験プログラムが中心である。

　日本全国で1年中、観光農園での何らかの味覚狩りが可能である。イチゴ狩り、リンゴ狩り、ミカン狩り、梨狩り、西洋ナシ狩り、柿狩り、ブドウ狩り、サクランボ狩り、桃狩り、ブルーベリー狩り、キウイ狩り、メロン狩り、スイカ狩り、トマト狩り、枝豆狩り、イモ掘り、サツマイモ掘り、たけのこ掘り、山菜狩り、キノコ狩り、栗拾いなどがある。

(3) 観光牧場

　観光牧場とは、放牧による畜産を営む牧場の全部または一部を一般旅行者に開放している牧場のことである。ウシ、ウマ、ヒツジなどの家畜を飼養する施設で、家畜が自由に動き回れるよう、ある程度の広さのある柵で囲った放牧場がある。そのような放牧場を確保できること、牧草が生育できることが条件であるため、日本では北海道や高原などに立地することが多い。

　観光牧場では、旅行者は放牧された動物と触れ合うことができ、それら家畜の肉を中心とした料理を味わったり、牛乳からつくるバター作り、チーズ作りなどを体験することができる。また、本格的な乗馬体験を楽しむことのできる牧場もある。

(4) 代表的な農業公園・観光牧場

　近年全国各地に農業公園が開園している。その中には、そこでの体験を目的

表 11-5　日本の代表的な農業公園・観光牧場

	施設名	所在地	開園年	特徴
農業公園	熊本県農業公園カントリーパーク	熊本県合志市	1991年	農業館を核として農業公園全体がストーリー性のある展示
	伊賀の里モクモク手づくりファーム	三重県伊賀市	1995年	ソーセージの手作り体験教室など、交流型の農業公園
	安城産業文化公園デンパーク	愛知県安城市	1997年	「日本デンマーク」安城市での都市と農村の交流の場
	滋賀農業公園ブルーメの丘	滋賀県日野町	1997年	ドイツの田舎町と農業をテーマにした丘陵にある農業公園
	淡路ファームパークイングランドの丘	兵庫県南あわじ市	2000年	職人自慢の食や農業体験できるコアラもいる農業公園
観光牧場	マザー牧場	千葉県富津市	1962年	鹿野山に広がる広大な敷地の観光牧場
	神戸市立六甲山牧場	兵庫県神戸市	1976年	スイスの山岳牧場を範にした高原牧場
	八ヶ岳ウエスタン牧場	山梨県北杜市	1977年	体験乗馬からウエスタン乗馬まで楽しめる観光牧場
	小岩井農場まきば園	岩手県雫石町	1991年	小岩井農場の一部が公開された観光牧場
	花畑牧場	北海道中札内村	1992年	著名タレントが牧場長の観光牧場、生キャラメルが有名

に多くの旅行者が訪れる施設もある。また、観光牧場も北海道や高原に数多くあり、家族旅行の定番のデスティネーションとなっている。表11-5は人気の高い農業公園と観光牧場である。

8. アウトレットモール

近年、マイカーによるショッピングに特化した旅が定着している。そのほとんどは日帰り旅行で、地元の新鮮な魚介類や野菜などを産地直売所で求める旅がある一方、衣類や雑貨などの地域性のない商品を「アウトレットモール」に買いに行く旅行も一般化している。

(1) アウトレットモール

アウトレットモールとは、流通コストをカットし、製造元が倉庫などを利用して直接販売することで低価格販売を図ったり、メーカーや専門販売店が自社の売れ残り品や規格外品を定価から価格ダウンして販売する複数のアウトレッ

ト店舗を一箇所に集めモールを形成したショッピングセンターのことである。いずれも広大な敷地に、広い商業施設、数千台駐車可能な駐車場が備えられている。

　1980年代後半にアメリカで誕生した新しい小売業の形態である。日本では1990年代以降、消費者の価格志向が高まりにより急速に普及した。郊外や観光地などで大規模なアウトレットモールの開設が相次ぎ、外資系企業も参入している。

　アウトレットモールでは、多数のブランドや業種を揃えた利便性で購入者の選択幅をモール全体として提供している。アウトレットモールの多くは、高速道路や幹線道路沿いの郊外、観光地に立地している。都市部の正規品流通店舗との競合を避け、店舗の分布が少ない地域に立地することで広域から一定の集客を得ている。土地代の安さも安値販売を成立させるための背景となっている。

(2) 代表的なアウトレットモール

　現在、アウトレットモールは日本には北海道から沖縄まで、30施設以上（2020年）あり、地元客だけではなく、訪日外国人を含め多くの旅行者を誘引している。1995年に開業した「軽井沢・プリンスショッピングプラザ」は長野新幹線軽井沢駅にも隣接し一大観光スポットとなっている。2000年にオープンした「御殿場プレミアム・アウトレット」には年間来場者1,000万人以上の実績を残している。多くのアウトレットモールでは、施設内にフード

表11-6　各地のアウトレットモール

アウトレットモール施設	所在地	開業年
軽井沢・プリンスショッピングプラザ	長野県軽井沢町	1995年
御殿場プレミアム・アウトレット	静岡県御殿場市	2000年
マリノアシティ福岡	福岡県福岡市	2000年
りんくうプレミアム・アウトレット	大阪府泉佐野市	2000年
八ヶ岳リゾートアウトレット	山梨県北杜市	2001年
沖縄アウトレットモール・あしびなー	沖縄県豊見城市	2002年
土岐プレミアム・アウトレット	岐阜県土岐市	2005年
BIGHOPガーデンモール印西	千葉県印西市	2007年
那須ガーデンアウトレット	栃木県那須塩原市	2008年
三井アウトレットパーク 札幌北広島	北海道北広島市	2010年

コートなどの飲食施設を併設しており、地域の特色のあるメニューを提供する店が入っている。表11-6は各地を代表するアウトレットモールである。

9. 道の駅

近年、全国各地の主要道路に設置された「道の駅」が、単にドライブの休憩施設としてだけでなく、旅行者を呼び込む観光資源としても注目されている。

(1) 道の駅

道の駅とは、全国の主要道路に設けられた、道路利用者のための「休憩機能」、道路利用者や地域の人々のための「情報発信機能」、そして道の駅をきっかけに活力ある地域づくりを共に行うための「地域の連携機能」の3つの機能を併せ持つ休憩施設である。国土交通省が道路利用者の快適性向上とともに地域活性化の拠点づくりを目的に1997年から整備を促進してきた施設である。

道の駅には、24時間利用可能な一定数の駐車スペース、トイレ、電話、情報提供施設が備えられている。また、その地域の文化、名所、特産物などを活用した農産物直売所、売店、レストランのほか、温泉施設やオートキャンプ場、レクリエーション施設を併設したものもあり、道路利用者だけでなく地元の人たちにも活用される施設として定着している。

すでにマイカーによるドライブ旅行には欠かせない観光施設となっている。旅行中についでに立ち寄るのではなく、道の駅での地域特有な新鮮な産地直売品などの購入を目的としたドライブ旅行も盛んになってきている。

(2) 道の駅の拡大

現在の道の駅の制度のうえでは、1993年に正式登録された全国103箇所の施設が第1号となる。現在、全国で登録は1,100箇所（2019年）を超えている。図11-2は、道の駅の施設数の推移である。25年間でほぼ10倍以上に増加している。驚異的な拡大と言っていいだろう。

都道府県別では、北海道が一番多く、岐阜県、長野県と続いている。また、鉄道駅舎と併設しているもの、鉄道駅前に設置されたもの、高速道路のサービ

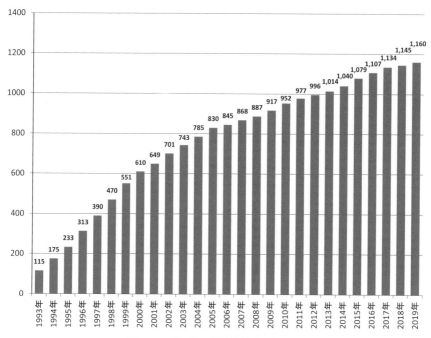

図 11-2　道の駅の施設数推移（施設）
出典：国土交通省

スエリア（SA）やパーキングエリア（PA）として運営されているもの、ハイウェイオアシスと併設され高速道路の利用者も利用可能なもの、無料区間の高速道路のインターチェンジ（IC）に隣接して設置されているもの、空港に設置されているものなどもある。さらに、日本人の旅行者が喜ぶ温泉施設を併設した道の駅も全国に多数ある。

　道の駅は、今やドライブ旅行者にとっても、地域にとっても必要不可欠な存在となった。まだまだ、増加を続けユニークな道の駅が登場して来るものと思われる。

第12章　観光まちづくり

1. 観光まちづくり

　地域の衰退傾向が続く中、交流人口を増加させることにより地域を活性化させようとする観光まちづくりが全国各地で取り組まれている。国内外の旅行者にとって魅力ある地域にすることは観光立国推進にとって大きなテーマとなっている。

(1) 観光地づくり
　観光地づくりとは観光資源が立地する一定の地域に地域外から旅行者を集客するための活動のことである。
　戦前より、温泉地や外国人向け保養地が観光地化されたり、「日本百景」の選出や「国立公園制度」の創設などにより観光地づくりが行われていた。本格的には戦後の取組みになり、国や地方自治体がその推進主体を担っていた。民間においても、宿泊業者による温泉地の大型化や私鉄による沿線の観光地開発などが積極的に進められた。旅行会社が台頭してくると、パッケージツアーの造成により有力観光地はさらに巨大化していった。
　近年、戦前戦後と通し長い期間、取り組まれてきた各地での観光地づくりの問題が顕在化してきた。観光地づくりは、地域外からの大量集客にこだわるあまり、しばしば長期的な視点を忘れ短期的な活動となることがあった。また、目標は来訪する旅行者数やその経済効果が主なものであった。
　その活動の結果、当該観光地は短期的に旅行者が増加したものの、長期的には観光資源の摩耗、劣化が起こり、旅行者に対するサービスの質が悪化していく地域が現れた。そして、旅行者の満足度が低下し、旅行者自体の減少を招く

ことになっていった。そればかりでなく、地域外からの旅行者の増大は、地域住民との摩擦が生じ、地域の混雑、景観の破壊、交通渋滞、風紀の乱れ、物価高など、地域住民に不利益をもたらすという現象が起ることもあった。

(2) まちづくりと観光地づくり

　観光とは別次元で「まちづくり」という言葉がある。まちづくりとは、地域が抱えるさまざまな課題に対して、建物や道路、生活インフラといったハード面や、歴史や文化、福祉、コミュニティなどのソフト面を、新設・保護・改善・推進することによって、地域の持続的発展、地域住民の満足度の維持向上を目指す活動のことである。「まちおこし」「地域おこし」「地域活性化」「地域再生」などほぼ同様な意味で使われている。

　まちづくりの目的は住民の暮らしを豊かにすることである。したがって、まちづくりは地域の合意形成が重視され、住民が主体となって、あるいは行政と住民とによる協働により推進される。つまり、まちづくりの基本的な考えは、地域住民主体、持続的発展、地域住民の満足度の維持向上である。

　持続可能な観光地づくりを目指すには、地域住民も参加したこのまちづくりと一体化する必要があるという考え方が観光地に定着しはじめた。また逆に、まちづくりを進めていくためには、建設事業や工場誘致などハードでの取り組みが困難になってきている状況のなかで観光に目を向けざるを得なくなってきたのである。いずれにしても、「観光地づくり」と「まちづくり」を別物と考えることができなくなってきた。この両者を一体化して推進していこうという考え方が「観光まちづくり」である。

(3) 観光まちづくり

　観光まちづくりとは、地域が主体となって、地域の観光資源を利活用し地域外からの交流人口を拡大する観光諸活動を通し、地域を活性化させサスティナブル（持続可能）な魅力ある地域を実現させるための活動である。

　観光まちづくりは、既存の観光地はもちろん。観光地ではなかった地域も交流人口の増大による地域活性化を求めて、新たな観光資源を発掘、創出し観光地化を目指し取組んでいる。交流人口の拡大による域外消費の吸収増大、すな

わち旅行者の誘致を目的にしている。このように、「観光」の力によってまちづくりを具現化していこうとすることが観光まちづくりである。

観光まちづくりとは、住民の暮らしを豊かにする、というシンプルなテーマを最終目標のひとつとして進める観光振興施策、事業である。「観光はまちづくりの総仕上げ」といわれるように、観光は今日ではまちづくりに欠かせない要素となっていると考えられる。多くの来訪者がある地域では人々の自信と誇りが生まれる。また、「住んで良し、訪ねて良しのまちづくり」という言葉がある。住民が誇りに思える魅力的な地域は、地域外の旅行者が来訪したい地域でもある。

交流人口の拡大とともに交流時間の拡大も視野に入れなくてはならない。旅行者のその地における消費活動による経済効果だけではなく、地域文化の理解、人と人との交流においては一定の時間が必要となる。そのためには、地域資源を観光資源として磨き、サスティナブル、すなわち持続可能な魅力ある地域を作り上げなくてはならない。

(4) 観光まちづくりの背景

観光まちづくりが注目され、取り組まれている背景には、地域の人口減少や少子高齢化問題、財政問題、地場産業の衰退、中心市街地の空洞化、さらに平成の市町村合併による地域アイデンティティの低下など、地域側の深刻な問題もあるが、一方、消費者側のライフスタイルの変化もその背景にある。

豊かな社会の中で人々の価値観が大きく変化し、さまざまなライフスタイルを求める個性の時代となった。特に、高齢化社会の急激な進展は余暇時間を大量に持つ人口の増大をもたらし、癒しや生きがいを余暇に求めるようになってきた。その中で観光への期待が高まっている。

旅行経験が豊富な旅行者が増大することにより、旅行の動機や目的が多様化、個性化、高度化してきた。団体旅行から夫婦や家族との旅行、仲間との小グループでの旅行が増加し、受入側もその多様なニーズへの対応が求められ始めた。既存の観光地への訪問もその観光スタイルに変化がみられ、新しく誕生した観光地へも積極的に訪れるようになっている。

そこにおいては、従来の周遊型観光のような駆け足で見学するだけではなく、

時間をかけて街並みを散策したり、地域の自然や文化に親しむ体験型観光プログラムへ参加するといった観光行動に変わり始めている。一つの観光資源だけではなく、地域全体を味わう観光スタイルが定着してきた。これまでは有力な観光施設のみが旅行者の観光対象となっていたが、これからは、地域全体がそれぞれの個性ある魅力づくりを行い、旅行者を満足させなくてはならなくなってきた。つまり、地域全体で地域住民も参加し旅行者を誘引し、受け入れていくことが必要となってきたのである。

(5) 観光まちづくりの目的

観光まちづくりの目的は、「交流人口」すなわち地域外からの旅行者の来訪を拡大するとともに、「交流時間」すなわち旅行者の観光行動時間、滞在時間を長くすることである。具体的な目的は次のようになる。

①外貨の獲得と雇用の創出

外貨とは、地域外からの収入の意味で、旅行者の観光行動に伴う地域内での消費のことである。旅行者が訪日外国人であれば文字通り外貨の獲得となる。観光が振興すると観光関連産業の雇用が創出、拡大される。さらに、裾野の広い観光関連産業は第1次産業、第2次産業など地域産業に波及する。

②地域文化の維持と相互理解

経済的な目的だけではなく、地域を元気にするには人と人との交流が重要となる。都市と地方との相互理解、地域文化の理解など旅行者と触れ合うことで達成される。また、地域固有の祭りや伝統工芸品などは地域外の旅行者に理解、評価されることにより担い手が生まれ受け継がれていく。

③地域住民の地域愛の向上

地域住民の精神的な満足度、郷土愛、地域への誇りの高揚が最終目的のひとつである。多くの旅行者が満足する魅力的な地域は住民にとっても自慢になるはずである。また、旅行者の受け入れに参加することにより地域の魅力を再発見し、地域への誇り、地域愛が高揚する。

(6) 観光まちづくりの推進主体

戦後、日本の観光を牽引してきたのは旅行会社である。当初は企業の職場旅

行を手配斡旋し、その後、パッケージツアーを企画造成し、大量の旅行者を全国各地の観光地に送客してきた。観光交通の担い手であった、鉄道会社や航空会社も販売政策やキャンペーン、強大な宣伝力によって大観光地を生み出してきた。地域での推進主体は、地域行政の観光課や観光協会、地域観光の担い手である旅館組合や温泉組合など、地域の観光事業に携わる人々だった。

　しかし、近年の観光まちづくりの推進の主体は地域に移ってきた。地域の自律の高まりの中で、地域の観光行政や観光事業者だけではなく、商工会議所、青年会議所、飲食業者組合、同業者組合、商店会、直接利害関係のない市民団体やNPOが観光の表舞台に出てきた。さらに、今まで観光事業とは距離を置いていた農業者、漁業者、工業者なども前面で活躍しはじめている。彼らが、旅行者の誘致計画を作り、実践し、第一線で観光サービスを旅行者に提供し始めている。また、市民による観光ガイドなどのボランティア活動が観光まちづくりを支えている例も出てきた。

　観光まちづくりにはその活動を計画・実行する推進組織が必要となる。そこにおいては、「人」と「意思」を束ねることがポイントとなる。地域の現状と今後の課題を共有し、気運を盛り上げ、地域のビジョンと目標を明確にする。地域住民主体の組織を作り、熱意溢れた強いトップリーダーをつくる。強い推進組織は人づくりからはじまる。

　観光まちづくりにおいて、「若者」「ばか者」「よそ者」が必要であるとよく言われる。「若者」とは、過去の前例にとらわれずに前向きに行動できる人、「ばか者」とは、型にはまらず突拍子もない企画を提案し寝食忘れ実践する人、「よそ者」とは、第三者の視点を持って客観的な情報から分析しアイデアを出す人である。さらに「女性」「外国人」も観光まちづくりの推進メンバーに必要不可欠な存在である。

　また、観光まちづくりのノウハウや経験のある「観光コーディネーター」「観光プロデューサー」「旅のもてなしプロデューサー」「観光プランナー」などの専門家も誕生してきた。観光まちづくりの主要な役割を果たすことが期待される。

2. 観光まちづくりと観光資源

　観光まちづくりには、旅行者に訪れてもらうためのその地域ならではの観光資源が必要である。旅行者のニーズが多様化している今日、地域の観光資源も多様化している。

(1) 観光資源
　観光資源とは、一定の地域に存在する観光旅行の対象となりうる、特徴的な歴史・文化遺産などの文化財、温泉などの有形な要素と気象、風土、民俗、芸能、伝説、歴史、人物、サービスといった無形ないし人文的な要素のもののことである。

　観光の対象となる可能性を持っているすべてのモノ・コトであり、「誘客の源泉」であり「感動の源泉」となるものである。旅行者が魅力と感じるものはすべて観光資源となる可能性があり、ほとんどの地域資源は工夫次第で観光資源になる。近年、観光資源は「地域の宝」と呼ばれている。

　観光資源には次のような特徴がある。

　①**「自然」と「人文」**
　山や川、海などの「自然」と人が作り出した神社や寺院、動物園や水族館などの「人文的」なものがあること。

　②**「有形」と「無形」**
　山や川、動物園や水族館などのように「有形」（モノ）のものと祭りや芸能、行事などのように「無形」（コト）のものがあること。

　③**「点」と「線」「面」**
　神社や寺、滝や岬などのように「点」のものと、川や海岸、街道などのような「線」、山や湖、島、街並みなどのような「面」のものがあること。

　④**「季節限定」**
　花や紅葉、雪、流氷、旬の料理、スキーなど通年楽しめず「季節限定」のものがあること。

　⑤**「解説」**

ガイド、インタープリター、語り部、専門家、地元の人の話などの解説を聞くと感動が大きくなること。

(2) 観光資源の要件

地域に存在する、他とちょっと違うモノ・コトのすべてが観光資源になるわけではない。次のようなことが要件となる。

①地域固有なモノ・コト

その地域らしさを持つことは絶対の条件である。それらのモノ・コトはその地域の自然や歴史、暮らしの中から生まれその土地に定着したものである。他と明確に差別化されたものでなければならない。

②地域住民が共感するモノ・コト

地域の人がそのモノ・コトに対して共感し、自慢し、誇りに思っているものでなければならない。例えば、地域住民が訪れていない神社や寺、地元住民が食べていない名物などは観光資源とはならない。

③物語性のあるモノ・コト

歴史のあるモノ・コト、近代的なモノ・コトに係わらず、その地域らしい物語、歴史、由来、伝説、ストーリー、蘊蓄などが必要である。それらが、観光資源の感動を大きなものにする。

④持続性のあるモノ・コト

観光資源はそのもの自体が、あるいはその価値が持続していかなくてはならない。一過性で終わってしまうブームのようなモノ・コトは観光資源とは言えない。つまり、消滅しないもの、流行でないもの、保護できることが求められる。

(3) 観光資源の分類

旅行者のニーズの多様化、個性化、高度化と地域の自律の高まりの中で独自の観光資源の発掘や形づくりが実践されている。その流れの中で観光資源は多種多様、幅の広いものになってきた。分類の方法は数多く存在するが、表12-1はその一例である。

観光資源は自然観光資源と歴史観光資源、近代観光資源、無形観光資源、景

第 12 章　観光まちづくり

表 12-1　観光資源の分類

大分類	中分類	小分類	種類
観光資源	観光資源	自然観光資源	山岳、高原、湿原、湖沼、河川、渓谷、滝、海岸、岬、島、岩石・洞窟、動物、植物、自然現象、天体、気候（温度・雪）、地理（地勢・位置）等
		歴史観光資源	史跡、神社、仏閣、城郭、庭園、名園、記念碑、像、歴史的建造物（武家屋敷、町家、古民家、芝居小屋、蔵等）等
		近代観光資源	動物園、植物園、博物館、美術館、水族館、近代公園、遊園地、テーマパーク近代的建造物（ビル、タワー、橋、ダム等）等
		無形観光資源	祭り、芸能、食、行事、暮らし、民話、伝承、風俗、人物、言語、映画、演劇、音楽、美術、文学、マンガ、アニメ、ゲーム、イベント、ファッション等
		景観観光資源	歴史景観（街並み、旧街道等）、田園景観（棚田、ブドウ畑等）、郷土景観（朝市、田植え等）、都市景観（夜景、高層ビル群、繁華街等）等
		産業観光資源	産業遺産（工場、鉱山等）、伝統工芸工房、窯元、酒蔵、味噌蔵、近代的工場施設、地場産業施設、町工場、研究所等
	観光施設	レクリエーション施設	宿泊施設、温泉施設、ゴルフ場、スキー場、海水浴場、スポーツ競技場、農業公園、観光農園、観光牧場、参加体験施設（農業体験施設、漁業体験施設等）等
		観光サービス施設	飲食施設、ショッピング施設（アウトレットモール、土産店、産地直売所等）、道の駅、休憩施設（ドライブイン、SA、PA）等

観観光資源、産業観光資源に分類することができる。さらに、レクリエーション施設、観光サービス施設も観光資源と考えていいだろう。

(4) 地域の宝探し

　観光資源は「地域の宝」と呼ばれる。その観光資源を地域の中から発掘することを「地域の宝探し」という。実際に地域には「まだ眠る観光資源」が数限りなくある。

　「このまちには何もない」と地域住民が言っていたまちが、新たな観光資源を発掘、発見し磨き、注目される観光資源に育て観光まちづくりを推進している事例は決して少なくない。まず、地域住民が主体となり、身近な地元の人が誇り、自慢するモノ・コトを探すところから始まる。フィールド調査や住民のヒヤリングなども大きな要素となる。地元から生み出されている農林漁業の素材やものづくりのノウハウから新たに創り出すこともある。また、既存の観光資源に工夫、手を加えて新しい観光資源として蘇らせることもある。複数の観光資源を組み合わせ、新たな観光資源に育てることもある。

写真　宿場町を再現した大内宿　筆者撮影

　地元の人には当たり前の風景・体験が、地域外の人には感動を与える素晴らしい観光資源となることに気付かない場合が多い。「外部からの目」を活用することにより、新発見、再発見されることも多い。
　観光資源は歴史ある神社や寺、城郭など形のあるものばかりではない。近年、祭りや食、アート、さらにマンガ・アニメなどで観光まちづくりに取組み、多くの旅行者を継続的に呼び寄せている地域もある。

3. 観光まちづくりと着地型旅行

　観光まちづくりを推進していく中で、大きな要素となるのは地域が主体となって「着地型旅行商品」を企画・造成し自ら販売していくことである。魅力的な着地型旅行商品は観光まちづくりを加速させる。

（1）着地型旅行商品

「着地型旅行商品」とは、旅行者の観光目的地、着地である地域の側で商品企画・造成・販売を行う旅行商品や体験プログラムのことである。これまでの旅行商品は発地（市場）側の旅行会社で商品企画・造成・販売が行われていた。これを「発地型旅行商品」という。

国も着地型旅行商品創出が地域活性化につながることから、積極的な推進をしている。地域独自の魅力を活かした地域密着型の旅行商品の創出、地元の観光魅力を熟知した中小観光関係者が主体となった創意工夫に満ちた商品の創出を期待している。

そのために、国は2007年、旅行業法を改正し、それまで企画旅行を企画・実施出来なかった第3種旅行業に地域限定で国内募集型企画旅行の企画・実施を認めた。さらに2012年、地域の観光協会や旅館ホテル、NPO法人などが旅行業へ参入し易くするため、営業保証金の供託額と基準資産額を引き下げて「地域限定旅行業」を創設し着地型旅行商品の普及を進めた。これにより、地域の小さな旅行会社や組織が地域発着のパッケージツアーを企画・造成・販売できるようになった。

（2）着地型旅行商品の背景

これまでの旅行商品が都市部の旅行会社で企画・造成される発地型旅行商品がほとんどであった。これは長い年月の中で蓄積されてきた商品開発力と大市場での商品販売力があったからである。実際に旅行者のニーズを把握し商品情報を発信するには発地型が有利であった。

しかし、旅行者ニーズの多様化、個性化、高度化にともない、地元の人しか知らないような穴場や楽しみ方が求められるようになってきた。発地の旅行会社の商品開発は多数の人が求める観光スポットから構成せざるを得ず、大量生産の中でマンネリ化していた。

地域にとっても自ら新しい観光資源を掘り起こし、魅力あるまちをアピールできるチャンスになった。実際に地域の観光魅力を熟知しているのは地域の人たちである。また、地域主導で造成・販売することにより、その収入を地域内に確保することができる。それらの発展は地域に新しい雇用も生みだす。

着地型旅行商品は都市部の旅行会社に提供する方法と自ら販売する方法がある。後者を可能にしたのはインターネットの普及がその背景にある。ホームページにアップすることによって小さなまちの企画旅行商品でも魅力があれば遠い外国からも予約が入る。

(3) 着地型旅行商品の開発

着地型旅行商品の開発主体は、地域の既存の中小旅行会社だけではなく、観光協会、宿泊施設、NPO法人などが第3種旅行業者または地域限定旅行業者の登録をし、旅行会社となり企画・実施する。

着地型旅行商品の開発コンセプトは、「地域密着」「地域連携」「地域協働」である。多様な地域の観光資源を活用し、見学だけではなく体験型、交流型、滞在型、学習型の旅行商品、体験プログラムが求められる。

特に体験型旅行が地域にもたらす効果は大きい。体験プログラムにより滞留時間が長くなり宿泊旅行が増え、地域内での消費機会が増加する。魅力ある体験プログラムのバリエーションによりリピーター化が促進される。四季それぞれに異なる体験プログラムの設定により季節変動が緩和される。体験プログラムには専門ガイドやインストラクターなどの地域人材が必要となり雇用を生み出す。

着地型旅行商品開発のプロセスは、まず、地域の観光資源の発掘、すなわち「地域の宝探し」から始まる。発掘された観光資源に物語性などの付加価値をつけ、ツアーやプログラムの形にする。その魅力を伝えるガイド、案内人、指導者の役割が重要となる。それらの人材の確保、育成も商品開発の中に含まれる。

着地型旅行商品の事例としては、自然散策や暮らし体験をするエコツーリズムや農林漁業体験をするグリーンツーリズム、郷土料理店巡りや酒蔵巡りなどのフードツーリズム、ものづくり体験をする産業ツーリズム、祭り参加、まち歩き、まちなか探訪などがある。

(4) 着地型旅行商品の販売

これまで着地型旅行商品が育たなかったのは地域に商品開発力がなかったこともあるが、旅行者に販売する有力な方法がなかったことにある。

地域が自ら着地型旅行商品を旅行者に直接販売する方法は2つある。ひとつは、現地受付型販売である。旅行企画・実施者となる観光協会、宿泊施設、地元旅行会社、NPO法人などでの窓口販売である。駅前などの好立地にある観光協会などは、まさに着地の玄関口として最適な販売窓口となる。大型の旅館・ホテルも宿泊者に対するプロモーションが可能で専用デスクやフロントなどが販売窓口となるだろう。地元旅行会社やNPO法人も参加旅行者に便利な立地であれば、着地型旅行の集合解散場所としても相応しく分かりやすい販売窓口になる。窓口は多い方が良い。地域内、地域周辺の宿泊施設や観光施設、道の駅などと提携しプロモーションをしてもらうだけでなく紹介、販売してもらう手法を構築していくことが重要となる。

もうひとつがインターネット販売である。ホームページを立ち上げ魅力的な旅行商品、プログラムを掲載し直接予約販売する方法である。都市の大市場だけでなく、多言語表記にすることにより世界中に告知し直接販売することができる。スタッフのブログや参加者の口コミなどの工夫により集客を増やしている事例もある。

直接販売だけではなく、販売力のある発地側旅行会社と提携することも重要である。これまでのように、素材を提供するのではなく、旅行の一部をパッケージとして卸販売するのである。具体的には、募集型企画旅行商品つまりパッケージツアーのパーツとして組み込んでもらうことである。修学旅行や研修旅行などの受注型企画旅行商品のパーツとして組み込んでもらうことも可能である。また、航空・鉄道と宿泊だけのスケルトン型のパッケージツアーの中で現地オプショナルツアーとして紹介、販売してもらうこともひとつの方法である。

着地型旅行商品はこれまでの都市部の旅行会社が造成する発地型旅行商品と敵対するものではない。発地型旅行商品が旅行者のニーズに応えるためにも、着地型旅行商品が必要不可欠なものになっていく可能性がある。

4. 観光まちづくりとマーケティング

全国各地で観光まちづくりの活動が活発化する中でマーケティングの必要性が見直されている。これまで「観光マーケティング」という考え方が重視され

ていたが、今、地域に軸足を置いた「観光まちマーケティング」が注目されている。

(1) 観光マーケティング

マーケティングとは、「売れる仕組み」のことである。発地にいる消費者が旅行に行くか行かないか、行くとしたらどこに行くか、何をするのかを知る必要がある。つまり、自由に選択のできる消費者の行動や意識を知ることから始めなくてはならない。そして、旅行という商品を購入してもらい、旅行者のニーズを満たし、満足してもらい、リピートしてもらうことだ。

もともとマーケティングの主体は企業であった。その後、マーケティングの概念の拡張がみられ、非営利組織や学校、病院などの活動にもマーケティングの概念が使われるようになった。企業の一般的な取引とは異なる観光においても、1980年代に「観光マーケティング」という考え方が誕生し、旅行会社や観光地の行政、観光事業者の活動の中で活用され始めた。

観光マーケティングとは、観光に係わる企業・組織が、旅行者の観光行動実現のためのリサーチ・旅行商品・サービス・価格設定・プロモーション・流通などの諸活動を通し、旅行者ニーズを満たし、新規旅行者を創造し、リピーターを維持拡大するプロセスのことである。

ここでいう企業・組織とは、旅行会社だけでなく、旅行者の集客、誘客に係わる全ての組織のことであり、旅行者のニーズを満たすものとは、旅行商品や旅行に係わる観光サービスである。観光振興においては、この観光マーケティングの考え方に基づいてさまざまな政策、施策が作られてきた。最大のポイントは、旅行者のニーズを満たすこと、つまり満足度を上げることに焦点を置き、その結果として旅行者を誘致しようという考え方である。

しかし、観光マーケティングが活用されていたのは、発地にある旅行会社が中心であった。旅行会社は顧客志向の観光マーケティングを積極的に活用した。つまり、顧客満足度を高めリピーターにしていき、人気の観光地に送客していくことである。旅行会社にとっては、顧客が次にどの地域に行こうとリピーターであり、観光マーケティングの成功を意味した。しかし、地域から見ればその地域に再訪しない旅行者はリピーターではなかった。

なぜ、地域において観光マーケティングの考えが浸透、定着しなかったのか。1990年代前半まで、旅行市場は拡大期にあり、マーケティング活動をしなくても集客ができていた。また、団体客をターゲットにしていたため、セールス先は旅行会社であり、顧客に対するマーケティングは旅行会社が担っていた。そもそも、まだ観光地の数も少なく観光地間競争があまりなく、マーケティングを企画、実践する人材も育っていなかった。

今日、地域の環境は激変してきた。観光まちづくりを推進するには、観光地が主体的に旅行者という顧客と向き合わなくてはならなくなってきたのである。

（2）観光まちマーケティング

観光まちづくりなどの地域の活動が活発になるなかで、マーケティングの必要性が見直されている。観光マーケティングの一分野になる、観光地側に軸足を置いた「観光まちマーケティング」の概念の導入が求められている。

似た概念である「観光地マーケティング」「デスティネーションマーケティング」「地域観光マーケティング」なども、それぞれ観光地側に軸足を置き、地域が主体となってマーケティング活動を推進する考え方である。地域が持つ観光資源を利活用し、地域に来訪する旅行者を新規創造、維持していくことであり、旅行会社などが発地の立場で行ってきたマーケティングとは根本的に異なる考え方である。

観光まちマーケティングは、「まち」という地域を対象にしたマーケティングの概念である。「まち」を市場価値の有無が問題とされる「商品」として捉え、商品をニーズや欲求を満たすために市場に提供されるものすべてと捉えることである。「まち」を魅力的な商品とするためには地域住民の満足度の向上が重視される。

観光まちマーケティングとは、地域観光の主体がその地域を「まち」という商品と捉え、リサーチ・旅行商品・サービス・価格設定・プロモーション・流通などの諸活動を通し市場に売り込み、地域外からの旅行者を誘引し、旅行者ニーズを満たし、新規旅行者を創造し、リピーターを維持拡大すると同時に地域住民の満足度を向上させるプロセスのことである。

まちマーケティングの目標は「まち」の魅力を高め、市場の変化に対応し、チャ

ンスをつかみ、その魅力を持続させることにあり、その結果、新規旅行者が誘引されリピーター化を実現し住民の満足度も向上する。そのためには、直接の観光関連組織だけではなく、行政や商工団体、農漁業団体、住民グループ、一般市民の積極的なサポートなど多様な推進主体が必要となる。

(3) 観光まちマーケティングの推進プロセス

観光まちマーケティングの推進プロセスは、次のようになる。これは観光まちづくりの推進プロセスでもある。

①マーケターの確立

マーケターとは、マーケティングの推進主体のことである。行政、観光協会や宿泊業者などの観光事業者のみならず、その他産業関係者、一般市民も深く係わり、一体となって取り組む推進体制の確立が成否を分ける。観光まちマーケティングのマーケターは多様であり、このマーケターを組織化することが最大のポイントとなる。まちが一枚岩になること、強いリーダーが登場することが望まれる。

②ターゲットの明確化

観光まちマーケティングにおいては、ターゲティングの作業を先行させることが重要となる。観光まちマーケティングのターゲットは明確に地域外の旅行者である。ではどんな旅行者を、どこから誘致するのか。まちに来訪して欲しい旅行者の姿を特定する作業である。全国、全世界、誰でもいいからより多くの人に来てほしいでは、マーケティング活動はできない。もちろん、訪日外国人旅行者を視野に入れることはポイントになる。また、来てほしくない、好ましくない旅行者をイメージすることも重要になってくる。

③まちのリサーチ

まちを知り、分析することである。まちの人口動向、産業構造、労働市場、交通網、地域資源、観光状況など、まちを詳しく調べ、把握することがポイントとなる。そのうえで、まちの強みと弱み、チャンスと脅威を分析する。つまり、SWOT分析などで分析を試みる。さらに、まちにどのような時期にどのような旅行者が来訪し、どのような観光行動をしているのかといった観光実態のデータを正確に把握しなくてはならない。

④まちのビジョンとゴールの策定

まちのリサーチによって確認された、まちの現状を基にまちがどのような姿になりたいのか、つまり「まちのビジョン」を明確にすることである。これは、マーケターの指針であり、グランドデザインと言うべきものとなる。「まちのゴール」とは、ビジョンに対して、目標の重要度やタイムスケジュールを決めたものである。つまり、何年後の入込観光客数、宿泊客数、経済効果などの具体的な目標である。

⑤まちの戦略の策定

ビジョンとゴールが決定したら、それを達成するための戦略を策定していく段階に入る。マーケターには、さまざまな利害関係者が存在する。それらの意思を一つに束ねまちを最も魅力的な商品とするためのデザインを策定していかなくてはならない。地域の限られた資源である、ヒト・モノ・カネをどこに投資していくのか、この戦略形成が今後の鍵を握る。

⑥まちのアクションプランの作成

戦略を実行するための、具体的な活動計画、アクションプランを作る段階である。いよいよ、市場への対応になる。マーケティングの4Pがここで登場する。商品対応、価格対応、流通対応、プロモーション対応で、それぞれの対応にマーケターは意思決定をしていかなくてはならない。的確なアクションプランを作成するには知識だけではなく経験が必要となる。外部の専門家に知恵を借りる場面でもある。

⑦アクションプランの実行とコントロール

まちのアクションプランは、効果的に実行されなくては意味がない。実際の観光まちマーケティングの推進時では、マーケターはじめ係わった担い手たちが、もっとも具体的に活動しなくてはならない場面である。また、その活動の効果を測定し把握し、次への判断をするのがコントロールである。コミュニケーション活動の結果を冷静に客観的に評価し、プランの見直しなどを行い、次のアクションへとつなげていく活動である。

第13章　ニューツーリズム

1. ニューツーリズムの概要

　日本において、第二次世界大戦後、経済発展とともに観光が一般化しマスツーリズムが進行し今日も続いているが、観光の成熟化に伴い新しいスタイルの観光が注目され始めている。

(1) マスツーリズム
　マスツーリズム（Mass Tourism）とは、第二次世界大戦後に欧米や日本などの先進諸国において発生した観光が大衆の間に広く行われるようになった現象を指す。それまで一部の富裕層に限られていた観光旅行を幅広い人たち、数多くの人たちが体験できるようになった観光現象のことである。
　日本においては欧米諸国に後れ1960年代後半から始まった。1964年の東京オリンピックを機に、東海道新幹線が開業、高速道路の開通、大型ホテルの建設、海外観光旅行の自由化などが相次いだ。さらに、ジャンボジェット機も登場する。運輸・宿泊関連の拡充とそれに伴う低価格化、旅行会社の台頭、人々の経済力向上に伴う可処分所得の増加、休暇の拡大などを背景に、1970年の大阪万博を境に一気にマスツーリズム化が進んだ。
　マスツーリズムの進行は、旅行の低価格化を実現し、多くの一般の人々がいつでも気軽く旅行する環境を作っていき、大量の旅行者が有名観光地に訪れるようになった。天然資源や特に目立った産業のない国々や地域が観光地になっていき、その地に大きな経済的繁栄をもたらした。その一方で、大勢が一度に訪れることで環境汚染、自然破壊、観光資源の劣化などの問題も顕在化した。さらに効率重視による観光商品の規格化が進んだことで、個性化、多様化する

旅行者のニーズを満たせなくなるなど批判を受けるようにもなっていった。
　そうした批判の続く中、今日ではアジア諸国の経済発展から、富裕層だけでなく中間層が拡大し、先進諸国と同様に観光の大衆化が進み、国際観光地への旅行も多くなり、マスツーリズムが進行している。

(2) ニューツーリズムの誕生

　マスツーリズムは、多くの人々に観光と言う楽しい経験を与える一方で、観光資源の大量の人々による観光利用がさまざまな問題を引き起こしていた。自然環境の破壊、地域文化の侵害、治安の悪化、さらに観光地からの利益の奪取というような問題である。
　1980年代の後半には、マスツーリズムに代わる新たな観光のあり方として、「オルタナティブツーリズム（Alternative Tourism）」という概念が提唱された。マスツーリズムに取って替わる「もうひとつの観光」という意味である。さらに、その後、「サステイナブルツーリズム（Sustainable Tourism）という概念が提唱された。「持続可能な観光」という意味で、マスツーリズムの反省から、環境や文化の悪化、過度な商業化を避けつつ、観光地本来の姿を求めていこうとする考え方である。ともに今後の観光のスタイルを考えるときの大きな指針となる概念であるが、具体的な旅行スタイルの提示ではなく今後の観光のあり方の理念を示したものである。
　これらの理念の実践として生まれたのが、後述する「エコツーリズム（Ecotourism）」や、少数民族の生活や伝統をテーマにした観光である「エスニックツーリズム（Ethnic Tourism）」であると言われている。
　このような議論を背景にして、観光市場の成熟とともに1990年代になると、多くの旅行者と行動を共にする名所旧跡を巡る画一的な旅行が敬遠され始め、個々人の興味関心を探求する、そこでしかできない感動体験を求める多様なツーリズムが生まれ始める。それら新しいスタイルの旅行が「ニューツーリズム（New Tourism）」と呼ばれる。
　ニューツーリズムとは、従来の物見遊山的な観光旅行に対して、テーマ性が強く、人や自然との触れ合いなど体験的、交流的要素を取り入れた新しいタイプの旅行を指す。旅行商品化としても都市部の旅行会社主導でなく、地域主導

で地域特性を活かすことが重要視される。その意味でニューツーリズムは地域活性化につながる新しい旅行の仕組み全体を指すこともある。

　従来、観光旅行は消費者が居住する都市にある旅行会社が企画・造成した発地型旅行が中心であったが、これからは旅行目的地で企画・造成される着地型旅行が注目されており、ニューツーリズムには地域が主体となった着地型旅行が求められている。またこれらの背景には、観光が成熟し旅行者の旅行動機や旅行目的が多様化、個性化してきたことと、さまざまな地域固有の資源が新たな観光資源として顕在化してきたことがある。

(3) ニューツーリズムの種類

　ニューツーリズムの特徴は、テーマ性の強いことである。もうひとつが地域サイドで作られることである。テーマは旅行者の多様化、個性化、高度化しているニーズに対応したものであり、地域に存在する有形無形の観光資源がその対象となる。テーマは多岐にわたり、そのテーマがニューツーリズムに含まれるか含まれないかの明確な定義はない。

　ニューツーリズムの代表格の「エコツーリズム」はじめ「ロングステイ」「グリーンツーリズム」「カルチャーツーリズム（文化観光）」「産業ツーリズム（産業観光）」「ヘルスツーリズム」などがニューツーリズムを推進する政府によって挙げられている。

　他に「メディカルツーリズム」「フードツーリズム」「ワインツーリズム」「フラワーツーリズム」「フィルムツーリズム」「コンテンツツーリズム」「アーバンツーリズム」「スポーツツーリズム」「ダークツーリズム」なども新しいスタイルのニューツーリズムと考えてよいだろう。これからも、さらに新しい「ニューツーリズム」が登場してくると思われる。

2. さまざまなニューツーリズム

　さまざまなニューツーリズムの概要を知ることは、新しい観光市場を理解することにつながる。ニューツーリズムは多様な旅行者ニーズから生まれた新しい旅の形である。

第 13 章　ニューツーリズム

写真　観光地軽井沢でのエコツアー　筆者撮影

(1) エコツーリズム

　「エコツーリズム（Ecotourism）」とは、自然・歴史・文化など地域固有の資源を生かし観光を成立させること、観光によってそれらの資源が損なわれることがないよう適切な管理に基づく保護・保全をはかること、地域資源の健全な存続による地域経済への波及効果が実現することをねらいとする、資源の保護、観光業の成立、地域振興の融合をめざす観光の考え方である。地域固有の資源とは、自然だけでなく歴史や文化、生活も含まれる。旅行者に魅力的な地域資源との触れ合いの機会が永続的に提供され、地域の暮らしが安定し、資源が守られていくことを目的とする。これから求められる「地域への責任ある旅行」であり「持続可能な観光」の代表格と言える。

　エコツアーとは、エコツーリズムの理念や考え方を実践するためのツアーであり、わが国では自然だけでなく、地域ごとの個性的な歴史や文化もツアーの魅力の大きな要素となる。従来から典型的なものと考えられている日本を代表するような優れた自然の中を探訪するツアーだけではなく、生活文化を題材としたような体験ツアーもエコツアーの範疇である。こうした活動を国が支援する「エコツーリズム推進法」が 2007 年に可決され、翌年より施行されている。

1990年代にエコツーリズムの考え方が日本に上陸し、各地でその実践が始まる。日本においては、自然豊かな地域だけではなく、従来の観光では対象とされてこなかった、固有の地域資源をもつ里地里山地域に拡大されていった。その現象を「日本型エコツーリズム」と呼ぶ。

日本型エコツーリズムは、3つのタイプに類型化することができる。

①大自然エリア

大自然エリアは、山や海の手付かずの自然が残された地域での、典型的なエコツーリズムの取組み地域である。世界自然遺産に登録されている知床や白神山地、屋久島、小笠原諸島がその代表例である。

②観光地エリア

観光地エリアは、すでに多くの旅行者を呼ぶ観光地やその周辺に残された自然や文化をエコツアーの観光資源として取り組む地域である。富士山麓や長野県軽井沢、福島県裏磐梯、三重県鳥羽などが代表例である。

③里地里山エリア

里地里山エリアでの取り組みが、日本特有なもので今日注目を集めている。もともと観光に縁のなかった地域で、地域の自然と密接に係わる文化、暮らし、

表13-1 エコツーリズム大賞

回	大賞受賞団体	所在地	受賞年
第1回	株式会社ピッキオ	長野県軽井沢町	2005年
第2回	ホールアース自然学校	静岡県芝川町	2006年
第3回	認定特定非営利活動法人　霧多布湿原トラスト	北海道浜中町	2007年
第4回	飯能市・飯能市エコツーリズム推進協議会	埼玉県飯能市	2008年
第5回	海島遊民くらぶ（有限会社オズ）	三重県鳥羽市	2009年
第6回	特定非営利活動法人　黒潮実感センター	高知県大月町	2010年
第7回	特定非営利活動法人　信越トレイルクラブ	長野県飯山市	2011年
第8回	紀南ツアーデザインセンター	三重県熊野市	2012年
第9回	針江生水の郷委員会	滋賀県高島市	2013年
第10回	小岩井農牧株式会社	岩手県雫石町	2014年
第11回	富士山登山学校ごうりき(株式会社 合力)	山梨県富士吉田市	2015年
第12回	谷川岳エコツーリズム推進協議会	群馬県みなかみ町	2016年
第13回	白神マタギ舎	青森県西目屋村	2017年
第14回	特定非営利活動法人飛騨小坂200滝	岐阜県下呂市	2018年
第15回	鳥羽市エコツーリズム推進協議会	三重県鳥羽市	2019年

出典：環境省・日本エコツーリズム協会

食などを観光資源としてエコツーリズムを推進する地域である。長野県飯田市や滋賀県高島市、三重県熊野市、埼玉県飯能市などが代表例であり、全国の里地里山へと拡大している。

表13-1は、環境省が実施している「日本エコツーリズム大賞」の受賞団体である。地域は全国に広がり、大自然エリアだけでなく観光地エリア、里地里山エリアが受賞している。

(2) ロングステイ

「ロングステイ（Longstay）」とは、同じ場所に長期滞在し、日常生活を通じて現地の人や文化、慣習に触れることを楽しむ旅行の一形態で、暮らすようにする旅である。「長期滞在型旅行」「二地域居住」と呼ばれることもある。滞在期間の定義は特にないが、2週間以上の滞在を指すことが多い。

もともとはハワイやカナダ、オーストラリアなどの豪華なリゾート地での長期滞在旅行から始まったものだが、近年は団塊の世代のリタイア後のライフスタイルとして、生活費が安く、日本からも近いマレーシア、タイなどの東南アジア諸国でのロングステイが注目され、新しい旅行スタイルとして定着してきた。

日本においても各地域が観光まちづくりの一環として団塊の世代のロングステイの誘致に力を入れはじめている。沖縄、北海道や温泉、高原のある長野などがその対象となっている。滞在形態も、長期滞在用ホテル、コンドミニアム、リゾートマンション、湯治場、別荘など多様である。

海外においては、生活の源泉を日本に置きながら海外の1ヶ所に長期滞在し、その国の文化や生活に触れ、住民との交流を深め豊かな時間を過ごすことがライフスタイルとなっている。国内においては、都会から離れのんびりとした田舎暮らしを求めるもののほか、避暑・避寒、湯治、花粉症から逃避、梅雨からの逃避、農業体験など目的も幅広い。

表13-2は、ロングステイ財団が発表している、ロングステイをしてみたい国の上位である。この10年以上マレーシアが常にトップであり、タイがそれに続いている。ハワイ、フィリピン、台湾、オーストラリアも人気がある。マレーシアが人気トップの理由は、物価が安いこと、政治が安定し治安がいいこ

表 13-2　ロングステイ希望国　トップ 5

	1位	2位	3位	4位	5位
2019年	マレーシア	タイ	ハワイ	フィリピン	台湾
2018年	マレーシア	タイ	ハワイ	フィリピン	台湾
2017年	マレーシア	タイ	ハワイ	台湾	フィリピン
2016年	マレーシア	タイ	ハワイ	台湾	フィリピン
2015年	マレーシア	タイ	ハワイ	オーストラリア	フィリピン
2014年	マレーシア	タイ	ハワイ	オーストラリア	カナダ
2013年	マレーシア	タイ	ハワイ	オーストラリア	ニュージーランド
2012年	マレーシア	タイ	ハワイ	オーストラリア	ニュージーランド

出典：一般財団法人ロングステイ財団

と、日本語による受診可能な病院があること、現地の人が親日的であること、気候が温暖なこと、日本から近いことなどが挙げられている。

(3) グリーンツーリズム

「グリーンツーリズム（Green Tourism）」とは、農山漁村地域において自然、文化、人々との交流を楽しむ滞在型の余暇活動である。農林漁業体験や地元の人々との交流を楽しむ旅行のことである。近年、都市生活者を中心に自然派志向の家族の増加や中学校、高校などの教育旅行、各種団体の農漁業体験志向と、受け入れ側となる地域の農業者、漁業者の観光への理解、参加が、その伸長の背景にある。農業公園、観光農園、観光牧場なども数多く設立されている。地域全体をまとめ、多様な体験プログラムを作り、民宿・農家民泊などで受入体制を整備している地域もある。

農村での余暇活動、農業体験は「アグリツーリズム（Agritourism）」、漁村や島での余暇活動、漁業体験は「ブルーツーリズム（Blue Tourism）」と呼ぶこともある。日本においてのグリーンツーリズムとは、さらに牧畜体験や林業体験なども含めた考え方である。

ヨーロッパが発祥地で、「アグリツーリズモ（Agriturismo）」（イタリア）、「ルーラルツーリズム（Rural Tourism）」（イギリス）、「ツーリズム・ベール（Tourisme vert）」（緑の旅・フランス）とも言われている。いずれも、農村に長期滞在しバカンスを過ごすという余暇の過ごし方である。

日本においては、ヨーロッパのような長期休暇が定着していないこと、都市と農村の距離が比較的近いことなどから、観光農園での果実狩り、農漁村の祭り・イベントの参加、産地直売所での農林水産物の購入などの日帰り旅行や短期滞在もグリーンツーリズムと位置付けられ、「日本型グリーンツーリズム」と表現することがある。

グリーンツーリズム施設としては、農作業、農畜産物加工、漁師体験などができる「農業体験施設」「牧畜体験施設」「漁業体験施設」や「農業公園」「観光農園」「観光牧場」、農家が経営する宿泊施設である「農村民泊」「ファームイン」、農家が経営するレストランである「農家レストラン」「ファームレストラン」、農家・漁家や農協・漁協が運営する「農産物産地直売所」「ファーマーズマーケット」「フィッシャーマンズワーフ」などがある。

(4) カルチャーツーリズム

「カルチャーツーリズム（Cultural Tourism）」とは、日本の独自の歴史に根ざした文化財、伝統的な祭り、伝統工芸、伝統芸能、伝統的な生活文化などの文化的な観光資源と触れ合い、これに関する知識を深め、知的欲求を満たすことを目的とする観光のことである。主にインバウンドを意識した観光スタイルで、特に、ヨーロッパやアメリカからの訪日旅行者は日本のカルチャーに関心が高く、日本の歴史・伝統文化体験や生活文化体験は満足度を上げる。「文化観光」と呼ばれることもある。

日本の歴史伝統文化の体験が注目されている。茶道体験、生け花体験、書道体験、和菓子作りなどである。また、日本固有の新しい文化も含めることもある。日本の映画、マンガ、アニメ、ゲームなどのメディア芸術、和食や郷土料理からB級グルメを含めた食文化、アートフェスティバル、ファッションなどである。欧米からの訪日外国人旅行者は、歴史伝統文化と同じように高い興味を示している。これらは「クールジャパン」と呼ばれ国際的に注目を集めている。

クールジャパンの取り組みは、インバウンドの促進に結び付いている。クールジャパンの海外プロモーション展開や魅力的な国内拠点の創造が訪日外国人旅行者の拡大につながり、日本のファンを増やすことになる。

独自の魅力ある「日本ブランド」を確立し、日本への誘致を促進するととも

に、訪日外国人旅行者のリピーターを増やし、外国人も魅力的と感じる独自の地域文化を創造し「地域ブランド」を構築することが大切である。カルチャーツーリズムは、日本ブランドと地域ブランドの構築に大きな役割を果たす。

(5) 産業ツーリズム

「産業ツーリズム（Industrial Tourism）」とは、「産業観光」とも呼ばれ、歴史的・文化的価値のある工場、鉱山やその遺構、今も続く伝統産業などのモノづくりの現場、最先端の技術を備えた工場などを対象とした学びや体験を伴う観光のことである。

産業ツーリズムは愛知県から始まった。愛知県を中心とした東海地方は昔から製造業を中心として栄えてきた地域であり、さまざまな分野のモノづくりの現場に直接触れ合うことができる。また、自動車工場や新幹線工場など日本を代表する先端工場も見学することができるからだ。

産業遺産はもちろんのこと、伝統技術や工業生産の現場の見学やものづくり体験などを通じて、学び、体験することで日本のものづくりの心に触れることができることから、学生生徒児童の学習の場としての魅力がある。

産業ツーリズムで、旅行者を受け入れる企業や施設にとっては、消費者に直に接して意見を聞くことや反応を確かめることができ、また企業活動や製品・サービスのPRをするよい機会にもなる。また、商用やコンベンション目的の訪問者も産業ツーリズムの対象となり、国の内外を問わず人々の交流の促進、新たなビジネス創出など地域活性化にもつながっている。

産業ツーリズムは、次の3つに分類することができる。

①産業遺産

現在稼働していないがある時代のその地域で大きな役割を果たしていた産業の姿を伝える遺物や遺跡。世界文化遺産にも登録されている石見銀山（島根県）、富岡製糸場（群馬県）や軍艦島（端島・長崎県）、韮山反射炉（静岡県）、尚古集成館（鹿児島県）などがその代表である。

②伝統産業

古来より受け継がれてきた技術や製法を用い、日本の伝統的な文化や生活に根ざしている産業。手工業を中心とした地場産業が多い。陶磁器、織物、漆器、

和紙、金細工、人形など生産現場やガラス工房、酒蔵、味噌蔵、醤油醸造所などで全国各地にある。

③工場現場

日本ならではの最先端の技術を備えた工場などの生産現場。トヨタ自動車工場（愛知県）、新幹線工場（静岡県）や大田区中小企業工場（東京都）、東大阪町工場（大阪府）などが代表である。全国にあるさまざまな工場が見学ツアーを受け入れている。

(6) ヘルスツーリズム

「ヘルスツーリズム（Health Tourism）」とは、自然豊かな地域を訪れ、医学的、科学的、心理学的な根拠に基づき健康回復や維持、増進を目的とする観光のことである。病気やけがの治療・療養のほか、美容・痩身、ストレス解消、体力増強など健康増進を目的とした旅行全般を指す。

近年では、旅行中の医学的、生理学的、心理学的な健康効果を求めるだけではなく、旅行をきっかけとしたQOL（生活の質）の向上を図るための手段として期待されるようになってきている。地域では、独自の資格「温泉保養士」を養成したり、温泉や食事を組み合わせた健康プログラムを提供したりするなどさまざまな取り組みを始めている。さらに、官公庁、旅行会社、地方自治体などが連携して、ヘルスツーリズムに結びつけた観光資源開発が全国各地で行なわれている。

ヘルスツーリズムにおいて旅先で用いられる主な療法は次のとおりである。

①温泉療法

温泉地の気候要素を含めて医療や保養に利用することで病気を治療する。湯治として古来より行われている。

②食事療法

バランスよく食事の成分・量などを調節することによって病気の予防や治療をする。地域固有の「薬膳料理」なども用いられる。

③運動療法

運動を用いた心身の健康回復・維持・増進を図るための医学的な療法である。

④気候療法

日常生活と異なった気候環境に転地して病気の治療や休養、保養を行う自然療法である

⑤地形療法
自然環境である地形を利活用して歩行運動を行うことによって健康・体力づくりを目的とする療法である。

⑥森林療法（森林セラピー）
森林内に入って心身をリフレッシュし、健康を維持することを目的とした「森林浴」を中心とした療法である。

⑦海洋療法（タラソテラピー）
海水、海藻、海泥、砂および大気、海洋性気候が有するさまざまな海洋環境の特性により予防や治療をする療法である。

(7) メディカルツーリズム

「メディカルツーリズム（Medical Tourism）」とは、居住国とは異なる国や地域で検査や治療などの医療サービスを受けにいく旅行のことである。PET検査などの検診、歯科治療や美容整形などの軽度な治療から、がん治療や心臓バイパス手術などの高度手術までを含む検診や病気治療に行く、観光と医療サービスをセットにした旅行ことである。「医療観光」「医療ツーリズム」とも呼ばれる。

　旅行先で検診や治療を受け、その後にその国の観光も楽しむ。また、付き添いとなる同行者の観光活動も期待される。メディカルツーリズム先進国といわれるタイやマレーシア、韓国などでは、安くて質の良い医療を求めてやってくる外国人患者を積極的に受け入れている。

　メディカルツーリズムは、国もインバウンドにおける次世代成長分野と位置づけ推進している。外国人患者の誘致に積極的な病院も出てきており、旅行業界でもパッケージツアー化し、販売を開始している。しかし、外国人患者受入れにあたっては言語の問題をはじめ、治療費用の問題、異文化の問題、国による医療レベルの問題、アフターケアの問題など、さまざまな課題が存在している。

(8) フラワーツーリズム

「フラワーツーリズム（Flower Tourism）」とは、日本の四季折々の多種多様な花を観賞することを目的とする旅行のことで、旅先で花に触れ合うことによってその旅行をさらに意義深いものにすることである。また、地域の花を観光資源として観光まちづくりを推進し、地域活性化を図ることを目的とした新しい旅行スタイルである。

各地の桜の花見の名所を訪ねる旅や、紅葉の名勝地を訪ねる旅はすでに一般化しているが、富山県の砺波のチューリップ、北海道の富良野のラベンダー、新潟県の安塚のひまわり、埼玉県の秩父の芝桜、青森県の横浜町の菜の花など新しい花の観光地が定着している。各地にフラワーパークも開設され、「花いっぱい運動」「花の観光地づくり」なども全国各地で取り組まれている。

花いっぱい運動とは、花を植えることで地域の景観を良くする目的で取り組まれている活動である。花の観光地づくりは、地域の観光振興を目的に花の名所や景観づくりなどに取組むことである。

(9) フードツーリズム

「フードツーリズム（Food Tourism）」とは、地域の特徴ある食や食文化を楽しむことを主な旅行動機、主な旅行目的、目的地での主な活動とする旅行、その考え方である。また、地域の食とは、地域住民が誇りに感じている、その土地固有の 食材、加工品、料理、飲料、およびその食にかかわる空間、イベント、食文化のことである。

1970年代から、地域の旬な食材や地域独特の豪華料理、郷土料理を求めるグルメツアーが定着し、1990年代に入るとご当地ラーメンブーム、B級グルメブーム、ご当地グルメブームなどの庶民食もその対象となった。また、味覚狩りや農漁業体験など食の生産過程を体験する旅や、道の駅や産地直売所などへ新鮮な農産物、海産物を購入しに行く買い物ツアーなども定着してきた。さらに、ワイナリー巡りや酒蔵巡りなどの酒類を体験、試飲、購入する旅も普及し始めている。

旅行者のニーズが多様化、個性化する中で地域の食が大きな旅行動機、旅行目的となり、一方、地域も地域の食を観光資源化し観光まちづくりに取り組ん

でいる。当初、都市部の旅行会社が主導していた旅行形態であったが、今日では地域が主導し始め、その推進主体も観光行政や旅館組合などから、観光に縁のなかった商工会議所、青年会議所、商店会、農業者、漁業者、加工業者さらに地域の食の応援団である一般市民に広がっている。

日本のフードツーリズムは、食に対する観光行動の質や、食の消費単価などから6つに類型される。

①高級グルメツーリズム

地域の特徴ある高級食材を用いた料理や地域に古来より伝わってきた会席料理形式の高級伝統料理などの高額となる美食を楽しむ旅行である。城崎・香住のカニ料理、下関のフグ料理、松阪の牛肉料理や京都の京懐石、金沢の加賀料理などを食べに行く、いわゆるグルメツアーである。

②庶民グルメツーリズム

地域の自然風土、歴史文化、食材、食習慣などを背景として、地域の暮らしの中から生まれ、地域住民が日頃より好んで食し、愛し、誇りに思っている、美味しくて安価な庶民的な郷土食を食べに行く旅行である。地域内に一定の店舗集積が見られるのが特徴である。讃岐うどん(香川県)、ほうとう(山梨県)、いも煮(山形県)などの伝統的郷土食や各地のご当地ラーメン、富士宮やきそば(静岡県)、宇都宮餃子(栃木県)などB級グルメを食べに行く旅もある。

③マルチグルメツーリズム

地域外の旅行者を惹き付ける魅力ある安価な庶民グルメから高額な高級グルメまで、異質な多種類の特徴ある名物料理を有する都市へ訪れ、それらの名物料理を楽しむ旅行のことである。ラーメンからジンギスカン、豪華な海鮮料理が楽しめる札幌やさまざまな特色ある「名古屋めし」が食せる名古屋などがそのデスティネーションとなる。

④食購買ツーリズム

地域で生産される特徴ある食材、食加工品、料理を、地域の市場、朝市、道の駅、産地直売所、加工工場などに購買しに行く旅行である。いわゆる、買物旅行、買物ツアー、買い出しドライブなどのことであり、「地域の食」の買物が主体となる旅行である

⑤食体験ツーリズム

第13章　ニューツーリズム

地域において、味覚狩り、食加工体験、郷土食講習会、農業・漁業・酪農体験など、地域で生産される食に係わる生産工程の体験を目的とした旅行である。つまり、「地域の食」に係わる体験型旅行である。

　⑥ワイン・酒ツーリズム

　ワイナリーやブドウ畑を訪れ、ワインと地元の食、生産者との交流、ワイン産地の風土を楽しむこと、または、日本酒や焼酎の酒蔵を訪れ、日本酒や焼酎と地元の食、生産者との交流、酒蔵を核とした街並みを楽しむことを目的とした旅行である。

（10）ワインツーリズム

　「ワインツーリズム（Wine Tourism）」とは、地域のワイナリーやブドウ畑を訪れ、その土地の自然、文化、歴史、暮らしに触れ、つくり手や地元の人々と交流し、ワインやその土地の料理を味わう旅行のことである。ワイナリーとはブドウからワインを生産する現場でありワインを貯蔵する場所のことである。ワインツーリズムはフードツーリズムのひとつのカテゴリーである。

　1980年代頃より、ワイナリーやブドウ畑を訪れ、ワインと地元の食を楽しむワインツーリズムが、欧米やオーストラリアなどのワイン生産国で盛んになり、今日では余暇を楽しむツーリズムの大きな分野に成長している。ワイン文化の歴史が浅く、ワイン生産量も少なく、ワイン生産地の受入体制が十分ではなかった日本においては、ワインツーリズムの普及は一部の愛好家にとどまっていたが、近年徐々に一般旅行者にも浸透しはじめ、注目されている。

　すでに、本格的な国産ワインを生産する有名ワイナリーや、洒落たレストランや宿泊施設を備えたワイナリーには、多くの旅行者が押し寄せるようになってきている。ワイナリーツアーや見学ツアーなどの着地型旅行や体験プログラムも各地でつくられている。自治体や農協、第3セクター、NPO法人などが、観光まちづくりの観点から取り組み始めている例も少なくない。

　日本には北海道から九州まで、100以上のワイナリーがあり、近年、積極的に見学者を受け入れ始めている。「十勝ワイン」を生み出した北海道の池田町は、「元祖ワインツーリズム」と言われている。日本のワインづくりの黎明期から今日に至るまで日本のワイン産業を牽引してきた、約30のワイナリー

が集積し、本格的なワインツーリズムに取り組む山梨県の勝沼地区は最も認知度の高い地域である。良質なワイナリーが多く集まる山形県、長野県も山形ワイン街道、信州ワイン街道と呼ばれ注目されている。

(11) フィルムツーリズム

「フィルムツーリズム（Film Tourism）」とは、映画やテレビドラマなどの映像作品の舞台となったロケ地、原作地をめぐる旅のことである。「シネマツーリズム」「スクリーンツーリズム」「ロケツーリズム」「ロケ地巡り」と呼ばれることもある。

映画やテレビドラマの撮影に使われた地域が話題を呼び、旅行者が押し寄せる現象である。そのため、撮影による映像が地域の宣伝手段になると捉え、地域を映像に収めてもらおうとロケ撮影を誘致、作品公開後はロケ地を観光資源としてPRすることによって、旅行者の誘致を図ろうとする動きが盛んになってきた。全国各地に、映画の撮影場所誘致や撮影支援をする公的機関である「フィルムコミッション（FC）」が設立されている。

映画は新作、旧作に係わらずヒットした名作が対象となる。『二十四の瞳』の小豆島、大林宣彦監督の「尾道三部作」といわれる『転校生』など舞台となった尾道、海外では『ローマの休日』のローマ、『サウンド・オブ・ミュージック』のオーストリアのザルツブルクなどが有名である。

近年でも、地域名をタイトルとした『木更津キャッツアイ』（千葉県木更津市）、『下妻物語』（茨城県下妻市）や『世界の中心で、愛をさけぶ』（香川県庵治町）、『おくりびと』（山形県庄内地方）がヒットしその舞台に多くの旅行者が訪れている。テレビドラマでは『北の国から』の舞台となった富良野の人気が続いているが、NHK大河ドラマやNHK朝の連続テレビ小説の影響力が大きい。

また、韓国テレビドラマの『冬のソナタ』の韓国ツアーがヒットし、逆に韓国テレビドラマ『IRIS』のロケ地となった秋田県に韓国人旅行者が増加した。同様に、北海道の道東を舞台とした中国映画『非誠勿擾（日本語題名：狙った恋の落とし方。)』が中国で公開され大ヒットしロケ地となった阿寒湖や知床への中国人旅行者数が急増した。インバウンド振興にとってもフィルムツーリズムは重要な要素となっている。

（12）コンテンツツーリズム

「コンテンツツーリズム（Contents Tourism）」とは、小説・映画・テレビドラマ・マンガ・アニメ・ゲーム・音楽・絵画などの作品に興味を抱いて、その作品に登場する舞台、作者ゆかりの地域を訪れる旅のことである。地域にコンテンツを通じて醸成された地域固有の「物語性」を観光資源として活用する観光のことを指す。

小説や映画・テレビドラマなどを対象として古くからあった旅行スタイルであるが、近年、マンガ・アニメなどがその対象として注目され顕在化してきた。マンガやアニメなどの熱心な愛好家が好きな作品に縁のある土地を「聖地」として訪れるコンテンツツーリズムは、とくに「聖地巡礼」と言われている。

この観光現象が一般的に知られるようになったのは、2007年の『らき☆すた』の埼玉県鷲宮町、2009年の『けいおん！』の滋賀県豊郷町以降である。ともに、地元商工会などが地域振興を意識した活動を行い、地域に大きな経済効果を生んだ。2016年、アニメーション映画『君の名は。』が大ヒットし、「アニメツーリズム」「聖地巡礼」が話題になった。

2010年代に入ると、製作段階から地元自治体が関与し、各種イベントや地元企業とのタイアップ企画が行われる作品も出現している。また、マンガ・アニメだけでなく、他のコンテンツについても見直され各地で新たな観光資源として活用が模索されている。なお、フィルムツーリズムはコンテンツツーリズムのひとつのカテゴリーとして位置付けられる。

（13）アーバンツーリズム

「アーバンツーリズム（Urban Tourism）」とは、都市ならではの歴史遺産や文化遺産、文化活動、街並みなどに触れたり、商業、娯楽、飲食、芸術などの都市の機能を楽しむ観光を指す。「都市観光」とも呼ばれる。

従来、京都や長崎で行われていたような名所旧跡を観光するだけではなく、都市の雰囲気やまち歩きそのものを楽しんだり、その都市ならではのショッピング、飲食、芸術、ファッション、エンタテインメント、都市交通の利用、市民との交流など、都市のさまざまな魅力を体験することである。

長い歴史に培われた都市の中心市街地は、ハード・ソフト両面からのストッ

クが積み重ねられ、凝縮された貴重な場であるが、多くの地方都市においては中心市街地は厳しい状況にある。可能性を秘めた観光素材を豊富に有していながらも、埋もれたままになっているところが少なくない。

特に際立った観光資源を有しない地方の中核都市など、都市として蓄積された文化を発信することによりアーバンツーリズムのデスティネーションとなりうる可能性がある。

(14) スポーツツーリズム

「スポーツツーリズム（Sport Tourism）」とは、地域で開催されるプロスポーツなどの観戦や、マラソン、ウォーキングなどのスポーツイベントへの参加、スポーツイベントへの支援を目的として開催地とその周辺観光地を訪れる旅行のことである。スポーツとツーリズムを融合させ、交流人口の拡大や地域経済への波及効果などを目指す取り組みでもある。

地域のハイレベルな「観るスポーツ」や世代を超えて人気を集める「するスポーツ」、地域を挙げてスポーツイベントを誘致・支援する「支えるスポーツ」の３つを柱とするスポーツ資源を活用し、周辺の観光旅行を推進、活性化するもので、訪日外国人旅行者の増加、国際イベントの開催件数増加、国内観光旅行の宿泊数・消費額の増加などの効果が期待されている。

①観るスポーツ

オリンピックなどの国際競技大会をはじめ、日本において人気の高いプロ野球、Ｊリーグ、ラグビー、プロゴルフ、相撲、柔道、公営競技などの観戦である。これらは国際的に高い評価を受け、日本独自のスポーツ文化ともなっている。

②するスポーツ

豊かな自然環境や美しい四季を利用したスキー、ゴルフ、ウォーキング、登山、サイクリング、海水浴。魅力的な都市でおこなわれる市民マラソン。地域の自然資源を利用したラフティング、トレッキングなどのアウトドアスポーツ。豊かな海や島で行われるマリンスポーツやダイビングなどのオーシャンスポーツなどするスポーツの種類は数多い。

③支えるスポーツ

地域のスポーツ活動の現場において、大小さまざまなスポーツイベントの誘

致、運営まで活動の幅が広い。「観るスポーツ」や「するスポーツ」を支え、スポーツイベントを成功に導く人々の観光活動である。スポーツボランティアの存在などもある。

　2020年のオリンピック・パラリンピックの東京開催が決定し、スポーツイベントとツーリズムの融合はさらに推進されると考えられる。また、スポーツ人口の拡大が地域の交流人口の増加となる仕掛けが重要である。

(15) ダークツーリズム

　「ダークツーリズム（Dark Tourism）」とは、戦跡や災害被災地など、悲劇・死・暴虐にまつわる史跡など暗い歴史を持つ場所を訪問する、人類の死や悲しみを対象にした観光のことである。「ブラックツーリズム（Black Tourism）」または「悲しみのツーリズム（Grief Tourism）」とも呼ばれている。レジャーとしての観光よりも、学びを重視したツーリズムである。

　『アンネの日記』で有名なユダヤ人アンネ・フランクの隠れ家を訪れる旅など世界では広く知られている。日本において広島の原爆ドームや長崎の平和祈念像、沖縄のひめゆりの塔を訪れるなど以前より観光旅行の対象となっている。

　代表的な旅行対象地は、戦争の激戦地ではベルギーのワーテルローやフランスのソンム、災害跡地としては原発事故のチェルノブイリ、9.11米国多発テロのニューヨーク・グラウンドゼロ、また、ナチスドイツによる悲劇の舞台となったアウシュヴィッツ＝ビルケナウ強制収容所、カンボジアのトゥール・スレン虐殺博物館などがある。

　ダークツーリズムは時として利益追求の手段として見られ批判されることもある。ニューヨークのグラウンドゼロで盛んにおこなわれる商業活動などがその対象となった。ダークツーリズムは、特にまだ歴史とはなっていない事象においては、その地に心の傷が癒えてない人々が存在していることに十分配慮しなくてはならない。

第14章　観光サービスとホスピタリティ

1. ホスピタリティとサービス

　日本には、おもてなし、おもいやり、心遣い、心配り、気遣い、気配り、気働き、歓待など、ホスピタリティを感じさせる言葉が多くある。それだけ、日本人の生活の中にホスピタリティの精神が浸透しているのである。

(1) ホスピタリティとサービスの違い

　ホスピタリティもサービスも、観光ビジネスの中では頻繁に使われる用語であるが、その違いを意識することは少ない。
　ホスピタリティもサービスもともにラテン語を語源としている。ホスピタリティ（hospitality）は、「客人の保護」表す「hospics」が語源となっている。昔の巡礼の旅をする旅人に食事や宿を提供する無償の行為から生まれた言葉である。もてなす側の主人を意味する「主人（host/hostess）」や「病院（hospital）」「ホテル（hotel）」が生れている。一方、サービス（service）は、「奴隷」を表す「servus」が語源となっている。奴隷が主人に奉仕して、主人から対価を受け取る主従関係から生まれた言葉である。この言葉から英語の「奴隷（slave）」「召使（servant）」「苦役（servitude）」が生まれている。
　表14-1は、ホスピタリティとサービスの違いを表したものである。ホスピタリティは、「主人と客人の間の対等な関係」が前提になっており、あくまでも「対等な人間関係の中でのおもてなし」を目指すことになる。顧客の立場は「パートナー」である。サービスは、「従者が主人に仕える」という義務や労働の概念がその前提にある。したがって、顧客の立場は、まさに「主人」であり、「お客様は神様」であるという発想が生まれる。

第14章　観光サービスとホスピタリティ

表14-1　ホスピタリティとサービス

	ホスピタリティ	サービス
語源	ラテン語の hospics(客人の保護)	ラテン語の servus(奴隷)
関係性	主客関係／対等関係	主従関係／上下関係
顧客の立場	パートナー	主人
行為の源	自発的に提供	義務として提供
行為の質	マニュアル化が出来ない	マニュアル化・標準化が可能
提供方法	1対1(一人ひとり違う行為)	1対多(誰にも同じ行為)
存在意義	あると満足	ないと不満
対価	結果	目的

　ホスピタリティは、自らの喜びのために提供される自発的な行為である。したがって、一期一会の1対1の場面でしか提供され得ないのがホスピタリティである。顧客に対して一人ひとりが違う対応となる。サービスという行為の源は義務であり、顧客との関係は1対多、提供する側は誰にでも同じサービスをすることを求められる。このため、サービスはその行為のマニュアル化、標準化が可能であるが、ホスピタリティはマニュアル化をすることは難しい。

　ビジネスにおいて、顧客はホスピタリティを感じると高い満足感を得、感謝の気持ちになる。一方、サービスという行為がない、または不足していると不満を感じクレームとなる。

　ホスピタリティは対価を求めるのではなく、おもてなし、喜びを与えることに重きをおいている点が、報酬を目的とするサービスと大きく異なる。ホスピタリティにおいて重視されるのは人間性や個性、感性などであり、おもてなし、喜びを通じて報酬は結果としてついてくるものという考え方である。

(2) ホスピタリティとは

　ホスピタリティとはビジネスの中での接客の場面だけで発揮されるものではなく、人と人、人とモノ、人と社会、人と自然などの係わりにおいても大切な多くの人が持っている感性である。

　人が人に対して行なうホスピタリティとは、「心のこもったおもてなし」「歓待の精神」と簡単に言われることが多い。もう少し丁寧に表現すると、相手に喜んでもらうために自ら率先し、自分の最善を尽くす気持ちと行動のことであ

る。

　基本的には、見返りや報酬を求める行動ではなく、報酬は結果としてついてくるという考え方である。顧客を思い遣り、心をこめて手厚くもてなすことは、とても大事な顧客対応であり、相手の立場に立ち「もてなす」ことは自分自身に喜びや感動となって帰って来る。この「リターン・アイの精神」がホスピタリティという行為の基本にある。

　接客の素晴らしさは、さまざまな顧客に接する事によって人として成長する為の多くの機会を体験出来、チャレンジできる事である。接客という人的サービスが大切な観光ビジネスという世界で働く人々は素晴らしいステージに立っていると言えよう。

2. 観光ビジネスとホスピタリティ

　観光ビジネスは、究極のホスピタリティ産業とよく言われる。それは、おもてなしが最も重要なサービスとなり、その商品・サービスの満足度は人の対応で決定するからである。

(1) 観光ビジネスにおけるホスピタリティ

　観光ビジネスである宿泊業、運輸業、旅行業などは、主に人的接客サービスを提供する業種で、その商品・サービスが売れる売れない、顧客がリピーターになるならない、さらに、企業が発展する衰退する、すべてが顧客に接する人々のホスピタリティにより決まっていく。

　観光ビジネス業界において、「単なるサービスではない、真のホスピタリティを目指そう」ということがしばしば聞かれる。競争の激しい、観光ビジネス業界では、サービスに対する顧客の要求レベルが高く、良い商品・サービスを提供するだけでは満足をしてくれないため、より高度なサービス、つまりホスピタリティの提供が必要となっている。

　観光ビジネスにおいて、ホスピタリティは企業が生き残るために必須の要素になっている。顧客、従業員、株主、地域社会、そしてそのほかのステークホルダーに、喜びや幸福を提供することこそが企業の存在にとって必要不可欠で

あり、ホスピタリティは企業が存在するための「価値」として位置づけられている。

(2) 観光ビジネスにおけるホスピタリティレベルとサービスレベル

ホスピタリティは、見返りや報酬を求めない行動と解説したが、観光ビジネスにおいては生き残るための必要不可欠な高度なサービスレベルと位置付けられている。観光ビジネスに従事するスタッフの顧客に喜んでもらうために自ら率先し自分の最善を尽くす気持ちと行動は企業が勝ち抜く最大の武器となっている。

表 14-2 は、サービスの内容をホスピタリティレベルとサービスレベルに分類し表したものである。気持ちの良い服装や身だしなみ、言葉遣い、笑顔、お礼やお詫びがしっかりと言えることは、最低のビジネスマナーであり、ホスピ

表14-2　ホスピタリティレベルとサービスレベル

サービスのレベル	サービスの価値	サービスの内容
ホスピタリティレベル	感動	サプライズ
		加重提案
		先読み
		個別配慮
	共感	踏み込み
		洞察・察知
		リピーター重視
		親近感
	安心感	組織力
		コンスタント
		信頼感
		臨機応変
サービスレベル	期待品質	アフターフォロー
		コスト管理
		情報提供
		計画的
	基本対応	約束遵守
		迅速
		正確・的確
		ヒアリング
	ビジネスマナー	お礼・お詫び
		笑顔
		言葉遣い
		服装・身だしなみ

※「JTB HOSPITALITY MANAGEMENT」を参考に筆者作成

タリティではない。顧客の要望をしっかりヒヤリングすることや、正確・的確、迅速な対応、約束を守ることも接客の基本対応である。計画的に対応し、必要な情報を案内し、顧客の予算内で販売し、アフターフォローをしっかりすることは顧客の期待する最低限の品質である。ここまでは顧客が当然期待するサービスレベルの対応であり、十分にできなければ不満に思いクレームとなることもある。これはマニュアル化することができる。しかしこのレベルだけでは、再利用も良い口コミも期待できない。

　予定外の出来事に臨機応変に対応する、言動や対応に信頼感がある、いつ利用しても期待通りである、誰が対応しても任せられ組織力を感じるなどは、顧客に安心感が生まれる。対応に親近感を感じ、リピーターに対し特別な配慮をする、言葉にしない希望を汲み取り、顧客の立場になって一歩踏み込んだ対応をしてくれるなどは、顧客の共感をつくり出す。さらに、顧客の個別事情を把握し特別な配慮をする、必要なことを先読みして準備してくれる、顧客にとって嬉しい新しい提案をする、そして予想もしていなかった嬉しいサプライズをしてくれるなどは、感動的なサービスとなり顧客の心に残る。

　これらがホスピタリティレベルである。これらを繰り返すことにより、購入額の増加、再利用、利用頻度が上がることが十分に期待される。また、良い口コミや新規客の紹介につながることもある。もちろん、スタッフにとっては最も嬉しい、感謝の言葉や賛辞をもらうことができる。しかし、ホスピタリティレベルのサービスはマニュアル化することができない。一人ひとりに経験と自ら率先し自分の最善を尽くす気持ちが必要となる。

3. 観光ビジネスの中のホスピタリティ

　実際の観光ビジネスの中でのホスピタリティに関するさまざまな事柄を解説する。実際の場面でのヒントとなるだろう。

(1) 真実の瞬間

　スカンジナビア航空 CEO に就任したヤン・カールソンは、ある日、自社の飛行機に乗って機内食用のテーブル・トレーを引き出したとき、それが汚れて

第 14 章　観光サービスとホスピタリティ

写真　ホテルのフロントデスク（日光金谷ホテル）筆者撮影

いるのに気が付いた。その時彼がふと思ったことは、「お客様はテーブル・トレーが汚れているのを見て、ジェットエンジンも汚れているかも知れない」ということだった。顧客はテーブル・トレーから連想して、この会社のすべてを連想するかもしれないと考えた。

　このように、企業と顧客の最初の接触や最前線の従業員の接客態度が企業の成功を左右する。その最初の 15 秒間を「真実の瞬間」という。接客などの現場で企業の従業員が顧客と接するわずかな時間のことで、顧客にとっては現場スタッフの接客態度や店舗設備の状態などからその企業全体に対する印象・評価を決定する瞬間となる。

　真実の瞬間での対応に失敗すると、企業のあらゆる努力は吹き飛ばされ、顧客に二度とこの企業の商品・サービスは購入しないと心に決めさせてしまう。さらにこのときに顧客が感じた不快な経験は個人に止まらず、口コミにより広まっていく。観光ビジネスにはその場面があらゆるところにある。旅行会社の店頭カウンター、ホテルのフロントデスク、航空会社のチェックインカウンターなどである。

　例えば、観光ビジネスの代表格である旅行会社において、店頭のカウンター窓口が旅をしたい顧客との最初に接する「真実の瞬間」となることが多い。入店した時スタッフの挨拶がない、対応も無愛想・笑顔がない、相談を始めても

旅行の業務知識が足りないなど、そのスタッフだけの問題かもしれないが、顧客はその旅行会社全体を評価し、旅行商品に対してもきっと楽しい旅行はできないと思ってしまう。

　長い時間待たされる、それに対する気遣いがない、良く見ると店舗の清掃が行きとどいていない、パンフレットが乱雑に陳列され、欠けているところもある。実際にスタッフと対面する前に、この旅行会社に旅行を頼んでも、安全で楽しい旅行はできそうにないと感じるだろう。旅行会社にとりパンフレットがきちんと並び補充されていないのは最悪である。ヨーロッパに行きたいと相談に来た顧客がそのパンフレットが置いていないのを見て、この旅行会社はヨーロッパ旅行を取り扱っていないと思うかもしれない。また、クルーズ客船のパンフレットが上下逆さに陳列されていたら、クルーズ客船の沈没を想像するかもしれない。

(2) ザイアンスの法則とホスピタリティセールス
　観光ビジネスの中で、旅行商品・サービスを渉外セールスしている人も数多い。目に見えない、形のない商品を売るのは大変なことであり、1度や2度のセールスではなかなか先方は心を開いてはくれない。最初の訪問の印象が悪かったかと「真実の瞬間」を思い起こすこともある。

　人は知らない人に初めて会う時、不信感や恐怖感をもち、攻撃的、冷淡な対応をすると言われている。セールスマンが飛び込み営業しても、相手はそう簡単には話も聞いてくれない。それはそのセールスマンに関しても、売り込む商品に対しても情報を持っていないからである。

　しかし、人は会えば会うほど好意をもつようになり、人は相手の人間的な側面を知ったとき、より強く相手に好意をもつようになるといわれている。このように、繰り返し接すると好意度や印象が高まるという効果を「ザイアンスの法則」または「単純接触効果」と言われる。(1968年アメリカの心理学者ロバート・ザイアンス)

　接触の回数を重ね、毎回ホスピタリティマインドで接していくことが、より早く顧客との距離を縮め、心を開かせることになる。つまり、顧客に喜んでもらうために自ら率先し自分の最善を尽くす気持ちと行動である。そのためには、

「顧客を知る」ことが一番大切である。

　例えば、顧客の業界の事情を新聞やテレビ、インターネットで勉強をする、分からないことは顧客に直接聞いてみる、セールス先での話は宝の山である。さらに、親しくなり顧客の抱えている課題や悩み事を探り、顧客と一緒に考える。その時、それらの課題は顧客から教えていただいたという意識を忘れない。その繰り返しの中で、自らの商品を顧客企業の課題解決手段として、顧客との対等の立場で企画提案が出来るはずである。それを成果に結び付けていくことがホスピタリティセールスである。

(3) 顧客と個客

　すべての利用者に満足していただけるよう「顧客満足（CS：Customer Satisfaction）」を目指した取り組みを行っているホテルがあった。しかし、そのホテルでは小さな子どもがいる家族連れから、熟年夫婦、ビジネスマン、高齢者までさまざまな人が顧客であった。これらのすべての顧客に満足してもらうサービスとは一体何なのか、皆で考えていた。そんな時、ある客室担当者が、宿泊客が地元の名物を食べられる店を探していることを知り、問われる前に店の紹介と地図を差し上げたところ大変喜ばれたとの話があった。この客室担当者の一言により、すべての顧客が満足する一般的なサービスではなく、一人ひとりの顧客が満足できる個別的なサービスを行うことのほうが大事であると気付いた。

　その後、このホテルでは顧客一人ひとりのカルテを作り、顧客のホテルの利用目的や趣味、食べ物の好き嫌いなどを社員全員で共有し、一人ひとりの利用者が満足できるサービスを提供するようにした。現在、どのホテルでも行っている当たり前のサービスでもある。このように、個別のニーズを持った客の一人ひとりの満足を求めるのが「個客満足（PS：Personal Satisfaction）」という考え方である。

　顧客とは、共通のニーズを持った複数の客のことで、個客とは、個別のニーズを持った一人の客のことである。消費者や旅行者のニーズが多様化、個性化し、すべての顧客が満足できる一般的なサービスは、誰にも満足されない中途半端なサービスになってしまうことがある。したがって、一人ひとりに対応し

表14-3 顧客対応と個客対応

	顧客対応	個客対応
対応の仕方	全体のニーズに応える	個々のニーズに応える
対応の内容	共通の対応	個別の対応
サービス/ホスピタリティ	サービス	ホスピタリティ
お客様の意味	お得意様	パートナー
満足度	顧客満足 （ＣＳ：Customer Satisfaction）	個客満足 （ＰＳ：Personal Satisfaction）

た個別的なサービスを行うこと、つまり個客満足が求められている。そのサービスレベルはホスピタリティである。

表14-3は、顧客対応と個客対応の違いを表したものである。個客対応は一人ひとりの異なるニーズに個別に対応することである。そのためにはホスピタリティレベルのサービスが必要となる。その時の対応は、大切なパートナーであるという感覚で接しなくてはならない。観光ビジネスにおいては、顧客満足（CS）の追求だけではなく個客満足（PS）を追求することが必要となってくる。

(4) 従業員ホスピタリティ

観光ビジネスにおいて、ホスピタリティを顧客に実践するのは現場の最前線で働く従業員である。その従業員が会社や経営者、上司などに不満を抱いている状態で、ホスピタリティサービスを顧客に進んで提供することは出来ないだろう。

従業員が仕事への誇りとやりがいを持ち、不満が無い状態で仕事をできるからこそ、顧客に心を込めて商品やサービスを提供できる。それを実現させるためには、経営者や上司は従業員へホスピタリティの精神を持って、おもてなしの心で接することが重要である。

これは、「従業員満足（ES：Employee Satisfaction）」を向上させる考え方である。従業員の会社に対する満足度を高めることが顧客満足（CS）につながり、ひいては企業の業績向上につながる。

世界有数のホテルチェーンを築いたＪ・ウィラード・マリオットは、革新的な経営者であった。マリオットは、「従業員第一主義」に徹し、従業員に対し

常にフレンドリーに接するばかりではなく、従業員のほぼ全員の名前も記憶していたという。「従業員を大事にすれば、従業員も顧客を大事にしてくれる」という信念が従業員第一主義の経営だった。また、彼は1年間のうち100日は全米のマリオットホテルに出かけ、ベッドの下を点検、従業員の声を聞くなど現場主義を徹底した。従業員が病気の時は自ら足を運んで見舞いに行き、困っているときは手を差し伸べた。その結果として、従業員満足が高まり、顧客へ最上のホスピタリティを提供できるようになった。

ホスピタリティ経営で知られるザ・リッツカールトン・ホテルにも「従業員満足とお客様満足の向上こそ利益をもたらす」という考え方がある。同ホテルは従業員を「内部のお客様」と呼んでいる。従業員同士もお互いを紳士・淑女としておもてなししようという考え方で、従業員が紳士・淑女としておもてなしされていれば、顧客に対しても質の高いホスピタリティを提供することができる。従業員同士でお互いを賞賛する仕組みがあり、失敗したとしても許される風土もある。現場スタッフがサービスの選択肢を狭めないために一定額の決裁権を持っている。

アメリカの航空業界に革命をもたらしたといわれるLCC（格安航空会社）、サウスウエスト航空は、「顧客第二主義」「従業員満足第一主義」を掲げている。「従業員を満足させることで、従業員自らが顧客に最高の満足を提供する」という経営哲学であり、実際に高い顧客満足度を得ている。「乗客に空の旅を楽しんでもらう」ことを従業員に推奨しており、出発前に客室乗務員によるパフォーマンスがあったりする。従業員の採用に際してはユーモアのセンスがあることを重要視すると言われている。

ディズニーランドのホスピタリティは、従業員満足の上に成り立っていると言われる。従業員一人ひとりがディズニー大好き、という気持ちだけで成り立っているわけではなく、ディズニーが従業員満足を高めるためにさまざまな施策を行っているからである。その一つがディズニーランドで年に一度実施されている「サンクスデー」である。サンクスデーとは、閉園後の夜に東京ディズニーランドをアルバイトのために貸し切り、社長を初め役員、社員が運営スタッフとなってアルバイトをもてなすというものである。アトラクションや店舗は一部閉まっているものの、グッズなどは割引価格で購入でき、シンデレラ城で繰

り広げる特別ショーも楽しむことができる。企業側が従業員に対して感謝の気持ちをこのように伝えることができれば、今よりも従業員満足は高まり、結果顧客満足につながり売上向上につながるはずである。

　従業員へのホスピタリティは、「従業員満足（ES）」向上につながり仕事の質を高め、従業員がハッピーで顧客に前向きな気持ちでホスピタリティを提供すれば「顧客満足（CS）」が確実に向上していくだろう。

4. 観光ビジネスの経営理念に見るホスピタリティ

　観光サービスを提供することにより存立する観光ビジネスにとって、ホスピタリティは企業の発展、存続に係わる生命線である。本書で観光の基礎を学ぶ読者の多くは観光ビジネスでの活躍を目指す学生、あるいはすでに観光ビジネスに身を置き体系的に観光の知識を深めていこうとしている方だと考える。ホスピタリティの重要性を理解し、是非実践してもらいたい。

　最後に、あまり目に触れることのない日本を代表する観光ビジネス各社の経営理念を紹介する。いずれの会社も、経営理念、企業理念、行動方針などの筆頭に、ホスピタリティに係わる言葉が掲げられている。ホスピタリティに係わる表現にアンダーラインを引いた。「最高のサービス」「お客様満足度」「お客様の声」「心のこもったおもてなし」「お客様ニーズの先読み」、中には「ホスピタリティ」と明確に謳っているものもある。

　彼らがホスピタリティにこだわり、必死に顧客と正対し、新規顧客を獲得し、リピーターを増やそうとしている企業姿勢を感じることができる。観光サービスを提供する観光ビジネスにとってホスピタリティが企業の生き残りのための大きな要素だからである。

※観光ビジネス各社の経営理念、企業理念、行動方針は各社のホームページから転載、紙面の関係で一部省略などしている。（2020年現在）

第14章 観光サービスとホスピタリティ

【JTBグループの経営理念】

地球を舞台に、人々の交流を創造し、平和で心豊かな社会の実現に貢献する。

私たちがお客様に約束すること
私たちは、地球を舞台に自然、文化、歴史とのふれあいや人々の交流を創造し、お客様に感動と喜びを提供します。
私たちは、お客様と共に歩んできた100年を大切にし、これからも「価値ある出会い」を創造し続けます

私たちが大切にすること
(1) お客様満足の追求
　お客様の多様なニーズを確実に捉え、期待を超える価値を提供することでお客様満足度NO.1に挑戦し続けます。
(2) 株主への責任
(3) 事業パートナーとの共栄
(4) 自律創造型社員の実現
(5) 社会への貢献
(6) 地球上の資源への配慮

【近畿日本ツーリスト（KNT）の企業理念】

私たちは世界中の人々の出会いと感動を創造し、笑顔あふれる社会の実現にチャレンジしていきます。

ブランドステートメント
私たちは、お客さまに感動・笑顔・信頼の「物語」を創造していきます。お客さまの感動×笑顔×信頼＝私たちの喜びです。

社員の行動指針
①私たちは、お客さまの声に徹底的にこだわります。
②私たちは、明るい笑顔とまごころをもってお客さまに接します。
③私たちは、安全を優先し、お客さまに安らぎと安心をお届けします。
④私たちは、ネットワークとチームワークで一丸となって、お客さまの信頼に応えます。
⑤私たちは、熱意と創意をもって常に新しいことに挑戦します。
⑥私たちは、社会の一員であることを認識し、事業活動を通じて国際交流、環境保全、社会貢献に努めます。

【日本旅行の経営理念】

日本旅行は、あふれる感性とみなぎる情熱を持って、魅力ある旅の創造とあたたかいサービスに努め、お客様に愛され、未来を拓くアクティブカンパニーを目指し、豊かな生活と文化の向上に貢献します。

行動規範　【H・E・A・R・T】
<u>HOSPITALITY：私たちはお客様を大切にし、「親切」「誠実」「正確」「迅速」に行動します。</u>
ENERGY：私たちはみなぎる活力と情熱を持ち、あらゆる目標に果敢にチャレンジします。
ACHIEVEMENT：私たちは常にコスト意識を持ち、生産性の向上と収益の拡大に努めます。
REVOLUTION：私たちは「出る杭」となることを恐れず、仕事の変革に努めます。
TOGETHER：私たちは会社の発展とともに自らの幸せを築きます。

【HIS グループ企業理念】

自然の摂理にのっとり、人類の創造的発展と世界平和に寄与する。

HIS 企業行動憲章
1. 社会に有用な旅行商品・サービスの提供
　<u>お客様に満足・信頼していただけるよう、安心と安全に十分配慮しつつ、熱意と誠意を込めて有用な旅行商品とサービスを提供し、またその開発に力を尽くします。</u>
2. 公正・透明・自由な取引
3. 適正な情報の管理と開示
4. 快適で安全な職場環境の確保
5. 地域・社会との共生
6. 地球環境の保全
7. 世界平和への希求
8. 役員・幹部社員の責務

第 14 章　観光サービスとホスピタリティ

【加賀屋の経営理念】

サービス
プロとして訓練された社員が、給料を頂いて<u>お客様の為に正確にお役にたって、お客様から感激と満足感を引き出すこと。</u>

サービスの本質
正確性・・・当たり前のことを当たり前に
<u>ホスピタリティ・・・お客様の立場に立って</u>

品質方針
1. <u>お客様の期待に応える</u>
　<u>お客様のご要望に対して、万全のお応えをする姿勢でサービスを提供する。</u>
2. <u>正確性を追求する</u>
　<u>お客様の望まれること（時、物、心、情報）を理解し、正しくお応えする。</u>
3. <u>おもてなしの心で接する（ホスピタリティ）</u>
　<u>お客様の立場に立って思いやりの心で接遇する。</u>
4. <u>クレーム0（ゼロ）を目指す</u>
　予防と是正に心がけ、お客様からのクレームがなくなるよう継続的改善を行う。

【帝国ホテルの理念】

帝国ホテルは、創業の精神を継ぐ日本の代表ホテルであり、国際的ベストホテルを目指す企業として、最も優れたサービスと商品を提供することにより、国際社会の発展と人々の豊かでゆとりある生活と文化の向上に貢献する。

行動指針
私たちは、その伝統を十分認識し、お客様の要請を発想の原点として、提供する総てのサービス、技術の向上改善に徹し、新しい価値の創造に努める。
私たちは、創意工夫と挑戦の精神を尊重し、かつ協調と調和の態度を貫くことにより総合力の向上を追求する。
ホテル業が、人を原点とすることを正しく理解し、規範たるホテル十則の導く行動に徹する。

帝国ホテル十則
親切、丁寧、迅速―この三者は古くて新しい私共のモットーであります。
協同―各従業員はホテル全体の一員であります。和衷、協同もって完全なるサービスに専念してください。
礼儀―礼儀は心の現われ、ホテルの品位です。お客様にはもとより、お互い礼儀正しくしてください。
保健―各自衛生を守り健康増進に努めてください。
清潔―ホテルの生命であります。館内は勿論、自己身辺の清浄に心がけてください。
節約―一枚の紙といえども粗略にしてはなりません。私用に供することは絶対に禁じてください。
研究―各自受持の仕事は勿論、お客様の趣味、嗜好まで研究してください。
記憶―お客様のお顔とお名前を努めて速やかに覚えてください。
敬慎―お客様の面前でひそひそ話や、くすくす笑いをしたり、身装を凝視することは慎んでください。
感謝―いつも「ありがとうございます」という感謝の言葉を忘れないでください。

【ザ・リッツ・カールトン・ホテルのゴールドスタンダード】

クレド
ザ・リッツ・カールトンはお客様への心のこもったおもてなしと快適さを提供することをもっとも大切な使命とこころえています。
私たちは、お客様に心あたたまる、くつろいだ、そして洗練された雰囲気を常にお楽しみいただくために最高のパーソナル・サービスと施設を提供することをお約束します。
ザ・リッツ・カールトンでお客様が経験されるもの、それは感覚を満たすこころよさ、満ち足りた幸福感そしてお客様が言葉にされない願望やニーズをも先読みしておこたえするサービスの心です。

モットー
ザ・リッツ・カールトンホテルカンパニー L.L.C. では「紳士淑女をおもてなしする私たちもまた紳士淑女です」をモットーとしています。この言葉には、すべてのスタッフが常に最高レベルのサービスを提供するという当ホテルの姿勢が表れています。

サービスの3ステップ
1. あたたかい、心からのごあいさつを。
2. お客様をお名前でお呼びします。
一人一人のお客様のニーズを先読みし、おこたえします。
3. 感じのよいお見送りを。さようならのごあいさつは心をこめて。お客様のお名前をそえます。

【JALグループの企業理念】

JALグループは、全社員の物心両面の幸福を追求し、
一、お客さまに最高のサービスを提供します。
一、企業価値を高め、社会の進歩発展に貢献します。

【ＡＮＡグループの経営理念】

安心と信頼を基礎に、世界をつなぐ心の翼で夢にあふれる未来に貢献します

グループ経営ビジョン
ＡＮＡグループは、お客様満足と価値創造で世界のリーディングエアライングループを目指します

グループ行動指針
私たちは「あんしん、あったか、あかるく元気！」に、次のように行動します。
1. 安全（Safety）：安全こそ経営の基盤、守り続けます。
2. お客様視点（Customer Orientation）：常にお客様の視点に立って、最高の価値を生み出します。
3. 社会への責任（Social Responsibility）：誠実かつ公正に、より良い社会に貢献します。
4. チームスピリット（Team Spirit）：多様性を活かし、真摯に議論し一致して行動します。
5. 努力と挑戦（Endeavor）：グローバルな視野を持って、ひたむきに努力し枠を超えて挑戦します。

【ディズニーテーマパークの行動基準「The Four Keys ～ 4 つの鍵～」】

【Safety】
　安全な場所、やすらぎを感じる空間を作りだすために、ゲストにとっても、キャストにとっても安全を最優先すること。

【Courtesy】
　"すべてのゲストがVIP"との理念に基づき、言葉づかいや対応が丁寧なことはもちろん、相手の立場にたった、親しみやすく、心をこめたおもてなしをすること。

【Show】
　あらゆるものがテーマショーという観点から考えられ、施設の点検や清掃などを行うほか、キャストも「毎日が初演」の気持ちを忘れず、ショーを演じること。

【Efficiency】
　安全、礼儀正しさ、ショーを心がけ、さらにチームワークを発揮することで、効率を高めること。

参考・引用文献

Aaker, D. A.（1994）陶山計介他訳『ブランド・エクイティ戦略』ダイヤモンド社
Hall, C. Michael（1996）須田直之訳『イベント観光学』信山社
Hall, C. Michael（2003）『Food tourism around the world』Butterworth-Heinemann
Keller, K.L.（2000）恩蔵直人他『戦略的ブランド・マネジメント』東急エージェンシー
Kolb, Bonita, M.（2006）近藤勝直訳『都市観光のマーケティング』多賀出版
Kotler, Philip（1991）井関利明訳『非営利組織のマーケティング戦略』第一法規出版
Kotler, Philip（1996）前田正子他訳『地域のマーケティング』東洋経済新報社
Kotler, Philip（2000）恩蔵直人監修『コトラーのマーケティング入門』ピアソン・エデュケーション
Kotler, Philip（2001）恩蔵直人訳『マーケティング・マネージメント』ピアソン・エデュケーション
Kotler, Philip（2003）白井義男監修『ホスピタリティ＆ツーリズム・マーケティング』ピアソン・エデュケーション
Lumsdon, Les（2004）奥本勝彦訳『観光のマーケティング』多賀出版
Mak, James（2005）瀧口治・藤井大司郎訳『観光経済学入門』日本評論社
Sinclair, M. Thea and Stabler, M.（2001）小沢健市訳『観光の経済学』学文社
Urry, John（1995）加太宏邦訳『観光のまなざし』法政大学出版局
愛知和夫・盛山正仁（2008）『エコツーリズム推進法の解説』ぎょうせい
アジア太平洋観光交流センター（2001）『観光まちづくりガイドブック』APTE
飯田芳也（2012）『観光文化学』古今書院
井口貢（2008）『観光学の扉』学芸出版社
石井もと子（2009）『日本版「ワインツーリズム」のすすめ』講談社
石井もと子（2011）『日本のワイナリーに行こう！』イカロス出版
石原武政・石井淳蔵（1992）『街づくりのマーケティング』日本経済新聞社
浦郷義郎（2014）『わかる！使える！ホスピタリティの教科書』ＰＨＰ
尾家健生・金井萬造（2008）『これでわかる！着地型観光』学芸出版社
岡本伸之（1995）『観光辞典』日本観光協会
岡本伸之（2001）『観光学入門』有斐閣アルマ
海津ゆりえ（2007）『日本エコツアー・ガイドブック』岩波書店
加藤弘治（2014）『観光ビジネス未来白書』同友館
神崎宣武（2002）『旅と食』ドレス出版

神崎宣武（2004）『江戸の旅文化』岩波書店
橘川武郎・篠崎恵美子（2010）『地域再生あなたが主役だ』日本経済評論社
岐部武他（2006）『やさしい国際観光』国際観光サービスセンター
経済産業省・中小企業庁・中小企業基盤整備機構（2010）『農商工連携ガイドブック』
国土交通省観光庁（2014）『観光白書』
小塩稲之（2011）『観光と地域資源活用 観光コーディネート学』JMC出版
小塩稲之・安田亘宏（2014）『基礎から学ぶ観光プランニング』JMC出版
後久博（2009）『農商工連携による「新地域おこし」のススメ』ぎょうせい
小松田勝（2010）『ディズニーランドのホスピタリティ』長崎出版
小松原尚（2007）『地域からみる観光学』大学教育出版
佐々木一成（2008）『観光振興と魅力あるまちづくり』学芸出版社
佐藤喜子光・齋藤明子・平居謙（2011）『観光の目玉 物語を生かした地域旅』学芸出版社
佐藤俊雄（1998）『マーケティング地理学』同文舘出版
ジェイティービー（2012）『JTBグループ100年史』
ジェイティービー（2014）『JTB REPOT 2014』JTB総合研究所
敷田麻実（2008）『地域からのエコツーリズム』学芸出版社
島川崇・新井秀之・宮崎裕二・森下晶美（2008）『観光マーケティング入門』同友館
清水聰（2006）『戦略的消費者行動論』千倉書房
鈴木勝（2008）『観光立国ニッポン事始め』NCコミュニケーションズ
須田寛（1999）『観光の新分野 観光産業』交通新聞社
関満博・及川孝信（2006）『地域ブランドと産業振興』新評論
関満博・遠山浩（2007）『「食」の地域ブランド戦略』新評論
関満博（2007）『新「地域」ブランド戦略』日経広告研究所
関満博・古川一郎（2008）『「B級グルメ」の地域ブランド戦略』新評論
関満博・松永子（2009）『農商工連携の地域ブランド戦略』新評論
全国商工会連合会（2010）『地域資源∞全国展開プロジェクトガイドブック』
総合観光学会（2010）『観光まちづくりと地域資源活用』同文舘出版
十代田朗（2010）『観光まちづくりのマーケティング』学芸出版社
高橋一夫・大地正和・吉田順一（2010）『1からの観光』碩学舎
高橋一夫（2013）『旅行業の扉』碩学舎
田中章雄（2008）『事例で学ぶ！地域ブランドの成功法則33』光文社
田中掃六（2008）『実学・観光産業論』プラザ出版
田中洋（2008）『消費者行動論体系』中央経済社
玉村豊男（2008）『里山ビジネス』集英社新書
田村秀（2008）『B級グルメが地方を救う』集英社新書
地域活性化センター（2006）『地域ブランド・マネジメントの現状と課題』
茶谷幸治（2008）『まち歩きが観光を変える』学芸出版社

中小企業基盤整備機構（2005）『地域ブランドマニュアル』
辻幸恵他（2010）『地域ブランドと広告』嵯峨野書院
寺前秀一（2006）『観光政策・制度入門』ぎょうせい
寺前秀一（2009）『観光政策論（観光学全集第9巻）』原書房
東北産業活性化センター（2009）『農商工連携のビジネスモデル』日本地域社会研究所
戸所隆（2010）『日常空間を活かした観光まちづくり』古今書院
永井昇（2000）『観光交通論』内外出版
中尾清・浦達夫（2006）『観光学入門』晃洋書房
永野周志（2006）『よくわかる地域ブランド』ぎょうせい
西村幸夫（2009）『観光まちづくり―まち自慢からはじまる地域マネジメント』学芸出版社
日本観光協会（2008）『観光実務ハンドブック』丸善
日本観光振興協会（2012）『新たな集客に挑む！インバウンド BUSINESS』
日本観光振興協会（2013）『観光の実態と志向』
日本観光振興協会（2013）『数字でみる観光』オメガコム
日本交通公社（1882）『日本交通公社七十年史』
日本交通公社（2014-2020）『旅行年報』公益財団法人日本交通公社
日本交通公社観光文化事業部（2013）『旅行者動向 2013』公益財団法人日本交通公社
日本生産性本部（2014-2019）『レジャー白書』
日本政府観光局（2011）『JNTO 訪日外客訪問地調査』国際観光サービスセンター
日本政府観光局（2013）『JNTO 日本の国際観光統計』国際観光サービスセンター
日本旅行（2006）『日本旅行百年史』
日本旅行業協会（2014-2020）『数字が語る旅行業』
額賀信（2008）『地域観光戦略』日刊工業新聞社
博報堂地ブランドプロジェクト（2006）『地ブランド』弘文堂
橋本俊哉（2013）『観光行動論（観光学全集第4巻）』原書房
長谷政弘（1996）『観光マーケティング―理論と実際』同文舘出版
羽田耕治（2008）『地域振興と観光ビジネス』JTB 能力開発
平田真幸（2006）『国際観光マーケティングの理論と実践』国際観光サービスセンター
二村宏志（2008）『地域ブランド戦略ハンドブック』ぎょうせい
古池嘉和（2011）『地域の産業・文化と観光まちづくり』学芸出版社
真板昭夫・比田井和子・高梨洋一郎（2010）『宝探しから持続可能な地域づくりへ』学芸出版社
真板昭夫・石森秀三・海津ゆりえ（2011）『エコツーリズムを学ぶ人のために』世界思想社
前田勇（2010）『現代観光総論』学文社

増淵敏之（2010）『物語を旅する人々―コンテンツ・ツーリズムとは何か』彩流社
増淵敏之（2011）『物語を旅するひとびとⅡ―ご当地ソングの歩き方』彩流社
増淵敏之（2014）『物語を旅するひとびとⅢ―コンテンツツーリズムとしての文学巡り』彩流社
増淵敏之・溝尾良隆・安田亘宏（2014）『コンテンツツーリズム入門』古今書院
松園俊志（2004）『旅行業入門』同友館
溝尾良隆（2003）『観光学』古今書院
溝尾良隆（2007）『観光まちづくり現場からの報告』原書房
溝尾良隆（2007）『地域におけるインバウンド観光マーケティング戦略』総合研究開発機構
溝尾良隆（2009）『観光学の基礎（観光学全集第1巻）』原書房
溝尾良隆（2011）『観光学と景観』古今書院
宮本常一（1975）『旅と観光（宮本常一著作集18）』未来社
宗田好史（2009）『創造都市のための観光振興』学芸出版社
室井鉄衛（1983）『エリア・マーケティング』中央経済社
室井鉄衛（1985）『行動空間へのマーケティング』誠文堂新光社
安島博幸（2009）『観光まちづくりのエンジニアリング』学芸出版社
安田亘宏（2010）『「澤の屋旅館」はなぜ外国人に人気があるのか』彩流社
安田亘宏（2010）『食旅と観光まちづくり』学芸出版社
安田亘宏（2011）『食旅と農商工連携のまちづくり』学芸出版社
安田亘宏（2013）『フードツーリズム論』古今書院
八隅蘆菴（2009）桜井正信訳『現代訳旅行用心集』八坂書房
安村克己（2006）『観光まちづくりの力学』学文社
矢吹雄平（2010）『地域マーケティング論』有斐閣
山口一美・椎野信雄（2010）『はじめての国際観光学』創成社
山本健兒（2005）『産業集積の経済地理学』法政大学出版局
山本久義（2008）『ルーラル・マーケティング戦略論』同文館出版
四方啓暉（2010）『リッツ・カールトンの究極のホスピタリティ』河出書房新社
米田清則（1996）『実践エリア・マーケティング』日本経済新聞社
米田清則（1999）『エリア・マーケティングの実際』日本経済新聞社
和田充夫他（2009）『地域ブランド・マネージメント』有斐閣

おわりに

　本書は、将来観光ビジネスでの活躍を目指している大学生、専門学校生、あるいはすでに観光ビジネスに身を置き実践していて体系的に観光の知識を深めようとしている方を対象に観光学の基礎、観光ビジネスの基本知識を観光サービスの視点から分かりやすく著したものだ。

　筆者が大学で5年間講義した「観光サービス論」の講義内容をまとめたものである。学生の反応や激しく変化する社会情勢の中での観光を意識しながら毎年改善を繰り返してきた講義内容である。14章にしたのは、一科目の大学の講義回数に合わせた。また、1日1章読めば2週間で読み終えることができる。

　旅行の経験は誰にでもあるが、はじめて学ぶ観光という学問は、高校時代にはまったく学んでいないことなので案外難しく感じるようだ。実際、数多く出版されている観光学の入門書は難解なものが多い。本書は出来るだけ平易に、観光を学ぶ上でこれだけは知っていてほしい、理解してもらいたい事象に絞り解説した。また、実際に教室で講義していた中で感じた、学生の反応が良く、学生がもっと知りたいと思っている事象を取り上げた。本書は観光学入門のさらに入門書であり、観光ビジネス基本のさらに基本テキストである。

　観光の事象には、長い歴史のあるもの、近年登場してきたものなどさまざまなものがある。それぞれの事象には名称があるが統一されていないものもある。定義も定まっていないものが多く、解釈はさまざまにされている。本書の中では、できるだけ広く一般に定着している名称や解釈を使用している。また、一部の事象においては筆者が独自に研究し使用している名称や解釈で解説をしている。いずれにおいても、観光学を学び研究するそれぞれの場や観光ビジネスを実践するそれぞれの現場における名称や解釈と異なる場合がある。読者には次のステップとして、多くの先達の専門書に挑戦してもらいたい。また実践の

中で現在の観光現象を学んでもらい、それらの観光事象を自らの解釈を自らの言葉で説明できるようになってほしい。

　本書を通じて学んでもらいたかったのは、観光を学ぶ上での基礎知識と観光ビジネスを実践する上での基本知識の習得もあるが、言うまでもなく旅の楽しさであり、人間にとっての旅の必要性である。そして、その旅を安全に快適に思い出深いものにするために、あらゆる場面で数多くの人が観光サービスを提供していること、それによって観光が成り立っていることである。旅はもちろん楽しいものだが、観光サービスを提供する観光ビジネスも楽しそうだと思ってくれたならとても嬉しいことだ。

　観光に係わる好きな言葉がある。本文で解説したが、「観光は見えざる貿易」と言われている。観光という目に見えないサービスの国際間の経済関係を目に見える財の貿易にたとえた表現だが、国際間だけでなく国内の観光についてもあてはまる。観光ビジネスは大きな経済活動の一翼を担っているのである。「観光は平和へのパスポート」は中でも筆者の大好きな言葉である。観光を通し多くの人々が国境を超え交流することが国際的な相互理解を増進し世界平和をつくり出す。観光ビジネスは平和産業として国際平和に貢献しているのである。「観光はまちづくりの総仕上げ」、住民が誇りに思える魅力的なまちができると、そこは来訪したいまちにもなる。まさに観光はまちづくりの最後の仕上げなのである。

　これらはすべて「観光の力」を表現したものだ。戦後さまざまな経験をしてきた日本はやっとソフトのパワーに気付き始めた。「観光立国」を宣言し、今日、インバウンドの促進、魅力ある地域づくりに官民一体となり真剣に取り組んでいる。

　2020年、「東京オリンピック・パラリンピック」の開催が決定した。前回の東京オリンピックの開催された1964年は「観光元年」と呼ばれた。この年からレジャーとしての観光が日本人に定着していったからである。2020年、「第2の観光元年」となるかもしれない。そのためには、ホスピタリティをもって観光サービスを提供することのできる「観光人財」が不可欠である。本書が日本各地でさらに世界を舞台に活躍する観光人財になりたいと思う、きっかけとなったら望外の喜びである。

最後に、この出版企画をご快諾いただき、編集を担当していただいた古今書院の関田伸雄様とは3冊目のお付き合いになる。いつも丁寧でかつ迅速な編集進行に頭が下がる。素晴らしい編集者に出会えたことに感謝している。改めて紙面を借りて心より御礼申し上げたいと思う。

　　2015年2月

安田亘宏

索引

アルファベット

ANTA 107
BTM 142
BtoB 137
BtoC 137
B級グルメ 4, 15, 51, 225, 229, 230, 254
CS 243
DC 28
ES 244, 246
FC 232
FIT 70, 143, 155
IC旅券 53
IDカード 54
JATA 107
JNTO 63, 74, 75, 76, 77, 101, 105, 107, 255
LCC 30, 76, 117, 169, 178, 245
LRT 174
MICE 92, 98, 99, 105, 109, 112
PS 243, 244
SARS 56, 74
SIT 71
SL 167, 171, 173
SWOT分析 216
TRS商品 142
WI-FI環境 109, 161

あ

アーバンツーリズム 220, 233, 234
アイランドリゾート 66
アウトバウンド 14, 52
アウトレットモール vii, 119, 186, 198, 199, 200, 209
アグリツーリズム 224
アグリツーリズモ 224
アニメツーリズム 233
アミューズメント・パーク 186
安近短 28
アンノン族 28, 34

い

慰安旅行 9, 26, 153

伊勢講 21
伊勢参り 21, 23, 33
一汁三菜 22
一汁二菜 22
一泊二食料金 151
一般貸切旅客自動車運送事業 176
一般乗用旅客自動車運送事業 176
一般乗合旅客自動車運送事業 176
一般旅券 52
医療観光 228
医療ツーリズム 228
インセンティブ旅行 9, 17, 141
インターネット販売旅行会社 138
インタープリター 119, 208
インハウスエージェント 138
インバウンド 14, 30, 73, 75, 86, 90, 92, 99, 109, 112, 126, 139, 142, 177, 225, 228, 232, 255, 256, 258

う

ウェディングプランナー 160
駅家 19

え

駅伝制 19, 33
駅弁 23, 118
駅前旅館 24, 153, 155
エコツアー 49, 119, 221, 253
エコツーリズム 102, 103, 104, 109, 212, 219, 220, 221, 222, 223, 253, 254
エコツーリズム推進法 103, 104, 221, 253
エスニックツーリズム 219
円タク 176

お

オイルショック 28, 56
オーガナイザー 141
大阪万国博覧会 19, 27
オーシャンライナー 31, 32
オープンスカイ 179
女将 154
御師 20, 21

オフ期 *37, 125*
オフシーズン *37, 38, 123, 125, 126, 127, 136, 153, 193, 196*
オプショナルツアー *71, 109, 119, 122, 213*
おもてなし *91, 111, 120, 121, 149, 151, 152, 156, 236, 237, 238, 244, 245, 246, 249, 251, 252*
オルタナティブツーリズム *33, 219*
オンシーズン *37, 125, 126*
御師の館 *21*
温泉ブーム *154*
温泉法 *46, 103*
温泉保養士 *227*
温泉保養旅行 *25*
温泉旅館 *4, 24, 122, 153, 154*
オンライン・トラベル・エージェント *138*
オンライン旅行会社 *30*

か

カーホテル *158*
外貨 *12, 24, 53, 54, 91, 111, 116, 134, 142, 205*
海外ウエディング *72*
海外観光旅行自由化 *26, 34, 56, 70*
海外クルーズ *71*
海外修学旅行 *71, 142*
海外挙式 *72*
海外パッケージツアー *27, 34, 145*
海外旅行倍増計画 *29*
海外旅行ブーム *56, 73*
海外旅行保険 *55, 116*
外貨両替 *53, 54, 116, 134, 142*
海水浴 *5, 6, 26, 33, 38, 117, 163, 186, 209, 234*
格安航空会社 *30, 76, 118, 169, 178, 180, 245*
格安航空券 *29, 72*
格安ツアー *29*
割烹旅館 *155*
悲しみのツーリズム *235*
カプセルホテル *158*
カリスマ添乗員 *147*
カルチャーツーリズム *220, 225, 226*
川下り船 *4, 6, 119, 167, 182*
為替レート *54, 73, 77*
簡易宿所営業 *158, 163*
観光インフラ *19, 26, 57*
観光元年 *25, 26, 258*
観光基本法 *29, 34, 96*
観光協会 *108, 119, 206, 211, 212, 213, 216*
観光行政 *95, 99, 102, 103, 108, 110, 111, 129, 206, 230*
観光圏 *105, 106, 110, 111*
観光圏整備法 *105*
観光交通 *113, 115, 119, 120, 123, 125, 148, 165, 166, 167, 168, 169, 170, 172, 175, 180, 183, 184, 185, 206*
観光コーディネーター *206*
観光コンベンション協会 *109*
観光コンベンションビューロー *109*
観光資源 *11, 45, 51, 62, 87, 93, 95, 103, 104, 106, 109, 110, 112, 114, 115, 122, 127, 129, 165, 173, 174, 185, 186, 189, 191, 192, 200, 202, 203, 204, 205, 207, 208, 209, 210, 211, 212, 215, 218, 219, 220, 222, 223, 225, 227, 229, 229, 232, 233, 234*
観光政策 *1, 97, 102*
観光タクシー *169, 176, 177*
観光地域づくり *98, 99*
観光地開発 *202*
観光地づくり *100, 105, 202, 203, 229*
観光地マーケティング *215*
観光庁 *14, 16, 29, 34, 37, 78, 79, 80, 81, 82, 83, 84, 85, 86, 87, 92, 94, 96, 98, 99, 100, 101, 102, 104, 106, 107, 108, 136*
観光庁ビジョン *100*
観光統計 *2, 110*
観光農園 *6, 129, 186, 196, 197, 209, 224, 225*
観光の効果 *6, 7, 9, 12*
観光の定義 *1*
観光バス *6, 34, 117, 119, 167, 169, 175, 176, 177*
観光プランナー *206*
観光プロデューサー *110, 206*
観光牧場 *118, 186, 196, 197, 198, 209, 224, 225*
観光マーケティング *213, 214, 215*
観光まちづくり *11, 109, 111, 202, 203, 204, 205, 206, 207, 209, 210, 213, 215, 216, 223, 229, 229, 231*
観光まちマーケティング *214, 215, 216, 217*
観光立国 *29, 34, 73, 95, 96, 97, 98, 99, 100, 103, 202, 258*
観光立国推進基本計画 *97*
観光立国推進基本法 *29, 34, 96, 97, 103*
観光立国宣言 *29, 73, 95*
観光旅館 *34, 154*
観光列車 *167, 172, 174*
観光連盟 *109*
閑散期 *37*
関税法 *103*
感染症危険情報 *56*

き

危険情報 *55, 56*
帰省旅行 *1, 15, 17, 36*
季節変動 *123, 126, 212*
木賃宿 *22*

喜賓会 24, 33
休暇改革 98
休暇村 163
休前日 38, 123
教育旅行 1, 15, 16, 102, 137, 141, 224
郷土料理 4, 15, 93, 118, 127, 212, 225, 229
業務旅行 1, 2, 9, 15, 17, 36, 58, 138, 142
漁村民泊 129
近代ツーリズムの祖 31
近代旅行 30

く

クーポンレス化 131
クールジャパン 77, 93, 109, 225
公事宿 153
熊野詣 20, 33
クラシックホテル 157
グランドツアー 30, 33
グリーター 160
グリーンツーリズム 102, 109, 197, 212, 220, 224, 225
クルーズ客船 30, 71, 117, 166, 167, 168, 169, 181, 182, 242
グルメツアー 51, 229, 230
グルメブーム 51, 154, 229
クレジットカード 6, 10, 54, 91, 116, 134

け

景観法 103
景品表示法 103
兼観光 15
懸賞旅行 17

こ

公営国民宿舎 163
豪華寝台列車 4, 167
高級グルメツーリズム 230
公共の宿 118, 163
航空アライアンス 178
航空自由化 179
航空傷害保険 116
航空ネットワーク 90
航空連合 178
鋼索鉄道 175
交通バリアフリー法 184
行動展示 188, 189
交流時間 204, 205
交流人口 10, 11, 98, 100, 105, 111, 202, 203, 204, 205, 234, 235
小江戸 49

コードシェア便 178, 179
ゴールデンルート 87
語学研修 16, 65, 141
語学留学 65
個客満足 243, 244
顧客満足 214, 243, 244, 245, 246
国際会議観光都市 105
国際観光開発 32
国際観光支出 12
国際観光収支 12
国際観光収入 12
国際観光振興機構 101
国際観光地 32, 219
国際観光年 12
国際キャッシュカード 54
国際線チャーター 180
国際的産業 121
国土交通省 29, 96, 99, 101, 102, 109, 117, 200, 201
国内パッケージツアー 27, 34, 145
国内旅行業務取扱管理者 107, 136
国内旅行市場 35, 44, 56
国内旅行保険 55, 116
国内旅程管理主任者資格 108
国立公園 25, 34, 66, 69, 102, 202
個人旅行 9, 16, 17, 26, 27, 28, 38, 46, 54, 70, 137, 141, 146, 155
ご当地グルメブーム 51, 229
ご当地ラーメンブーム 51, 229
古都保存法 49, 105, 199
コミューター航空会社 117, 169, 178, 180
コミュニティバス 176, 183
コンシェルジュ 159
コンテンツツーリズム 102, 220, 233
コンベンション法 103, 105

さ

サービスエリア 91, 117, 118, 200
サービスステーション 117
ザイアンスの法則 242
索道 175, 193
支えるスポーツ 234
査証 53, 102
サスティナブル 203, 204
サステイナブルツーリズム 33, 219
サファリパーク 188, 189
サプライヤー 131, 132, 133, 135, 136
産業遺産 48, 173, 209, 226
産業観光 108, 209, 220, 226
産業ツーリズム 102, 109, 212, 220, 226
三古泉 46
三大温泉 46

三名泉 46

し

シェフ 160
寺社詣 21, 25
自然公園法 103
持続可能な観光 33, 203, 219, 221
シティホテル 113, 152, 157, 158, 161, 162
シネマツーリズム 232
地場産業 10, 109, 119, 128, 129, 204, 209, 226
資本集約型産業 124, 152
社員旅行 9, 154
社寺門前宿 153
ジャパン・ツーリスト・ビューロー 24
ジャンボジェット機 27, 177, 218
従業員第一主義 244, 245
従業員満足 244, 245, 246
周遊券制度 26
重要伝統的建造物群保存地区 50
宿泊旅行 14, 35, 36, 37, 38, 39, 40, 41, 42, 43, 44, 45, 212
受注型企画旅行 108, 137, 140, 141, 213
受注型企画旅行契約 140
需要変動型産業 123, 153
ジョイフルトレイン 174
小京都 28, 34, 49
招待旅行 9, 17, 92
商人宿 153, 155
食購買ツーリズム 230
食体験ツーリズム 230
職場旅行 9, 17, 26, 36, 140, 141, 176, 205
庶民グルメツーリズム 230
ショルダー期 37
新交通システム 171
真実の瞬間 240, 241, 242
神社仏閣巡り 25
人的サービス 114, 124, 134, 144, 152, 161, 238
人力車 119, 166, 167, 169, 177
森林セラピー 228

す

水上バス 182
数次旅券 52
スキー場 6, 118, 119, 123, 127, 163, 186, 193, 194, 195, 209
スキーブーム 194
スクリーンツーリズム 232
スケルトン型 70, 213
スケルトンパッケージ 145
裾野が広い産業 10, 128
スポーツツーリズム 102, 220, 234

するスポーツ 234, 235

せ

聖地巡礼 233
西洋式ホテル 24, 156, 157
世界遺産 34, 47, 48, 49, 64, 65, 66, 67, 68, 69, 87, 102
世界遺産条約 47
世界一周旅行 31
世界ジオパーク 102
世界無形文化遺産 93
全国旅行業協会 107, 108
先達 20, 257

そ

総合旅行会社 137, 138, 145
総合旅行業務取扱管理者 107, 136
総合旅程管理主任者資格 108
装置産業 123, 124, 152
ソムリエ 160
空弁 118

た

ダークツーリズム 220, 235
第1次海外旅行ブーム 56
第一種旅行業者 104
体験型旅行 212, 231
体験プログラム 109, 119, 129, 197, 211, 212, 224, 231
第3次海外旅行ブーム 56
第三種旅行業者 104
第三セクター 117, 173
対人サービス業 120
ダイナミックパッケージ 145, 146
第2次海外旅行ブーム 56
第二種旅行業者 104
ダイレクトセール商品 145
多言語表記 91, 109, 184, 213
タラソテラピー 228
タワー 4, 34, 185, 192, 193, 209
団塊の世代 30, 125, 223
団体旅行 16, 17, 31, 33, 36, 38, 46, 136, 137, 139, 141, 146, 147, 155, 176, 180, 204

ち

地域アイデンティティ 11, 129, 204
地域おこし 203
地域活性化 10, 11, 12, 29, 200, 203, 211, 220, 226, 229
地域観光マーケティング 215

地域限定通訳案内士 101
地域限定旅行業者 104, 212
地域航空会社 180
地域再生 203
地域の宝 109, 207, 209, 212
地域の宝探し 109, 209, 212
地域ブランド 11, 129, 226
地産地消 102
地方運輸局 109
地方の時代 157
地方博 28
着地型観光 109, 111
着地型旅行商品 109, 119, 210, 211, 212, 213
中間期 37
長期滞在型旅行 32, 223
長距離フェリー 166, 181, 182
直販 132

つ

ツアーエスコート 147
ツアーオペレーター 138
ツアーコンダクター 146, 147
ツアーリーダー 147
通常期 37
通訳案内士 101, 103, 106, 107
ツーリストインフォメーションセンター 109
ツーリズム・ベール 224

て

ディスカバー・ジャパン・キャンペーン 27, 171
ディストリビューター 138
テーマパーク 4, 6, 15, 40, 50, 66, 118, 123, 185, 186, 187, 196, 209, 252
手形 20
デスティネーション 10, 28, 41, 44, 45, 46, 47, 49, 50, 51, 60, 62, 63, 64, 66, 67, 71, 86, 90, 144, 145, 187, 195, 198, 215, 230, 234
デスティネーション・キャンペーン 28
デスティネーションマーケティング 215
鉄道時刻表 31
手配旅行契約 146
添乗員 20, 21, 61, 70, 106, 108, 134, 139, 144, 146, 147
添乗員派遣会社 139, 147
テンミリオン計画 29, 34

と

東海道五十三次 22, 33
東京オリンピック 19, 26, 73, 74, 99, 157, 171, 176, 181, 218, 258

湯治 20, 21, 22, 24, 25, 46, 153, 223, 227
湯治場宿 22, 153
トーマス・クック 31, 33
特別補償 140, 144
渡航情報 55
渡航手続代行契約 141
都市観光 40, 45, 64, 67, 87, 109, 173, 233
都市間ツアーバス 176
都市計画 102
ドライブイン 10, 117, 209
ドライブ旅行 200, 201
トラベラーズチェック 31, 54, 116, 140, 142
トラベルエージェント 130
取扱手数料 131, 132
トロッコ列車 4, 167, 173

な

仲居 149, 150

に

二次交通 109, 119, 183
二地域居住 223
日本型エコツーリズム 222
日本型グリーンツーリズム 225
日本観光ブーム 77
日本三大テーマパーク 50, 187
日本政府観光局 74, 75, 76, 77, 101, 105, 107
日本添乗サービス協会 108
日本百景 202
日本ブランド 92, 93, 225, 226
日本旅行会 25, 34
日本旅行業協会 35, 107, 108, 136, 151
ニューツーリズム 218, 219, 220

の

農業公園 129, 186, 196, 197, 198, 209, 224, 225
農業体験施設 119, 186, 196, 209, 225
農村民泊 129, 225
ノーショウ 135
ノンステップバス 176

は

パーキングエリア 117, 201
パーク・アンド・ライド 184
バイパス現象 132
バカンス 26, 32, 34, 224
バカンス法 32, 34
泊食分離 155
パスポート 12, 14, 52, 53, 54, 114, 121, 130, 141, 258

索 引

旅籠 *22, 24, 153*
バックパッカー *72*
パッケージツアー *17, 26, 27, 29, 31, 34, 44, 60, 61, 65, 70, 82, 83, 108, 125, 130, 132, 133, 135, 136, 137, 138, 139, 140, 141, 142, 143, 144, 145, 146, 147, 177, 202, 206, 211, 213, 228*
発地型旅行商品 *211, 213*
パティシエ *160*
パテント不在 *143*
花いっぱい運動 *229*
花の観光地づくり *229*
速弁 *118*
ハラール認証 *92, 162*
バリアフリー化 *109, 155, 161, 184*
販売手数料 *131, 132*
繁忙期 *37*

ひ

ピーク期 *37, 38, 123, 136*
日帰り旅行 *14, 15, 35, 36, 198, 225*
東日本大震災 *30, 34, 74, 97*
ビザ *53, 76, 90, 99, 130, 141*
ビザ免除 *53, 76*
ビジット・ジャパン・キャンペーン *29, 74, 76*
ビジット・ジャパン事業 *77*
ビジネスジェット *90, 168, 180*
ビジネストリップ *15, 142*
ビジネスホテル *155, 157, 158, 161*
ビジネス旅館 *155*
悲田院 *20*
ひとり旅 *16, 39, 59, 60*
標準旅行業約款 *140*

ふ

ファーマーズマーケット *225*
フィッシャーマンズワーフ *225*
フィルムコミッション *232*
フィルムツーリズム *220, 232, 233*
フードツーリズム *212, 220, 229, 230, 231*
複合的産業 *122*
布施屋 *20*
負の世界遺産 *49*
ブラックツーリズム *235*
フラワーツーリズム *220, 229*
ブランジェ *161*
ブランド価値 *143*
フリーきっぷ *91, 183, 184*
フリータイム型 *61*
ブルーツーリズム *224*
フルパッケージ *61, 70, 144, 145*
プレジャーボート *168*

プロ添 *139, 147*
フロントクラーク *159*
文化観光 *108, 220, 225*
分割民営化 *29, 34, 171, 176*

へ

平和外交 *12*
平和産業 *13, 121, 258*
部屋食 *150, 155*
ヘルスツーリズム *102, 220, 227*
ペンション *41, 118, 163*
ペンション村 *163*

ほ

報奨旅行 *9, 17, 36, 141*
法人旅行 *17*
訪日旅行市場 *101*
ホールセール商品 *145*
ホールセラー *138, 145, 146*
募集型企画旅行 *70, 108, 137, 140, 141, 142, 211, 213*
募集型企画旅行契約 *140*
ホスピタリティ産業 *120, 124, 152, 238*
ホスピタリティセールス *242, 243*
ホテルチェーン *149, 151, 158, 244*
ボランティアガイド *109*
本陣 *22, 153*

ま

マーケティングの4P *217*
マイカー乗り入れ規制 *183*
マイカー旅行 *28, 42, 44, 116, 117, 183*
マイレージサービス *178, 179*
マスツーリズム *32, 33, 218, 219*
まちおこし *203*
まちづくり *11, 102, 108, 109, 111, 112, 202, 203, 204, 205, 206, 207, 209, 210, 213, 215, 216, 223, 229, 231, 258*
街並み観光 *49*
まちのゴール *217*
まちのビジョン *217*
マルチグルメツーリズム *230*

み

見えざる貿易 *12, 114, 258*
味覚狩り *197, 229, 231*
道の駅 *91, 117, 186, 200, 201, 209, 213, 229, 230*
ミュージアム *190, 191*
観るスポーツ *234, 235*
民宿 *118, 163, 224*

む

ムスリム旅行者 92

め

名所図会ブーム 23
メディア販売旅行会社 138
メディカルツーリズム 220, 228
メニュー選択性 155
免税制度 91

も

もうひとつの観光 219
モータリゼーション 166, 174
モデル宿泊約款 16
ものづくり体験 129, 212, 226

や

屋形船 183

ゆ

誘客活動 10
遊覧船 6, 119, 167, 168, 182

よ

曜日変動 123
余暇 1, 2, 3, 7, 8, 15, 19, 25, 103, 188, 204, 224, 231

ら

ライトレールトランジット 174
酪農体験施設 119
ランドオペレーター 138, 142

り

リーマンショック 30, 57, 74
リゾート法 103
リゾートホテル 4, 656 122, 149, 156, 158, 161
リゾート列車 174
リターン・アイの精神 238
立地依存型産業 122, 153
リテーラー 138, 146
離島航路 182
離島振興 102
料亭旅館 155
料理旅館 155
旅館業法 103, 148, 151, 158, 163, 164
旅券 14, 52, 53, 103
旅券法 103

旅行業者代理業者 104, 106, 137
旅行業法 34, 70, 103, 104, 106, 136, 211
旅行業務取扱管理者 104, 106, 107, 137
旅行業約款 104, 107, 140, 141, 142
旅行小切手 54
旅行需要喚起 116
旅行消費額 35, 82, 98
旅行相談契約 141
旅行代理店 27, 130
旅行用心集 23, 33
旅程保証 140, 144

る

ルームサービス 162
ルーラルツーリズム 224

れ

レイトサマー 38
レストラン船 182, 183

ろ

労働集約型産業 121, 152
ロケ地巡り 232
ロケツーリズム 232
露天風呂 154, 156
路面電車 171, 174, 176
ロングステイ 220, 223, 224

わ

ワイン・酒ツーリズム 231
ワインツーリズム 220, 231, 232
脇本陣 22
和食 34, 77, 93, 149, 150, 225

【著者紹介】

安田 亘宏（やすだ のぶひろ）

旅の創造研究所所長・浦和大学客員教授。
法政大学大学院政策創造研究科博士後期課程修了、博士（政策学）。
1953年東京都生まれ。1977年日本交通公社（現ＪＴＢ）に入社。旅行営業、添乗業務を経験後、本社、営業本部、グループ会社でマーケティング・販売促進・事業開発等の実務責任者・役員を歴任。2006年、JTB旅の販促研究所執行役員所長。2010年、西武文理大学サービス経営学部教授（-2019）。
日本エコツーリズム協会運営役員、日本フードツーリズム学会理事。
著書に、『フードツーリズム論』『コンテンツツーリズム入門』（以上古今書院）、『観光検定公式テキスト』『インバウンド実務論』『インバウンド実務主任者認定試験公式テキスト』（以上全日本情報学習振興協会）、『旅行会社物語』『鉄旅研究』『島旅宣言』『祭旅市場』『犬旅元年』『食旅入門』『長旅時代』（以上教育評論社）、『事例で読み解く 海外旅行クレーム予防読本』『食旅と農商工連携のまちづくり』『食旅と観光まちづくり』（以上学芸出版社）、『「澤の屋旅館」は外国人になぜ人気があるのか』『旅人の本音』『キャッチコピーに見る「旅」』（以上彩流社）、『旅行会社のクロスセル戦略』『旅の売りかた入門』（以上イカロス出版）などがある。

　連絡先：n-yasuda@tabisoken.jp

書　名	観光サービス論―観光を初めて学ぶ人の14章―
コード	ISBN978-4-7722-3166-4　C1034
発行日	2015（平成27）年3月20日　初版第1刷発行
	2024（令和6）年5月30日　初版第4刷発行
著　者	安田亘宏
	Copyright ©2015　YASUDA Nobuhiro
発行者	株式会社古今書院　橋本寿資
印刷所	三美印刷株式会社
製本所	三美印刷株式会社
発行所	古今書院
	〒113-0021　東京都文京区本駒込5-16-3
電　話	03-5834-2874
ＦＡＸ	03-5834-2875
振　替	00100-8-35340
ホームページ	https://www.kokon.co.jp/

検印省略・Printed in Japan

いろんな本をご覧ください
古今書院のホームページ

https://www.kokon.co.jp/

★ 800点以上の**新刊**・**既刊書**の内容・目次を写真入りでくわしく紹介
★ 地球科学やGIS，教育など**ジャンル別**のおすすめ本をリストアップ
★ 月刊『地理』最新号・バックナンバーの特集概要と目次を掲載
★ 書名・著者・目次・内容紹介などあらゆる語句に対応した**検索機能**

古 今 書 院

〒113-0021　東京都文京区本駒込 5-16-3

TEL 03-5834-2874　　FAX 03-5834-2875

☆メールでのご注文は order@kokon.co.jp へ